Heimat und Welt

BAND 5
DEUTSCHLAND
BERLIN

Autoren:
Gabriela Bache, Berlin-Wilmersdorf
Markus Berger, Berlin-Friedrichshain
Herbert Birkenfeld, Ulm
Ulrich Brameier, Halstenbek
Claus Caspritz, Kassel
Joachim Fielitz, Stade
Lothar Gumpert, Magdeburg
Hans-Henje Hild, Vögelsen
Karin und Karlheinz Lau, Berlin-Zehlendorf
Wolfgang Latz, Linz
Hans-Joachim Pröchtel, Ebhausen
Hartmut Schulze, Kassel
Dietrich Strohbach, Berlin-Prenzlauer Berg

westermann

Titelbild: Berlin – Unter den Linden

1. Auflage   Druck   5   4   3   2
Herstellungsjahr   1996   1995   1994   1993
Alle Drucke dieser Auflage können im Unterricht parallel
verwendet werden.
Die letzte Zahl bezeichnet das Jahr der Herstellung.

Ihr Ansprechpartner:
Westermann Berlin, Lützowplatz 15

© Westermann Schulbuchverlag GmbH, Braunschweig 1993

Verlagslektorat: Dr. Markus Berger, Theo Topel
Herstellung: westermann druck und Verlagsgruppe

ISBN 3-14-144310-6

Inhalt

Deutschland früher und heute — 4

Deutschland – Großlandschaften — 11
Deutschland – Wirtschaftsgeographie — 26
   Landwirtschaft — 27
   Industrie im Wandel — 41
   Frankfurt am Main – Drehscheibe
   im tertiären Sektor — 53

**Raumplanung –
Industrieansiedlung in Stade/Unterelbe** — 62

**Mensch und Umwelt –
Zerstören wir unsere Lebensgrundlagen?** — 73
   Boden – langsam entstanden, schnell zerstört — 74
   Die Elbe: Fluß in Not — 78
   Auch wenn die Luft klar ist, sauber ist sie nicht — 81
Deutschland in Europa — 87

Berlin — 99

   Der Berliner Naturraum — 100
   Berlin – von den Ursprüngen bis heute — 109
   Gesichter einer Weltstadt — 119
   Wohnen und Bauen — 127
   Berlin – Wirtschaft und Verkehr — 139
   Versorgung und Entsorgung — 151
   Berlin – Kultur/Freizeit/Erholung — 159
   Berlin-Brandenburg — 165

Minilexikon — 173

Deutschland
früher und heute

△ M1 Kaub/Pfalz

▽ M2 Salzgitter

M3 Stubbenkammer/Rügen

Spreewald ▷

Deutschland früher und heute

1 Die territoriale Entwicklung Deutschlands

Ein Blick auf die Karte Deutschlands zu Beginn und am Ende des 20. Jahrhunderts läßt eine Reihe territorialer Veränderungen erkennen. Die Flächengröße Deutschlands betrug um die Jahrhundertwende 540 657 km^2, heute sind es noch 356 950 km^2. Die Bevölkerung wuchs hingegen im gleichen Zeitraum von rund 56 Millionen (1900) auf rund 80 Millionen (1993) an. Politische Entscheidungen und Prozesse haben insbesondere die territoriale Entwicklung wesentlich beeinflußt. Vor allem die beiden Weltkriege und die nationalsozialistische Diktatur (Nazis) hinterließen tiefe Spuren in der deutschen Geschichte.

In Folge der Niederlage im Ersten Weltkrieg verlor Deutschland rund 10 Prozent seines damaligen Territoriums (M1). Der Versailler Vertrag von 1919 legte dem Land in Form wirtschaftlicher und politischer Sanktionen weitere Bürden auf. Dank einer liberalen Außen- und Wirtschaftspolitik in der Zeit der Weimarer Republik konnte sich Deutschland schrittweise aus der selbst verschuldeten Isolation befreien. Trotz der schweren Wirtschaftskrise von 1929 bis 1933 gehörte Deutschland zu Beginn der dreißiger Jahre wieder zu den bedeutendsten Wirtschaftsmächten der Erde.

Nachdem bereits in den zwanziger Jahren die Souveränität über die Rheinprovinzen wiederhergestellt werden konnte, schloß sich 1935 das Saargebiet nach Abstimmung seiner Bevölkerung wieder dem Deutschen Reich an (M1). Darüber hinaus setzten die Nazis mittels einer erpresserischen Außenpolitik bis Mitte 1939 weitere Gebietszuwächse durch – nun im Süden und Osten Deutschlands: Auf Druck der Hitlerregierung und großdeutscher Kreise in Österreich schloß sich dieses Land im März 1938 dem Deutschen Reich, nunmehr „Großdeutschland", an. Im Münchener Abkommen (29.9.1938) wurde die Regierung der Tschechoslowakei zur Abtretung des Sudetenlandes an Deutschland gezwungen. Dieser Schritt trug jedoch nicht zur Sicherung des Friedens in Europa bei, wie in den Mitunterzeichnerstaaten (Großbritannien und Frankreich) erhofft worden war. Bereits im März 1939 marschierten deutsche Truppen in die „Rest-Tschechei" ein und sorgten für deren Angliederung unter der Bezeichnung „Protektorat Böhmen und Mähren".

Immer neue Gebietsforderungen der Nazis, verbrämt mit einer chauvinistischen Ideologie, mündeten schließlich in den Zweiten Weltkrieg, der mit dem verbrecherischen Überfall auf Polen (1.9.1939) begann. Dieser Krieg beschwor weltweit millionenfaches Leid herauf und endete in Europa am 8.5.1945 mit der bedingungslosen Kapitulation Deutschlands vor der alliierten Streitmacht. In seinem Ergebnis führte er zu erheblichen Grenzverschiebungen in Europa, die für Deutschland einen erneuten Gebietsverlust bedeuteten (M2).

1.1 Betrachte die Bilder auf S. 4/5. Suche die abgebildeten Städte/Landschaften im Atlas, und beschreibe ihre Lage in Deutschland.
1.2 Beschreibe anhand des abgebildeten Kartenmaterials die Grenzen Deutschlands um 1900, 1937 und 1990.
1.3 Stelle in einer Übersicht die wesentlichsten territorialen Veränderungen zusammen. Nutze dazu M1 und M2 auf S. 7 sowie M1 und M2 auf S. 8/9.
1.4 Erläutere die Ursachen für die Gebietsabtretungen. Gehe dabei auch auf die diesbezüglichen Vertragswerke von 1919 und 1945 ein. Informiere dich in deinem Geschichtsbuch.

M1 Das Deutsche Reich in den Grenzen von 1937

M2 Die Besatzungszonen in Deutschland 1945–1949
Quelle der Karten M1 und M2: DIERCKE Weltatlas, Neubearbeitung

2 41 Jahre lang zweimal Deutschland

1989. Ein Paar steht in der Nacht zum 10. November an der plötzlich geöffneten Berliner Mauer. Familienmitglieder und Freunde aus beiden deutschen Staaten können wieder zueinander. Nach 28 Jahren starrer Abgrenzung muß die Regierung der DDR ihrer Bevölkerung die volle Reisefreiheit zugestehen.
(nach: Stern extra Nr. 3: Deutschland, Grenzenlose Freude, 16.11.1989)

2.1 a) In welche Gebiete wurde das ehemalige Deutsche Reich nach 1945 geteilt?
b) Welche heutigen Bundesländer liegen auf dem Gebiet der ehemaligen vier Besatzungszonen (M2, S.7)?
2.2 Wie wirkten sich Krieg, Teilung und Wiedervereinigung in Deutschland auf das Land und die Menschen aus?
2.3 Berlin hatte bis 1990 einen Sonderstatus. Informiere dich darüber (Lexikon, Geschichtsbuch). Berichte.
2.4 Nimm Stellung zu dem am Textende zitierten Satz Willy Brandts.

Deutschland hatte 1945 den Zweiten Weltkrieg verloren, die Siegermächte Sowjetunion, USA, Großbritannien und Frankreich teilten das Land in Besatzungszonen auf. Nach Meinungsunterschieden über die weitere Entwicklung in Deutschland trennte die Sowjetunion ihre Besatzungszone von den anderen ab. Auf dem Gebiet der drei westlichen Besatzungszonen entstand 1949 die Bundesrepublik Deutschland. Fast gleichzeitig wurde aus der sowjetischen Besatzungszone die Deutsche Demokratische Republik. Sie sorgte dafür, daß die Grenze zwischen den beiden deutschen Staaten fast unüberwindbar wurde. Verkehrswege wurden durchtrennt, es blieben nur wenige Übergänge. Gegenseitige Besuche waren schwer, oft gar nicht möglich.

Das ist nun Geschichte, die Folgen des Krieges sind überwunden. „Wir sind jetzt in der Situation, wo wieder zusammenwächst, was zusammengehört."
(Willy Brandt am 10.11.1989)

M1 Bundesrepublik Deutschland / Deutsche Demokratische Republik bis 1990

M2 Deutschland – politisch-administrative Gliederung heute

3 Jetzt 16 Bundesländer: die neue Republik

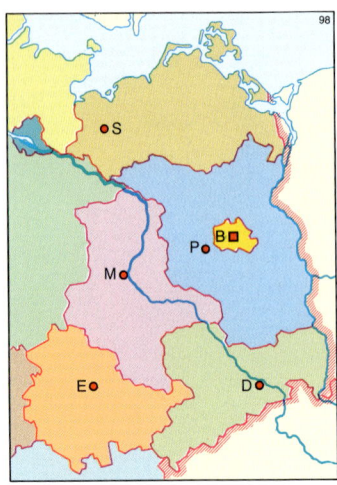

M1 Die neuen Bundesländer Deutschlands

14. Oktober 1990: Die Bevölkerung im Osten Deutschlands wählt die Parlamente für fünf neue Bundesländer. Ein besonderer Vorgang, denn demokratische Wahlen gab es in der DDR früher nicht. Sie wurde zentral von Berlin (Ost) aus regiert und verwaltet. Die schnelle Wiederentstehung der fünf östlichen Bundesländer – die bis 1952 schon bestanden hatten – war wichtig: In der Bundesrepublik Deutschland obliegen den Bundesländern unter anderem schulische und kulturelle Angelegenheiten, auch für Polizei- und Kommunalwesen sind sie verantwortlich. Das gilt jetzt für alle 16 Bundesländer.

Das Zusammenwachsen der beiden Teile Deutschlands erweist sich allerdings als kompliziert. Die Schließung vieler unrentabler Betriebe ließ die Arbeitslosenzahlen im Osten emporschnellen. Die enormen Kosten für die Sanierung der zerfallenden Städte und Dörfer, für Maßnahmen des Umweltschutzes, für soziale Belange und für die Modernisierung der Infrastruktur führten zu Steuererhöhungen, die viele Menschen ebenso hart trafen wie zum Beispiel die steigenden Mieten in den neuen Ländern.

Trotz dieser Probleme bietet die Vereinigung Deutschlands vor allem für die Zukunft viele Vorteile. Mit einem hohen Investitionsaufwand werden wichtige Voraussetzungen für die Angleichung der Lebensverhältnisse geschaffen. Durch den damit geförderten Aufbau neuer Produktions- und Kommunikationseinrichtungen entstehen neue Arbeitsplätze in ganz Deutschland und soll die deutsche Einheit schließlich allen Menschen zugute kommen.

3.1 Die deutsche Vereinigung hat die Bundesrepublik Deutschland vergrößert. Berichte (M2, Atlas).
3.2 Werte M2 aus. Vergleiche die Bundesländer
a) nach ihrer Flächengröße,
b) nach ihrer Bevölkerung.
3.3 Für Experten:
Nenne Beispiele für die wirtschaftliche Bedeutung der Bundesrepublik Deutschland innerhalb der EG.
Ziehe dazu Daten von Seite 88 ff. heran.
3.4 Teilt die Klasse in fünf Gruppen ein. Jede Gruppe sammelt Informationen über eins der neuen Bundesländer (Landschaften, Städte, Flüsse, Wirtschaft, …). Stellt eure Ergebnisse für die anderen Gruppen dar (Wandzeitung, Referat, Infoblätter, …).

M2: Deutschland und seine Länder 1990 (Zahlen gerundet)

	Fläche		Bevölkerung		
	in km²	in %	in Mill.	in %	Einw./km²
Bundesgebiet	356 950	100,0	79,0	100,0	221
Baden-Württemberg	35 800	10,0	9,6	12,1	268
Bayern	70 600	19,8	11,2	14,2	159
Berlin	880	0,2	3,4	4,3	3864
Brandenburg	29 100	8,2	2,6	3,3	89
Bremen	410	0,1	0,7	0,9	1750
Hamburg	760	0,2	1,6	2,1	2105
Hessen	21 100	5,9	5,6	7,2	270
Mecklenburg-Vorpommern	23 800	6,7	2,0	2,5	84
Niedersachsen	47 300	13,3	7,2	9,2	152
Nordrhein-Westfalen	34 100	9,5	17,1	21,6	501
Rheinland-Pfalz	19 800	5,6	3,7	4,7	187
Saarland	2 600	0,7	1,1	1,3	423
Sachsen	18 300	5,1	4,9	6,2	268
Sachsen-Anhalt	20 400	5,7	3,0	3,7	147
Schleswig-Holstein	15 700	4,4	2,6	3,3	166
Thüringen	16 300	4,6	2,7	3,4	166

Deutschland
Großlandschaften

1 Die deutschen Küsten

Von allen deutschen Landschaften unterliegen die Küsten den größten sichtbaren Veränderungen. Dabei ist die Nordseeküste besonders gefährdet. Auch wenn durch Maßnahmen des Küstenschutzes solch verheerende Meereseinbrüche wie im 12. und 14. Jahrhundert, in deren Folge Jadebusen bzw. Dollart entstanden, auszuschließen sind, „arbeiten" Meeresströmungen, Gezeiten und Sturmfluten ständig an der Küste, zerstören an der einen Stelle und bauen an anderer Stelle Land aus dem Meere auf (M1).

An der Nordsee finden wir die **Wattenküste**. Sie ist durch Schlick- und Sandablagerungen, Ergebnis der Tätigkeiten der Gezeiten, charakterisiert und wird zum offenen Meer hin durch die Ost- bzw. Nordfriesischen Inseln begrenzt. Die Gezeitenströme in den Seegatten (= zwischen den Inseln gelegene Meeresrinnen) verhindern, daß die Inseln zusammenwachsen und sich so eine Ausgleichsküste bildet (M3). Charakteristisch für Küsten mit Gezeitenwirkung sind die Trichtermündungen der Flüsse. Sie ermöglichen die Anlage der großen Häfen.

Die Küstengliederung an der Ostsee ist vielfältiger als die an der Nordsee. Infolge der fehlenden Gezeitenwirkung sind hier durch das Inlandeis geschaffene Formen besser erhalten geblieben. Grundlage für die **Fördenküste** Schleswig-Holsteins oder die **Buchtenküste** bei Lübeck und Wismar waren von den Gletscherzungen ausgeschürfte Hohlformen oder Rinnen, die die unter dem Eis abfließenden Schmelzwässer schufen. Beim nacheiszeitlichen Anstieg des Meeresspiegels wurden sie überflutet. Die **Boddenküste** ist eine beim gleichen Vorgang ertrun-

1.1 Begründe, warum die Küste Nordfrieslands gegenüber Sturmfluten besonders gefährdet ist. Wie wird versucht, die Küsten vor Zerstörung zu schützen?

1.2 Erläutere, wie sich der Mensch die aufbauende Tätigkeit der Gezeiten zunutze macht. Warum eignet sich die Wattenküste besonders für die Landgewinnung?

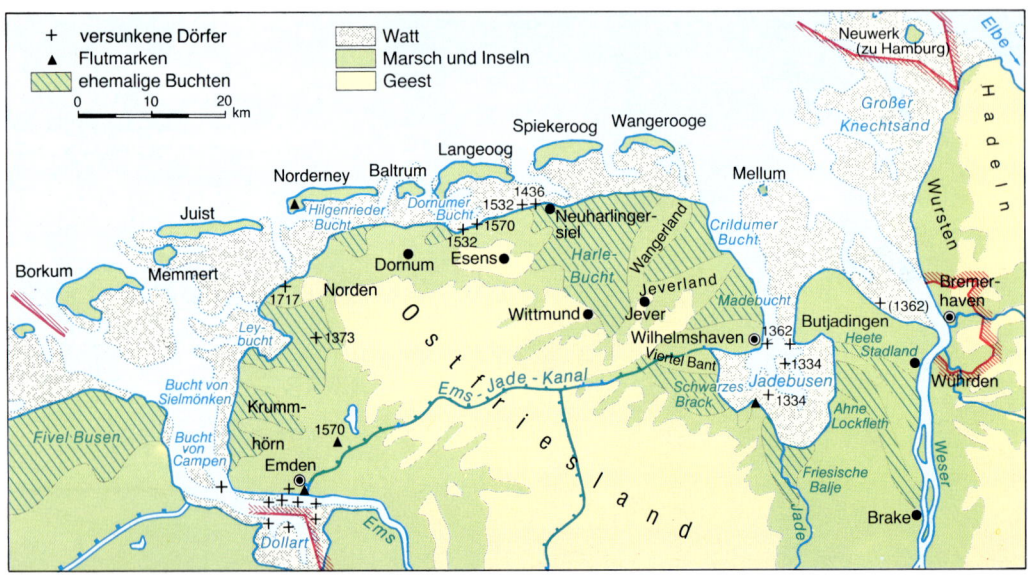

M1 Landverluste und Schäden durch große Sturmfluten an der Küste Ostfrieslands

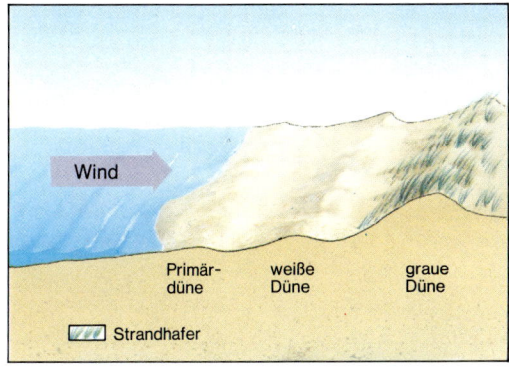
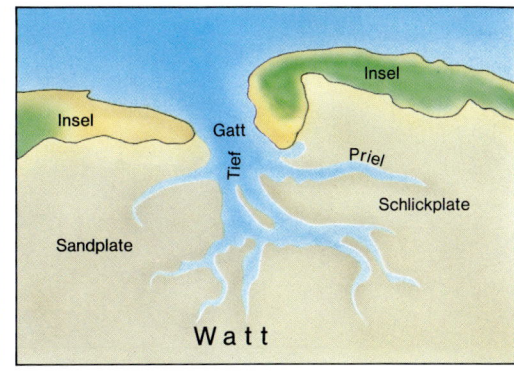
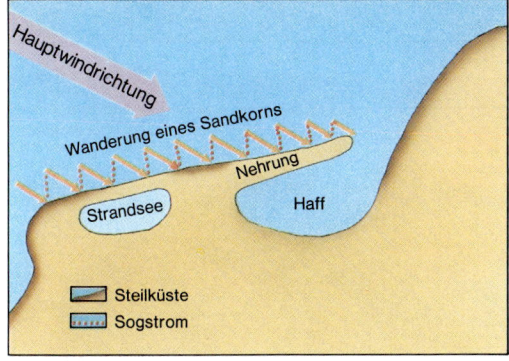
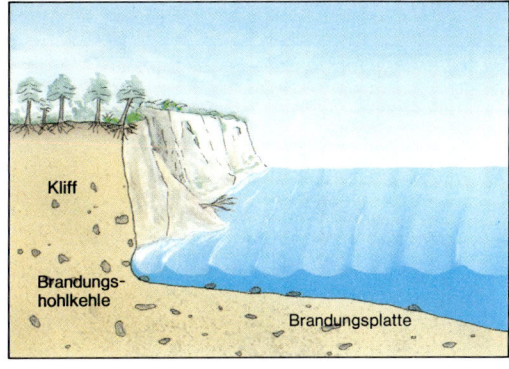

kene Moränenlandschaft. Ausgehend von Moränenkernen haben sich durch Materialabtragung und nachfolgenden Transport und Ablagerung durch die Küstenströmung häufig **Ausgleichsküsten** (Darß, Rügen, Usedom) gebildet. Zunächst entstehen so die an der Ostseeküste häufigen Sandbänke und auch Sandhaken, die im Laufe der Zeit zu Nehrungen anwachsen können. Hinter der Nehrung entsteht ein Haff, eine flache Meeresbucht. Erreicht die Nehrung die gegenüberliegende Küste, bildet sich ein Strandwall, und aus dem Haff wird ein Binnensee, auch Strandsee genannt. Sie sind besonders markant an der polnischen Ostseeküste ausgebildet (M4).

Als Küstenformen treten sowohl Steil- als auch Flachküsten auf. Sie bestehen fast ausschließlich aus Lockergestein. Steilküsten sind in der Regel durch das Meer angeschnittene Grund- oder Endmoränen, Flachküsten im Meer auslaufende Urstromtäler oder vom Meer abgelagerte bzw. vom Wind angewehte Sande. Die Entstehung der an den Außenseiten der Ost- und Nordfriesischen Inseln auftretenden Flach- und Steilküsten hat ähnliche Ursachen (M2 und M5). Eine Besonderheit stellen die Buntsandstein- und Kreidekliffe auf Helgoland bzw. Rügen dar.

Ausgelöst wird die Veränderung von Küstenabschnitten durch die vorherrschenden Westwinde. Die Versetzung von Gesteinsmaterial erfolgt daher in östliche Richtung. Dieser Prozeß hält auch in der Gegenwart an.

M2 Küste mit Dünen

M3 Wattküste

M4 Ausgleichsküste

M5 Steilküste

1.3 Erläutere mit Hilfe von Karten, wie die Nordseeküste durch Meereseinbrüche und Rückgewinnung verlorenen Landes verändert wurde (M1).
1.4 Erläutere, welche ökologische Bedeutung das Wattenmeer hat! Welche Nutzungskonflikte sind dir bekannt?
1.5 Beschreibe die Gliederung von Nord- und Ostseeküste, und erkläre ihre Entstehung.
1.6 Begründe, warum Steilküsten zumeist durch einen steinigen (Block)-Strand, Flachküsten hingegen durch Sandstrände charakterisiert sind! Warum bestehen die Küsten fast ausschließlich aus Lockergestein?

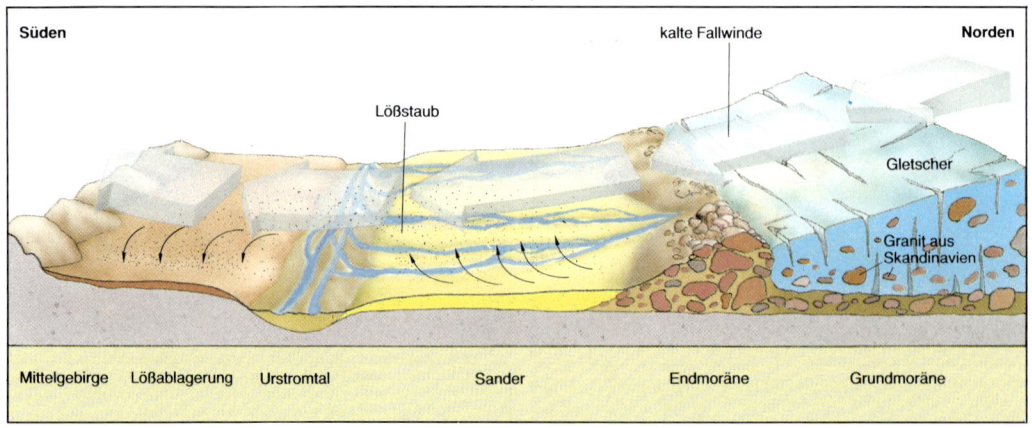

M1 Gletscher formen die Landschaft

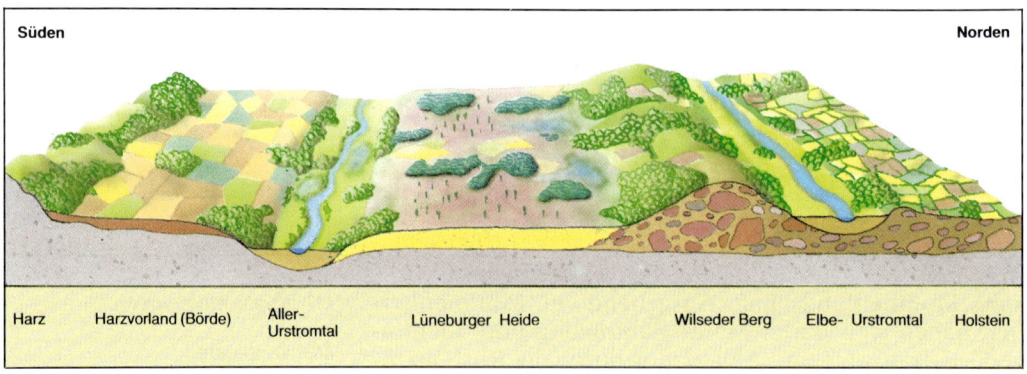

M2 Die Spuren der Eiszeit

2 Das Norddeutsche Tiefland

Von den Küsten bis zum Mittelgebirgsvorland erstreckt sich das Tiefland. Bis auf wenige Ausnahmen ist sein Relief im Pleistozän (Eiszeitalter) durch die Tätigkeit des Inlandeises und seiner Schmelzwässer geprägt worden. Bei einer Reise durch das Tiefland befindet man sich zumeist in einem Gebiet, das zur **glazialen Serie** gehört, also auf einer Grund- oder Endmoräne, auf einem Sander oder im Urstromtal.

Während des Pleistozäns wurde (vgl. Tabelle der Erdgeschichte, S. 24) das Norddeutsche Tiefland mehrfach von den aus Skandinavien vorstoßenden Inlandeisgletschern bedeckt. Nach seinem Abschmelzen ließ das Eis eine insgesamt 100 bis 150 m mächtige Decke aus Lokkersedimenten (Sand, Kies, Ton, Lehm, Findlinge) zurück. Diese Ablagerungen lassen sich zeitlich gliedern. In Norddeutschland unterscheidet man drei Vereisungen, die der Elster-, Saale- und Weichseleiszeit. Da es auch während einer Eiszeit zu Klimaschwankungen kam und sich das Eis daher zeitweilig zurückzog, dann wieder vorstieß, werden die Eiszeiten noch untergliedert.

2.1 Erläutere die Entstehung der glazialen Serie. Gehe dabei vom Eisrand aus (M1).

Die älteste Vereisung während der Elster-Eiszeit hatte die größte Erstreckung. Der Eisrand lag damals am Nordsaum der Mittelgebirge. Die Gletschervorstöße der nächstfolgenden Eiszeiten erreichten in der Regel nicht mehr die Ausdehnung der jeweils vorhergehenden (S. 102, M1). Nach seinem Alter unterteilt man das eiszeitlich geprägte Tiefland in das Alt- und Jungmoränengebiet.

Das **Altmoränengebiet**, das Ablagerungen der Elster- und Saaleeiszeit umfaßt, ist durch flache bis flachwellige Formen charakterisiert. Ehemals vorhandene Seen sind verlandet, Senken zugeschüttet, die Böden zumeist sandig, ausgelaugt und wenig fruchtbar. In Nordwestdeutschland nennt man die Altmoränengebiete deshalb auch treffend **Geest** („unfruchtbares Land"). Charakteristische Beispiele für diese Landschaften sind die Lüneburger Heide und der Fläming mit seinen Kiefernwäldern. Im Nordwesten Deutschlands liegen zwischen den höheren Geestteilen weite vermoorte Flächen.

M3 Findling

Das **Jungmoränengebiet** wurde in der Weichseleiszeit geprägt, die erst vor rund 10 000 Jahren beendet war. Es wird im Süden durch das Baruther Urstromtal begrenzt, im Westen endet es nördlich der Elbe.

Da es während der Weichseleiszeit zu wiederholten Klimaschwankungen kam, sich das Eis deshalb etappenweise zurückzog und zwischenzeitlich wieder vorstieß, ist das Jungmoränengebiet durch mehrere Folgen der glazialen Serie gegliedert. Allerdings findet man nur selten ideal ausgebildete glaziale Serien vor. Die Ursachen dafür sind vielfältig. Einige kann man auf der Karte (S. 101, M3) erkennen.

Das Relief des Jungmoränengebietes wird auch durch fossile Dünen mitgeprägt, die am Ende der letzten Kaltzeit im eis- und vegetationsfreien Gebiet aufgeweht wurden und durch Hohlformen, die sich durch das Austauen des **Toteises** im Untergrund mit Beginn der Warmzeit bildeten. Dadurch und aufgrund seines geringeren Alters weist das Jungmoränenland im Vergleich zum Altmoränengebiet folgende Unterschiede auf:
- relativ steile Hänge,
- Seenreichtum,
- zahlreiche trockenliegende geschlossene Hohlformen,
- ein unübersichtliches Flußnetz.

Infolge der im Jungmoränengebiet auftretenden relativ steilböschigen Vollformen des Reliefs und des Seenreichtums werden einige Gebiete mit dem Begriff „Schweiz" bezeichnet. Für viele Berliner sind die Märkische Schweiz oder die Ruppiner Schweiz beliebte Ausflugsziele.

Die wesentliche Formung des Reliefs wurde mit dem Ende der Austauphase zu Beginn der Warmzeit abgeschlossen. Die folgende völlige Bewaldung schränkte reliefformende Vorgänge stark ein und sorgte für die Konservierung des glazialen Formenschatzes.

2.2 Nenne Ursachen, warum die glaziale Serie nur selten ideal ausgebildet ist.
2.3 Vergleiche Alt- und Jungmoränengebiet, und begründe die auftretenden Unterschiede.

M1	M2
M3	M4

2.4 Beschreibe die Abbildungen M1, M2, M3 und M4, und begründe aus dem Landschaftsbild (Relief, Bau, Nutzung), um welche Teile der glazialen Serie es sich handelt.
2.5 Stelle die Verbreitung der Marsch fest, und erläutere ihre Entstehung.

Außerhalb der Jung- und Altmoränengebiete gibt es im Tiefland zwei Bereiche, deren Oberflächen nicht durch Inlandeis oder Schmelzwasser geformt wurden.

Erstens sind das die **Marschgebiete** an der Nordseeküste. Marsch bedeutet soviel wie „Meerland" und besteht aus von der Flut abgelagertem Sand und Schlick. Das eingedeichte Marschland wird regional unterschiedlich als Koog (Nordfriesland) oder Polder bzw. Groden (Ostfriesland) bezeichnet und überwiegend als Grünland (Rinderhaltung) genutzt.

Zweitens sind das die vom **Löß** bedeckten Gebiete am Rande der Mittelgebirge, die zum Teil Börden genannt werden. Auf dem Löß, einem feinen, gelblich gefärbten, kalkhaltigen Gesteinsstaub, der während des Eiszeitalters aus den vegetationslosen Grundmoränen und Sandaufschüttungen angeweht wurde (S. 14, M1 und M 2), entwickelte sich die fruchtbare **Schwarzerde**, die besonders für den Anbau von Weizen und Zuckerrüben geeignet ist. Am Lößgürtel haben auch die drei großen Tieflandsbuchten Deutschlands Anteil: die Kölner, die Münsterländer und die Leipziger Bucht.

Als Ergebnis der etappenhaften Entwicklung des Reliefs ist das pleistozäne Tiefland deutlich in von Nordwest nach Südost verlaufende Landschaften gegliedert. An die Inseln Rügen und Usedom mit ihren markanten Moränenkernen schließt sich zwischen Oderhaff und Darß-Zingst zunächst hügelig, dann flacher werdend das Küstentiefland an. Es folgt, durch mehrere Endmoränenzüge charakterisiert, der Nördliche (Baltische) Landrücken mit der Mecklenburger Seenplatte, der nach Süden in das Gebiet der Platten und Niederungen übergeht. Durch drei große Urstromtalungen wird dieser Raum in zwei Hochflächen gegliedert, die wiederum durch Nord-Süd gerichtete Rinnen in **Platten** oder „Ländchen" zerlegt sind (z. B. Nauener Platte, Land Lebus).

Südlich der Platten und Niederungen beginnt mit dem Südlichen Landrücken das Altmoränenland: mit der Lüneburger Heide, der Altmark sowie dem Fläming und den Lausitzer Höhen. Westlich der Lüneburger Heide wechseln Geestflächen mit teilweise vermoorten Niederungsgebieten.

2.6 Erkläre die Entstehung von Löß und Schwarzerde.
2.7 Beschreibe die Gliederung des pleistozän geformten Tieflandes und begründe sie.
2.8 Nenne wichtige Urstromtäler (M5). Beschreibe und begründe ihren Verlauf.

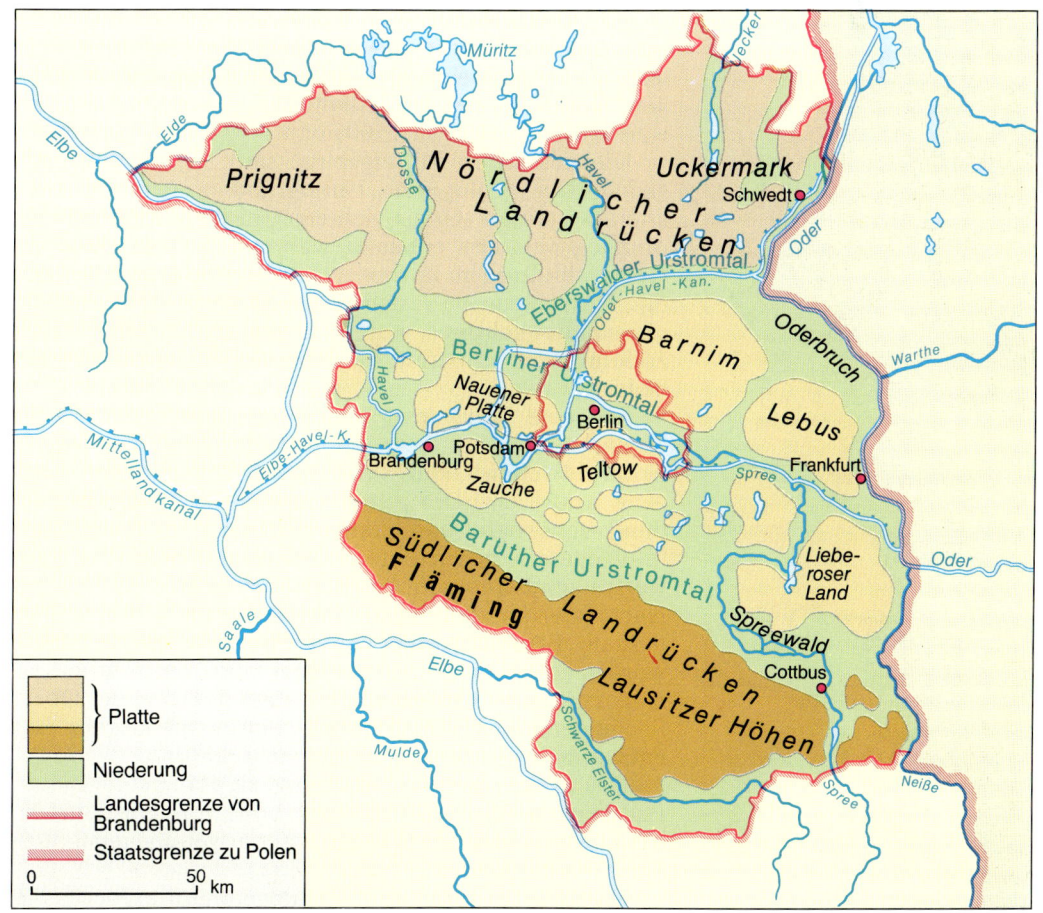

M5 Platten und Niederungen in Brandenburg

M1 Erzgebirgshochfläche mit Pöhlberg und Bärenstein

3 Die deutschen Mittelgebirge

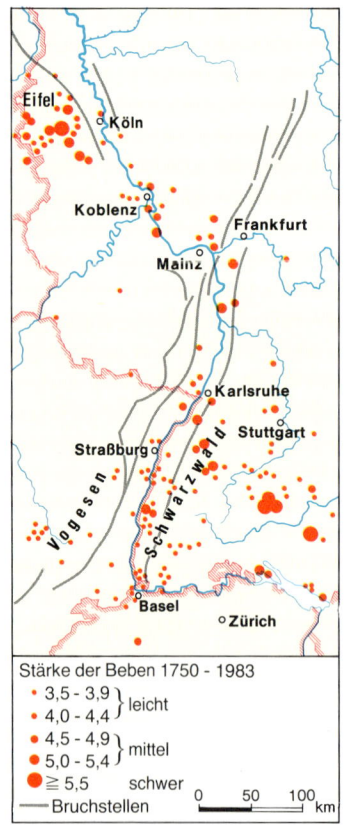

M2 Erdbebengebiete in Deutschland

Im Süden schließt sich an das Tiefland das Mittelgebirgsland an. Es erstreckt sich bis zur Donau, wird durch Becken und Flußtäler in Teillandschaften gegliedert und weist Höhen bis etwa 1500 m auf.

Die deutschen Mittelgebirge sind alt und jung zugleich. Der geologische Untergrund besteht aus sehr alten Gesteinen (Gneis, Schiefer), in die Granite eingedrungen sind. Er entstand während der **variskischen Gebirgsbildung** im Karbon. Nach der Abtragung des quer durch Mitteleuropa verlaufenden Variskischen Gebirges, eines **Faltengebirges**, wurden dessen Gesteine im **Mesozoikum** von anderen Gesteinen (Sandsteine, Kalk) bedeckt.

Seit dem Ende des Mesozoikums und besonders im Tertiär wirkten auf diesen Raum im Zusammenhang mit der **alpidischen Gebirgsbildung** im Süden erneut endogene Kräfte ein. Der durch die variskische Gebirgsbildung verfestigte und starre Gesteinskörper zerbrach infolgedessen in einzelne Gesteinsschollen, die an **Verwerfungen** herausgehoben oder auch abgesenkt wurden. Nach ihrer Entstehung sind die deutschen Mittelgebirge deshalb **Bruchschollengebirge**. Durch exogene Kräfte wurden die mesozoischen Deckschichten seither zu einem großen Teil abgetragen, so daß heute an der Oberfläche der meisten Mittelgebirge der in variskischer Zeit entstandene Gesteinskörper ansteht.

Das Relief wurde in Abhängigkeit vom geologischen Bau geprägt, das heißt in erster Linie vom Gesteinsaufbau, aber auch von der Form der herausgehobenen Schollen.

Dort, wo das variskische Grundgebirge die Oberfläche bildet, finden wir die „typischen" Formen der Mittelge-

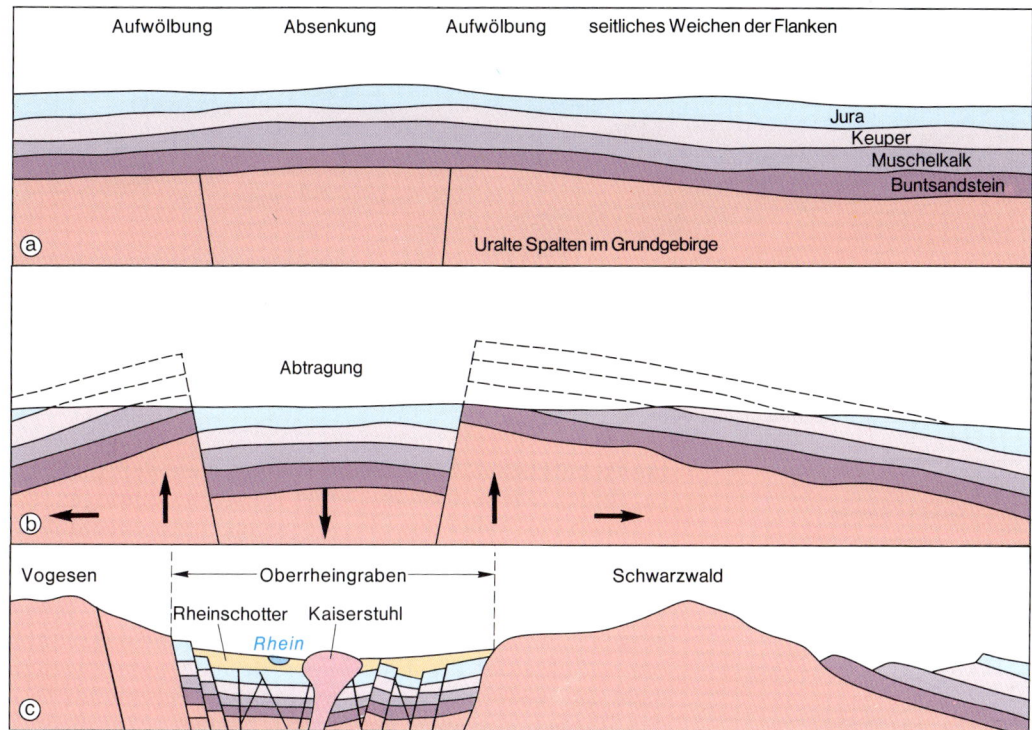

M3 Entstehung des Oberrheingrabens

birge: flach gewölbte, abgerundete Berge, leicht gewellte Hochflächen und in diese tief eingeschnittene Kerbtäler. Beispiele sind Rheinisches Schiefergebirge, Harz, Erzgebirge und Schwarzwald. Dagegen treten im Thüringer Wald die Hochflächen aufgrund der langgestreckten Form der herausgehobenen Scholle zurück.

Recht häufig sind im Landschaftsbild der Mittelgebirge vulkanische Formen, da die Gebirgsbildung im Tertiär zum Teil mit einem intensiven Vulkanismus verknüpft war, der besonders Basalt förderte. Die Vulkane und Basaltdecken der Eifel, des Westerwaldes, des Siebengebirges, der Rhön und des Erzgebirges sind dafür nur einige von zahlreichen Beispielen.

Landschaftliche Besonderheiten innerhalb des Mittelgebirgsraums stellen **Grabenbrüche** (z. B. Oberrheingraben) und **Durchbruchstäler** (z. B. am Mittelrhein zwischen Bingen und Bonn) dar.

Die von mesozoischen Sedimentgesteinen bedeckten Gebirge haben ein anderes Erscheinungsbild. In der Schwäbischen- und Fränkischen Alb sind aufgrund flachlagernder Gesteinsschichten Hochflächen das beherrschende Landschaftselement. Infolge ihrer leichten Schrägstellung und des Wechsels von härteren (Kalke) und weicheren Gesteinslagen bilden sich steile Stufen, die sogenannte Albtrauf, zum Vorland hin aus. Der so entstandene Naturraum wird als **Schichtstufen-**

3.1 Nimm Stellung zu der Behauptung, daß die deutschen Mittelgebirge alt und jung zugleich sind.
3.2 Mit der Entwicklung des Mittelgebirgsraumes entstanden verschiedene Bodenschätze. Stelle ihre Entstehung in diesem Zusammenhang dar.
3.3 Erläutere am Beispiel der Oberrheinischen Tiefebene die Entstehung eines Grabenbruchs (M3). Gehe dabei besonders auf das Wechselverhältnis von endogenen und exogenen Kräften ein! (Löse die gleiche Aufgabe in bezug auf das Durchbruchstal am Mittelrhein.)
3.4 Erläutere die Entstehung einer Schichtstufenlandschaft. Welche Gemeinsamkeiten und Unterschiede gibt es zwischen Schwäbischer- und Fränkischer Alb und Thüringer Becken?

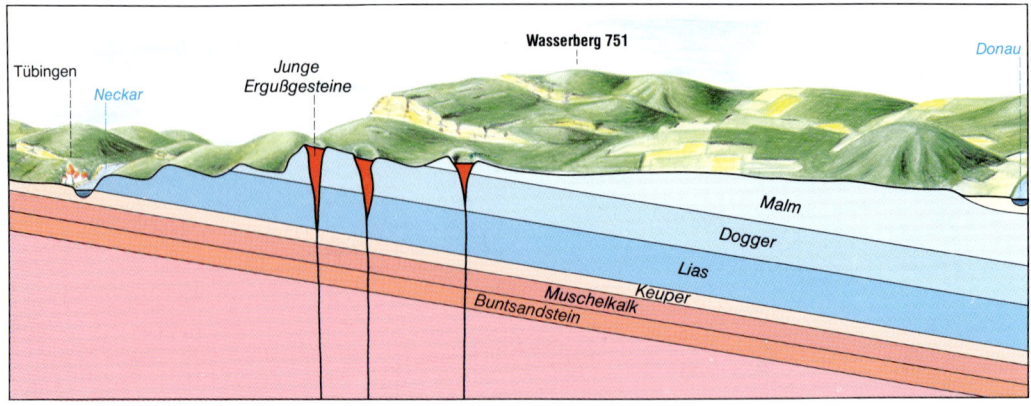

M1 Profil durch die Schwäbische Alb

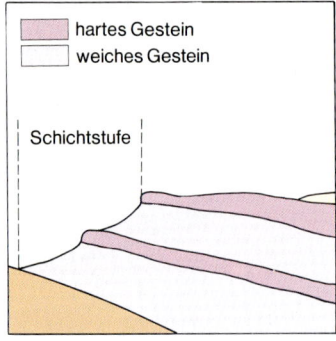

M2 Profil einer Schichtstufe

landschaft bezeichnet. Da das Hauptgestein der Alb Kalk ist, finden wir in diesem Gebiet Karsterscheinungen.

Auch das Relief des Elbsandsteingebirges entstand in Abhängigkeit von hier flach lagernden unterschiedlich widerstandsfähigen kreidezeitlichen Sandsteinen. Flachwellige Hochflächen (sogenannte Ebenheiten), Tafelberge („Steine"), klammartige Schluchten und das relativ breite Sohlental der Elbe bilden deshalb neben vielen bizarren Felsformen das Relief. Mehrere Felsgebilde bilden Formen, die unter besonderen Namen bekannt sind (z. B. die Gans, die Lokomotive usw.). Ihre Entstehung geht auf die Wechselwirkung von Klüften und Gesteinsfestigkeit im Laufe der Verwitterung zurück.

M3 Blick über die Basteibrücke zum Lilienstein (Elbsandsteingebirge)

M4 Die Zugspitze (Ostgipfelkreuz) – Deutschlands höchster Berg (2962 m)

4 Die deutschen Alpen und das Alpenvorland

Im äußersten Süden hat Deutschland einen schmalen Anteil am Hochgebirge, den Alpen. Er erreicht in der Zugspitze die eindrucksvolle Höhe von 2962 m und weist alle wesentlichen für ein Hochgebirge typischen Formen und Erscheinungen auf, wenn man einmal von Gletschern absieht.

Die Alpen sind ein Faltengebirge, das im jüngeren Mesozoikum und besonders im Tertiär aus der Tethys-**Geosynklinale** zwischen Afrikanischer und Eurasischer Platte herausgehoben wurde. In den Nördlichen Kalkalpen, an denen Deutschland Anteil hat, dominieren mit Kalken und Dolomiten Gesteine aus der Trias, die der Abtragung viel Widerstand entgegensetzen.

Die Entwicklung des Reliefs der Alpen wurde besonders durch die tiefgreifenden Einwirkungen während des Pleistozäns geprägt, als das gesamte Gebirge vergletschert war, aber auch durch nacheiszeitliche Verwitterungs- und Abtragungsvorgänge. Durch das Wirken der Gletscher entstanden weite, aber schroffwandige und steile Trogtäler und Kare (Bergseen). Infolge der Frostverwitterung wurden spitze, steile und zerklüftete Felsgipfel geformt, und der Verwitterungsschutt häufte sich an den Talhängen als Schuttkegel. Talstufen mit Wasserfällen

M5 Gesteinsfalten

M1 Die Eiszeiten (Alpen)

Kaltzeit	Jahre vor der Gegenwart
1. Donau-Eiszeit	1 000 000
Warmzeit	
2. Günz-Eiszeit	600 000
Warmzeit	480 000
3. Mindel-Eiszeit	430 000
Warmzeit	230 000
4. Riß-Eiszeit	140 000
Warmzeit	
5. Würm-Eiszeit	72 000
Jetztzeit	
(= Warmzeit) seit	10 000

4.1 Erläutere die Entstehung der Alpen als Faltengebirge.
4.2 Beschreibe die Reliefformen der Alpen, und erläutere, durch welche exogenen Kräfte sie geformt wurden!
4.3 Beschreibe und erkläre die Höhenstufen der Vegetation in den Alpen.
4.4 Vergleiche die im Pleistozän entstandenen Oberflächenformen im Norddeutschen Tiefland mit denen im Alpenvorland. Welche Gemeinsamkeiten und Unterschiede treten auf?

gehören ebenso zum Erscheinungsbild der Alpen wie nacheiszeitlich vom Wasser „eingesägte" Klammtäler.

Die Gliederung der Höhenstufen der Vegetation gehört zum typischen Bild eines Hochgebirges. Die Vegetationsstufen entsprechen der vertikalen Veränderung klimatischer Elemente.

An ihrem Nordsaum werden die Kalkalpen von einer Flyschzone begleitet. Sie wird von Bergen mit zumeist weicheren Formen gebildet und besteht aus Abtragungsmaterial der Alpen, das nochmals in die Faltung einbezogen wurde.

Südlich davon beginnt das Alpenvorland, das zur Donau hin geneigt ist und von dieser begrenzt wird. Es ist ein teils flacher, teils welliger oder hügeliger Raum. Der Begriff Alpenvorland weist auf die Beziehungen hin, die zwischen Vorland und Alpen bestehen. Während der Heraushebung der Alpen war es ein Senkungsgebiet, das den Abtragungsschutt des entstehenden Gebirges aufnahm. Er tritt uns heute in Donaunähe oberflächenbildend im Niederbayerischen Hügelland entgegen (M1, M4 und M5).

Der größte Teil des Reliefs wurde aber während des Pleistozäns geformt. Damals drangen in den vier Kaltzeiten die Alpengletscher bis weit ins Vorland, schufen Girlanden von Endmoränen und in deren Rückland innerhalb der Grundmoräne Zungenbecken, die heute zum Teil von Seen eingenommen werden (z. B. Bodensee, Ammersee). Vor den Endmoränen wurden durch die zur Donau abfließenden Schmelzwässer mächtige, einförmige Schotterflächen gebildet (z. B. Münchener Ebene, Lechfeld). Ähnlich wie im Norddeutschen Tiefland wehten kalte Fallwinde von den Gletschern herab und wirbelten feinen Staub aus den Moränen auf, der sich als Löß im Hügelland ablagerte. Darauf bildeten sich seit dem Ende der Kaltzeit fruchtbare Böden.

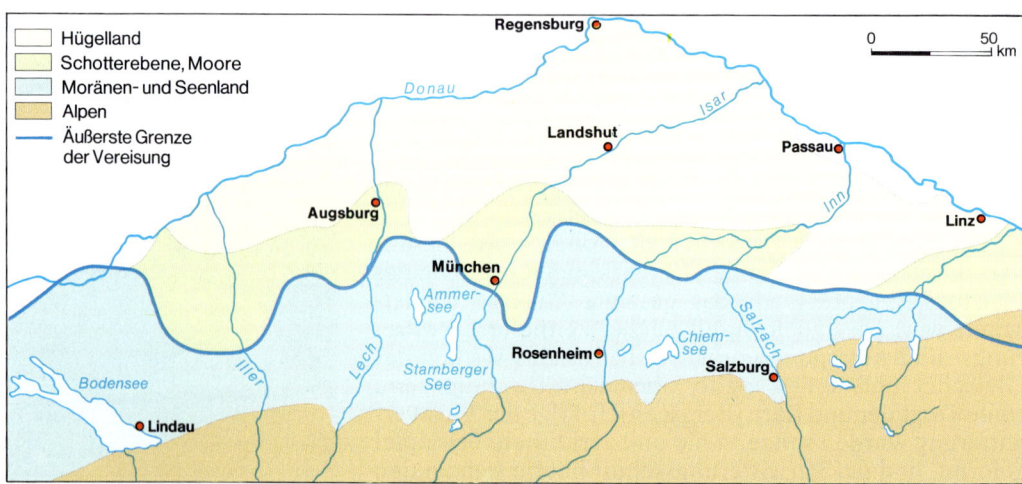

M2 Naturräumliche Gliederung des Alpenvorlandes

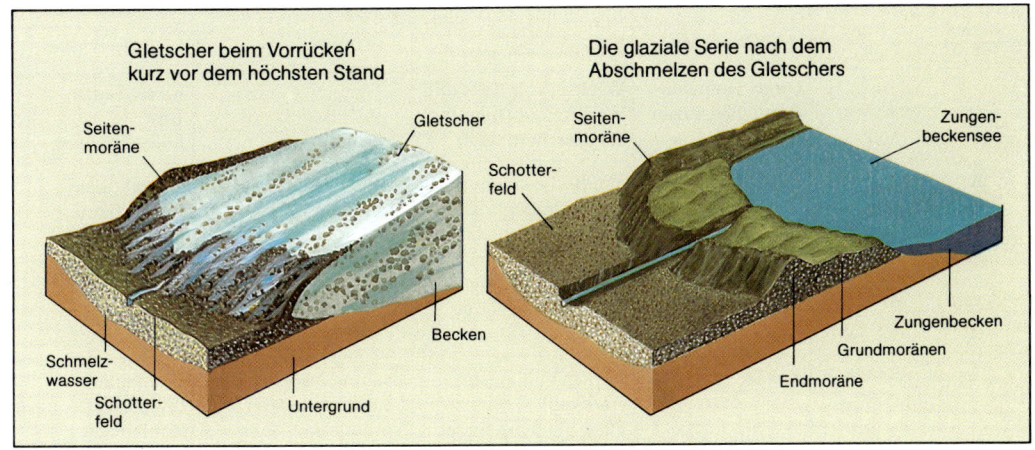

M3 Entstehung und Aufbau der glazialen Serie im Alpenvorland

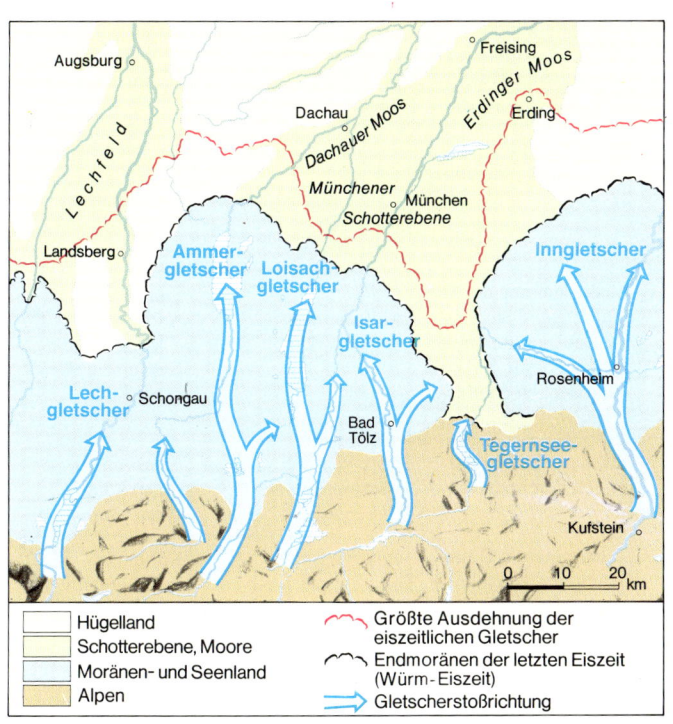

M4 Eiszeitliche Landschaftsformen im Alpenvorland

Seite 24:
Erdgeschichtliche Tabelle ▷

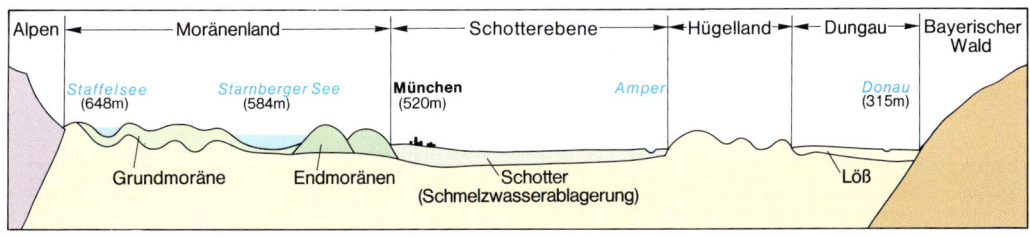

M5 Profil durch das Alpenvorland

Beginn vor rd.	Dauer rd.	Formationen		Wichtige Erscheinungen	Lebewesen	Bodenschätze
Erdneuzeit oder Neozoikum	0,01 / 1,8	*Quartär*	Holozän / Pleistozän	Wechsel von Kalt- und Warmzeiten (Inlandvergletscherungen)	Haustiere	Kiese, Sande Torf; Lößaufwehung
70 Mill. Jahren	10 / 15 / 15 / 20 / 10 Mill. Jahre	*Tertiär*	Pliozän / Miozän / Oligozän / Eozän / Paläozän	alpidische Gebirgsbildung, Grabenbrüche (Afrika, Rhône, Oberrhein) Vulkanismus: Rhön, Vogelsberg, Rh. Schiefergebirge	Auftauchen des Menschen Entwicklung der Affen	Braunkohlen Erdöl (Baku, Rumänien, Mexiko) Kalisalze (Oberrhein)
Erdmittelzeit oder Mesozoikum	65 Mill. Jahre	*Kreide*		starker Vulkanismus (Dekkan), Gebirgsbildung (Anden), Südatlantik u. Ind. Ozean entstehen	Laub- u. Nadelbäume Säugetiere treten i. d. Vordergrund, Saurier sterben aus	Diamanten (Südafrika) Kohlenlager Erdöl Eisen (Salzgitter)
	45 Mill. Jahre	*Jura*	Malm / Dogger / Lias	Gondwanaland löst sich auf, Mitteleuropa weithin von Meer bedeckt	erste Vögel Ammoniten Belemniten Saurier	Kalke Minetteerze (Lothringen)
225 Mill. Jahren	45 Mill. Jahre	*Trias*	Keuper / Muschelkalk / Buntsandstein	Mitteleuropa „ Flachmeer „ Flachmeer „ Festland	erste Säugetiere Nacktsamer herrschen vor	Steinsalzlager in Lothringen
Erdaltzeit oder Palaeozoikum	45 Mill. Jahre	*Perm*	Zechstein / Rotliegendes	Eisbedeckung auf Südhalbkugel, Flachmeer in Deutschland, noch Gebirgsbildung (Ural, Appalachen), Vulkanismus	Blütezeit der Panzerlurche	Steinsalze Kalisalze (Deutschland) Kupferschiefer (Mansfeld)
	80 Mill. Jahre	*Karbon*		Bildung des Variskischen Gebirges	erste Reptilien Bärlapp-Bäume Riesenfarne	Steinkohlen (Mittel- und Westeuropa)
	50 Mill. Jahre	*Devon*		2 Kontinente: Gondwana und Nordland getrennt durch Tethys	erste Vierfüßler	Kohlen in Spitzbergen Eisen (Siegerland, Lahn)
	100 Mill. Jahre	*Silur*	Gotlandium / Ordovicium	Kaledonische Gebirgsbildung	Panzerfische erste Landtiere erste Landpflanzen	Salzlager in USA, Eisen (Schwaz/Tirol)
570 Mill. Jahren	70 Mill. Jahre	*Kambrium*		weites, flaches Meer	Lebewesen noch auf Meere beschränkt	
1,2 Mrd. Jahre	640 Mill. Jahre	*Algonkium*		1. Eiszeit starker Vulkanismus 1. Gebirgsbildung	Herausbildung wirbelloser Lebewesen	Eisen (Oberer See, USA) Gold in Kalifornien und Südafrika Eisen (Skandinavien)
2 Mrd. Jahren	900 Mill. Jahre	*Archaikum*		der erste Regen, die erste Erdkruste	keine Tiere keine Pflanzen	
		Sternzeitalter		Entstehung der Sonne und Erde vor rd. 5,3 Milliarden Jahren		

Deutschland Großlandschaften

Das Wichtigste kurzgefaßt

Küsten
sind gegenüber der Tätigkeit der exogenen Kräfte die am meisten gefährdeten Landschaften.
Für die Nordsee ist die durch die Gezeitenwirkung geprägte Wattenküste typisch. An der Ostsee ist die Küstengliederung vielfältiger. Hier finden wir Förden-, Buchten-, Bodden- und Ausgleichsküsten.
Steil- und Flachküsten werden fast ausschließlich aus Lockermaterial gebildet, das glazialen Ursprungs ist oder durch Wind bzw. Meer abgelagert wurde.

Das Norddeutsche Tiefland
wurde überwiegend im Pleistozän durch Eis und Schmelzwasser (glaziale Serie) geformt. Dieser Teil des Tieflands wird in Alt- und Jungmoränengebiete gegliedert. Ein Teil des Küstentieflandes, die Marsch, wurde unter Ausnutzung der aufbauenden Tätigkeit der Gezeiten vom Menschen dem Meere abgerungen.
Am Rande der Mittelgebirge wurde während des Pleistozäns durch den Wind ein Lößgürtel angeweht, auf dem die fruchtbare Schwarzerde entstand.

Die deutschen Mittelgebirge
besitzen einen alten, bei der variskischen Gebirgsbildung im Karbon verfestigten Gesteinskörper, der während des Mesozoikums weithin mit Sedimentgesteinsschichten bedeckt wurde. Im Tertiär zerbrach der variskische Rumpf in einzelne Schollen, die teilweise herausgehoben wurden und heute die Mittelgebirge bilden. Dabei wurden die mesozoischen Schichten zumeist abgetragen. Das Relief hat sich im wesentlichen in Abhängigkeit zum Gesteinsaufbau entwickelt, wurde aber auch durch den tertiären Vulkanismus, durch Grabenbrüche und Beckenbildungen sowie Durchbruchstäler geprägt.

Die deutschen Alpen
wurden am Ende des Mesozoikums und im Tertiär als Faltengebirge gebildet. Ihr typisches Relief erhielten sie besonders während der glazialen Überformung im Pleistozän (Trogtäler, Kare), aber auch durch die bis in die Gegenwart andauernden Verwitterungs- und Abtragungsvorgänge (schroffe Gipfel, Schuttkegel, Klammen). Die Vegetation ist durch deutliche Höhenstufen gekennzeichnet.
In Verbindung mit der Entstehung und Formung der Alpen wurde ihr Vorland gebildet. Auf den im Tertiär in einem Senkungsgebiet abgelagerten Alpenschutt wurden im Pleistozän durch die Alpengletscher Grund- und Endmoränen bzw. durch die Schmelzwässer Schotterflächen aufgesetzt. In Donaunähe bilden die tertiären Ablagerungen eine zumeist hügelige Oberfläche.

Grundbegriffe

Küstenformen:
Wattenküste
Fördenküste
Buchtenküste
Boddenküste
Ausgleichsküste
glaziale Serie
Altmoränengebiet
Geest
Jungmoränengebiet
Marsch
Löß
Schwarzerde
Platte
variskische Gebirgsbildung
Faltengebirge
Mesozoikum
alpidische Gebirgsbildung
Verwerfung
Bruchschollengebirge
Grabenbruch
Durchbruchstal
Schichtstufenlandschaft
Geosynklinale

Deutschland
Wirtschaftsgeographie

Einführung

Die Wirtschaftsgeographie und ihre Aufgaben

Die Wirtschaftsgeographie erfaßt und erklärt räumliche Verbreitungs- und Verknüpfungsmuster, die sich aus wirtschaftlichen Handlungen des Menschen bzw. sozialer Gruppen ergeben. Sie untersucht das Verhältnis zwischen Wirtschaft und Raum und bemüht sich deshalb um eine Synthese von Wirtschafts- und geographischer Forschung. Hierbei findet die Wirkung natürlicher Raumfaktoren auf wirtschaftliches Handeln besondere Beachtung. Zentraler Untersuchungsgegenstand der Wirtschaftsgeographie ist der *Wirtschaftsraum* in seinen unterschiedlichen räumlichen Dimensionen. Die größeren Teilbereiche der Wirtschaftsgeographie sind die *Agrargeographie, Industriegeographie* sowie die Geographie des *Tertiären Sektors*.

Die drei Wirtschaftssektoren

Die Wirtschaft eines Landes bildet ein kompliziertes System einzelner Komponenten. Um dieses System durchschaubar zu machen, untergliedert man die Wirtschaft in drei Sektoren:

1. Der **primäre Sektor** befaßt sich mit der Erstproduktion von Rohstoffen. Zu ihm zählen Landwirtschaft, Forstwirtschaft, Fischerei und Bergbau (ohne Aufbereitung; erscheint auch unter der Bezeichnung Montanindustrie).

2. Der **sekundäre Sektor** ist der Bereich der Wirtschaft, in dem die Rohstoffe be- und verarbeitet werden. Zu ihm zählen Industrie (einschließlich Energiegewinnung und Aufbereitung von Bergbauprodukten), produzierendes Handwerk und Bauwesen. Der sekundäre Sektor wird auch als produzierendes Gewerbe bezeichnet.

3. In den letzten Jahrzehnten wurde der **tertiäre Sektor** immer wichtiger. Er umfaßt Handel, Verkehr, Nachrichtenübermittlung, Fremdenverkehr, Gesundheits- und Bildungswesen. Man bezeichnet ihn auch als Dienstleistungsgewerbe oder -sektor. Beschäftigte bei Bund, Ländern und Gemeinden arbeiten ebenso in diesem Sektor wie Angestellte von Organisationen (z. B. Rotes Kreuz).

Die Anzahl der Erwerbstätigen in den drei Wirtschaftssektoren hat sich im Verlaufe der letzten 100 Jahre stark verändert. Diese Veränderungen sind Ausdruck eines generellen Strukturwandels in der deutschen Wirtschaft: In den alten Bundesländern waren 1950 noch 22 % der Erwerbstätigen im primären Sektor beschäftigt, 1987 waren es hingegen nur noch 5,1 %. Auch die Beschäftigtenzahlen im sekundären Sektor sind rückläufig. Hier fielen die Anteile von 45 % (1950) auf 40,4 % (1987). Dagegen stieg der Anteil der im tertiären Sektor Beschäftigten im gleichen Zeitraum von 33 % auf 54,5 %. In der DDR vollzog sich eine ähnliche Entwicklung.

- Erläutere grundlegende Merkmale der drei Wirtschaftssektoren.
- Überlege, welche Ursachen der Strukturwandel in der deutschen Wirtschaft haben könnte.

Landwirtschaft

Landwirtschaft

1 Landwirtschaft in Abhängigkeit vom Naturraum

Die landwirtschaftliche Nutzung eines Gebietes ist von einer Vielzahl von Faktoren abhängig. Darunter ist von besonderer Bedeutung, inwieweit die **naturräumliche Ausstattung** den Anbau bestimmter Kulturpflanzen zuläßt. Die klimatischen Bedingungen, das Wasserdargebot, die Fruchtbarkeit der Böden und die Reliefverhältnisse legen die landwirtschaftliche Nutzung eines Gebietes weitestgehend fest. Dünge- und Meliorationsmaßnahmen können jeweils nur dazu beitragen, die lokalen Verhältnisse auf die Standortansprüche der anzubauenden Kulturen besser abzustimmen.

Gewähren die natürlichen Standortbedingungen den Anbau anspruchsvoller Kulturpflanzen (z. B. Weizen, Zuckerrüben) bei hoher Produktionsleistung, dann wird dieses Gebiet als **Gunstraum** (S. 38, M1) bezeichnet. Zu den Gunsträumen Deutschlands zählen insbesondere die Börden mit ihren ertragreichen Lößböden (M3). Diese **Bodenart** wurde während der Weichseleiszeit gebildet (vgl. S. 14 ff). Sie ist durch das Vorherrschen von Korngrößen aus der „Staubfraktion" (Partikel mit einem Durchmesser von 0,06 bis 0,01mm) gekennzeichnet. Lößböden haben die Eigenschaft, Wasser in ihren Kapillaren (kleine, senkrechte Haarröhrchen) zu speichern. Daher neigen Lößböden, im Gegensatz zu grobkörnigeren Bodenarten (z. B. Sandböden), nicht zum schnellen Austrocknen. Die Wasseraufnahme durch die Kapillaren verhindert aber auch die Bildung von Staunässe, wie sie zum Beispiel bei feinkörnigen Tonböden auftritt. Im Holozän (= Zeitraum der letzten 10 000 Jahre) entstanden auf dem kalkhaltigen Löß der heutigen Bördengebiete fruchtbare

M1 Schwarzerde – Bodenprofil

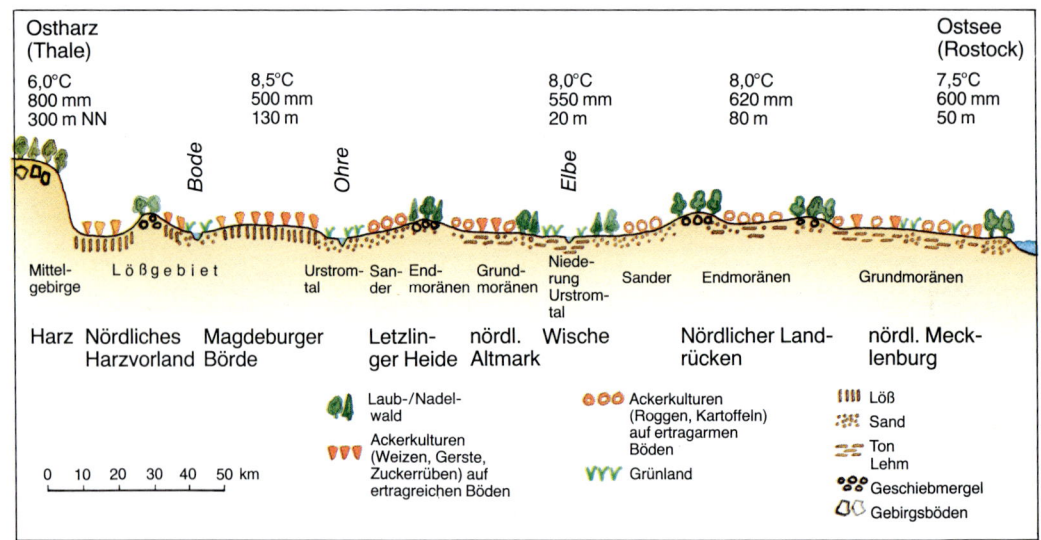

M2 Landschaftsprofil zwischen Harz (Thale) und Ostsee (Rostock)

Schwarzerdeböden (M3). Wichtigstes Merkmal dieses **Bodentyps** ist die bis zu einem Meter starke **Humus**oberschicht, die den sogenannten A-Horizont bildet (M1). Eine breite Humusschicht zeichnet allgemein einen guten Ackerboden aus, denn Humus erfüllt wichtige standortökologische Funktionen:

– Unter starker Beteiligung der in dieser Schicht lebenden Bodenorganismen wird der Humus abgebaut. Dabei werden Nährstoffe (z. B. NH_3, PO_4) freigesetzt.

– Ebenfalls unter Mitwirkung der Bodenorganismen werden wasserbeständige Krümel aus Humusteilchen, Kleintierkot und Pilzkolonien gebildet. Die Krümelstruktur verleiht dem Boden die notwendige Stabilität.

– Der Humus besitzt wertvolle bodenphysikalische Eigenschaften, so kann er das Drei- bis Fünffache seiner Eigenmasse an Wasser binden.

1.1 Beschreibe die landwirtschaftliche Nutzung der Räume entlang der Profillinie Thale-Rostock (M2). Unterscheide Gunst- und Ungunsträume.

1.2 Beurteile den Stellenwert einzelner natürlicher Standortbedingungen für den Anbau von Zuckerrüben und Weizen. Inwiefern ist der vorherrschende Bodentyp für den Anbau dieser Kulturpflanzen ausschlaggebend?

1.3 Überlege, welche sozioökonomischen Standortfaktoren für die Massentierhaltung maßgebend sind.

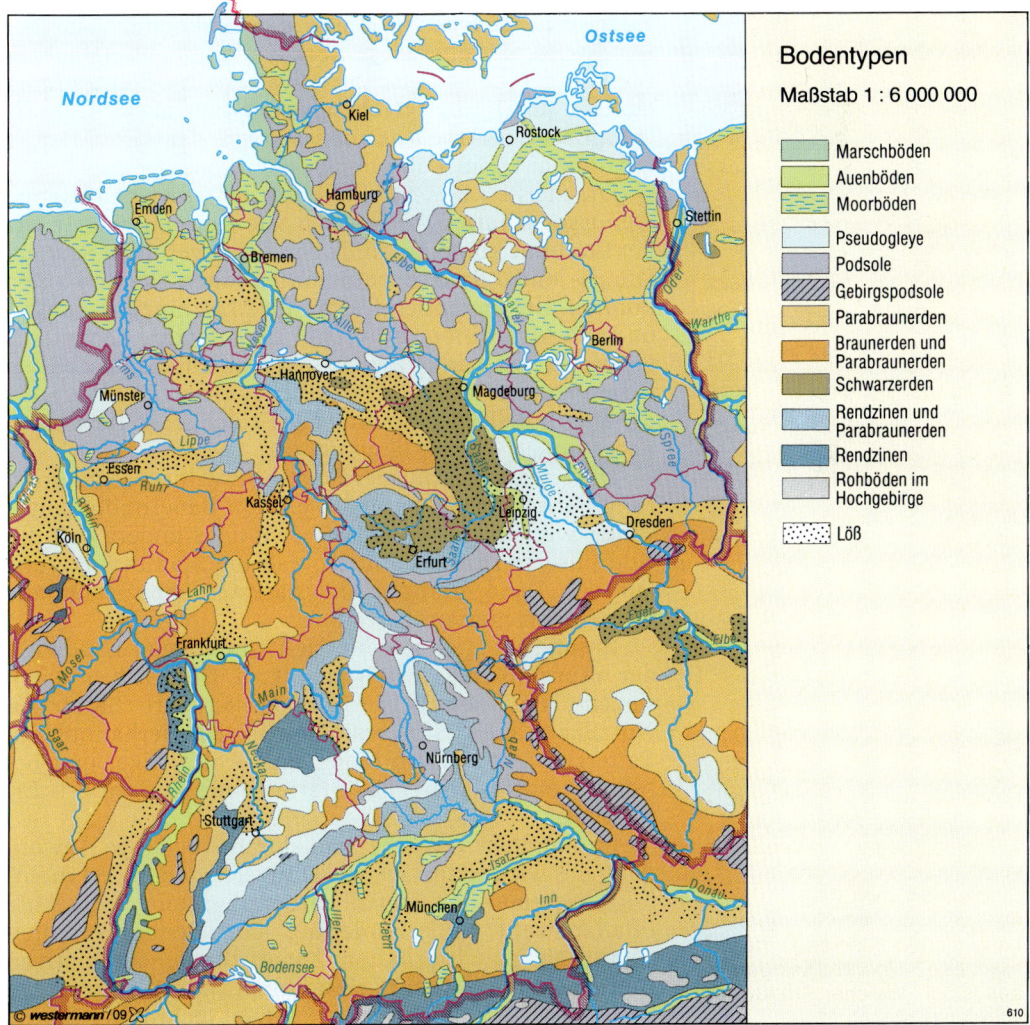

M3 Bodentypen und Lößverbreitung in Deutschland

Tabelle 1
Strukturwandel der Landwirtschaft in der Bundesrepublik Deutschland
(alte Bundesländer)

	1965	1991
Erwerbstätige (in Mill.)	2,9	1,7
davon Vollarbeitskräfte (in Mill.)	2,1	0,4
LF (in 1000 ha Land)	14 000	11 700
davon Ackerland	7 600	7 300
davon Dauergrünland	5 800	4 300
Betriebe (in 1000)		
– mit Milchvieh	950	250
– mit Schweinen	970	250
Vollerwerbsbetriebe	490	290
Zuerwerbsbetriebe	310	50
Nebenerwerbsbetriebe	400	250

(neue Bundesländer)

Land	Arbeitskräftebestand 30.10.1989	31.12.1991
	1000 Personen	
Brandenburg/ Berlin Ost	190,6	64,3
Mecklenburg-Vorpommern	181,9	61,6
Sachsen	168,5	62,2
Sachsen-Anhalt	178,8	68,6
Thüringen	128,4	43,3
zusammen	848,2	300,0

Quelle: Agrarbericht der Bundesregierung, 1992

2.1 Erkläre den Strukturwandel der Landwirtschaft (Tabelle 1, M1).
2.2 Vergleiche die Landbewirtschaftung auf herkömmliche und alternative Art *(Tabelle 2)*.
2.3 Beschreibe und vergleiche verschiedene ländliche Siedlungsformen (M2).
2.4 Welche Veränderungen kann man in unseren Dörfern erkennen? Wodurch wurden sie ausgelöst? Welcher Strukturwandel zeigt sich in den Dörfern (M2)?

2 Strukturwandel der Landwirtschaft in der Bundesrepublik Deutschland

In unserem Industriestaat nimmt die Landwirtschaft auf den ersten Blick nur einen untergeordneten Stellenwert ein: nur fünf Prozent der Berufstätigen arbeiten in der Landwirtschaft und erwirtschaften weniger als drei Prozent des Bruttosozialprodukts. Aber diese Zahlen trügen. Jeder sechste Arbeitsplatz steht bei uns in einer Beziehung zur landwirtschaftlichen Produktion: der Handel, die Herstellung von Ackerschleppern und Landmaschinen, von Mischfutter und Düngemitteln, die Verarbeitung von Landwirtschaftserzeugnissen. Die Landwirtschaft ist einer der größten Kunden unserer Wirtschaft.

Nur die Hälfte aller landwirtschaftlichen Betriebe kann heute noch von dem allein existieren, was die Landwirtschaft erbringt (**Vollerwerbsbetriebe**). Die Zahl der **Zuerwerbsbetriebe**, in denen das Einkommen aus der Landwirtschaft überwiegt, aber ein Familienmitglied außerhalb der Landwirtschaft etwas dazuverdient, nimmt laufend ab. In den **Nebenerwerbsbetrieben** liegt die Hauptlast der Arbeit auf den Frauen, denn die Männer arbeiten auf dem Bau oder in Fabriken.

Die meisten Bauern sind heute **landwirtschaftlichen Genossenschaften** beigetreten, die sich um den Absatz der Produkte kümmern und über die sie verbilligt Saatgut, Dünge- und Pflanzenschutzmittel sowie Geräte kaufen können. Um die hohen Kosten für Maschinen zu senken und die Maschinen rationeller einzusetzen, haben sich vielerorts die Landwirte zu Maschinengemeinschaften zusammengeschlossen. Die Zahl der Maschinenringe, die die maschinelle Bearbeitung der Felder gegen Bezahlung übernehmen, nimmt langsam zu.

Die Spezialisierung der Betriebe und ihre Mechanisierung haben zur Folge, daß die alten Bauernhöfe umgestaltet werden müssen. Darüber hinaus ändert sich das Bild unserer Dörfer dadurch, daß die Stadtbevölkerung auf das Land drängt. Am stärksten sind stadtnahe Gemeinden hiervon betroffen.

In jüngster Zeit wenden sich zunehmend Landwirte der **alternativen Landwirtschaft** zu. Derzeit bearbeiten sie jedoch nur etwa 0,3 Prozent der landwirtschaftlichen Nutzfläche (LF). Sie verzichten in der Tierhaltung auf Futterzusätze, wie Hormone und Antibiotika, und betreiben eine tiergerechte Haltung mit vielseitiger Ernährung.

Im Landbau versuchen sie, durch sorgfältige Anwendung des wirtschaftseigenen Düngers, vielfältige Fruchtfolge, mechanische Bodenbearbeitung, standortgerechte Pflanzenwahl und Förderung der Bodengesundheit „naturnah" zu wirtschaften. Zwar ist in den alternativen Betrieben noch mehr Handarbeit nötig als in den herkömmlichen, aber auch sie setzen technische Geräte ein.

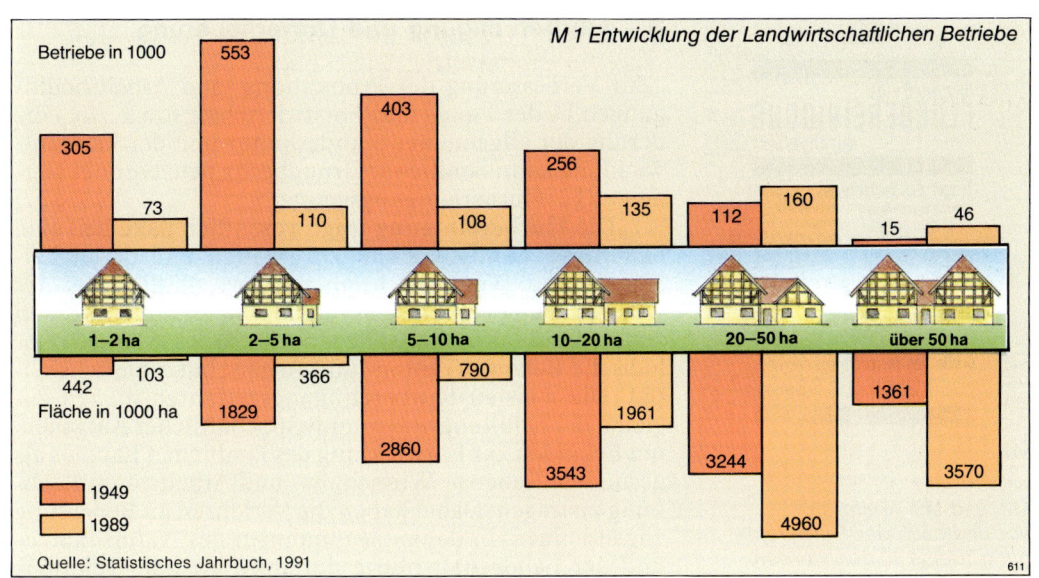

M 1 Entwicklung der Landwirtschaftlichen Betriebe

Quelle: Statistisches Jahrbuch, 1991

M2 Ländliche Siedlungsformen

Tabelle 2

Vollerwerbsbetriebe in der Bundesrepublik Deutschland im Vergleich

Landbewirtschaftung	herkömmlich	biologisch
Arbeitskräfte pro 100 ha LF	4,8	6,9
Erträge in 100 kg/ha		
Weizen	53	32
Roggen	38	28
Gerste	44	29
Milch/Kuh in kg	4940	3595
Verkaufspreise in DM/100 kg		
Weizen	49	86
Roggen	47	90
Gerste	47	82
Milch	64	66
Unternehmensertrag in DM/ha LF	6098	4471
Unternehmensaufwand in DM/ha LF	5079	3792
darunter (in DM/ha LF)		
Düngemittel	338	59
Pflanzenschutz	88	8
Löhne	112	303
Gewinn in DM/ha LF	1019	680

(aus dem Agrarbericht 1985 der Bundesregierung)

M1

*M2 und M3 (Seite 33)
Vor und nach der Flurbereinigung (Beide Karten wurden genehmigt durch den Niedersächsischen Minister für Ernährung, Landwirtschaft und Forsten)*

3.1 Beschreibe die Maßnahmen, die im Rahmen der Flurbereinigung in Westoverledingen getroffen wurden (M2 u. M3).
3.2 Welchen Beitrag leisten Flurbereinigung und Dorferneuerung für die Verbesserung der Verhältnisse in der Landwirtschaft?
3.3 Diskutiert über das Problem:
– Flurbereinigung bewirkt „ausgeräumte Landschaften".
– Flurbereinigung führt von der bäuerlichen Idylle zur industriellen Farm.
– Flurbereinigung dient allen, auch dem Naturschutz.

3 Flurbereinigung und Dorferneuerung

„Zur Verbesserung der Produktions- und Arbeitsbedingungen in der Land- und Forstwirtschaft sowie zur Förderung der allgemeinen Landeskultur und der Landentwicklung kann ländlicher Grundbesitz neugeordnet werden". (§ 1 Flurbereinigungsgesetz)

„Die **Flurbereinigung** trägt wesentlich dazu bei, eine bäuerliche Landwirtschaft zu erhalten und deren Leistungs- und Wettbewerbsfähigkeit zu stärken. Bei der Durchführung von Flurbereinigungsmaßnahmen werden zunehmend landschaftspflegerische Aspekte sowie ökologische Belange (Biotop- und Artenschutz) berücksichtigt. Die meisten Flurbereinigungsverfahren dienen zugleich der Erfüllung außerlandwirtschaftlicher Aufgaben, um Belangen zur Entwicklung des ländlichen Raumes als gesundem Lebens-, Wirtschafts- und Arbeitsraum Rechnung zu tragen. Dabei haben die Verfahren an Bedeutung zugenommen, in denen Maßnahmen des Naturschutzes und der Landschaftspflege durchgeführt oder gefördert werden. Unternehmensverfahren werden angeordnet, wenn ländliche Grundstücke für Straßen, Bundesbahnschnellstrecken, Schiffahrtsstraßen, Talsperren u. ä. in Anspruch genommen werden. Dadurch soll der Landverlust auf einen größeren Kreis von Eigentümern verteilt werden.

Maßnahmen der Dorferneuerung werden in solchen ländlichen Gemeinden und Ortsteilen gefördert, deren Siedlungsstruktur durch die Land- und Forstwirtschaft wesentlich geprägt ist. Es geht darum, ländliche Siedlungen als Standort land- und forstwirtschaftlicher Betriebe zu erhalten und zu verbessern, den Arbeitsaufwand dieser Betriebe zu verringern, die innerörtlichen Verkehrs- und Gewässerverhältnisse zu regeln." (Aus dem Agrarbericht 1985 der Bundesregierung)

Das Flurbereinigungsgebiet der Gemeinde Westoverledingen mit den Ortsteilen Folmhusen und Irhove liegt in Ostfriesland zwischen Leer und Papenburg. Das 1310 Hektar große Gebiet war in sehr viele Einzelgrundstücke aufgeteilt. Die Wege waren in der nassen Jahreszeit kaum zu befahren. Durch die Aussiedelung mehrerer landwirtschaftlicher Betriebe (**Aussiedlerhöfe**) konnte eine Reihe von Maßnahmen getroffen werden, aus denen alle Bürger der Gemeinde für ihre Wohn- und Arbeitssituation Nutzen ziehen. Vier von acht vorhandenen Bahnübergängen wurden geschlossen. Der langsame landwirtschaftliche Verkehr verläuft jetzt neben der Bundesstraße B 70.

Entsprechend dem landespflegerischen Begleitplan gestaltete man die Flur nicht als „ausgeräumte Landschaft", sondern mit Feldgehölzen und Windschutzhecken. Zwei offene Wasserstellen im früheren Hochmoor wurden wieder hergerichtet und in bereits vorhandene Grünanlagen einbezogen.

Größe in ha
Anzahl der Besitzstücke
44,56 7
43,31 8
28,75 9
24,11 8
44,96 11
15,09 8
20,39 4
17,60 6
13,88 5
Ersatzflächen für Mülldeponie rd. 53 ha
250
500
m
N
n. Emden
von Leer
K 21
Esklumer Sieltief
Fennschloot
Wallschloot
Weekeborger Sieltief
Lüdeweg
BÜ
FOLM-
HUSEN
B 438 nach Strücklingen
Rennschloot
K 23
B 70
von Papenburg
IHRHOVE
von Rheine
R
ter Zustand

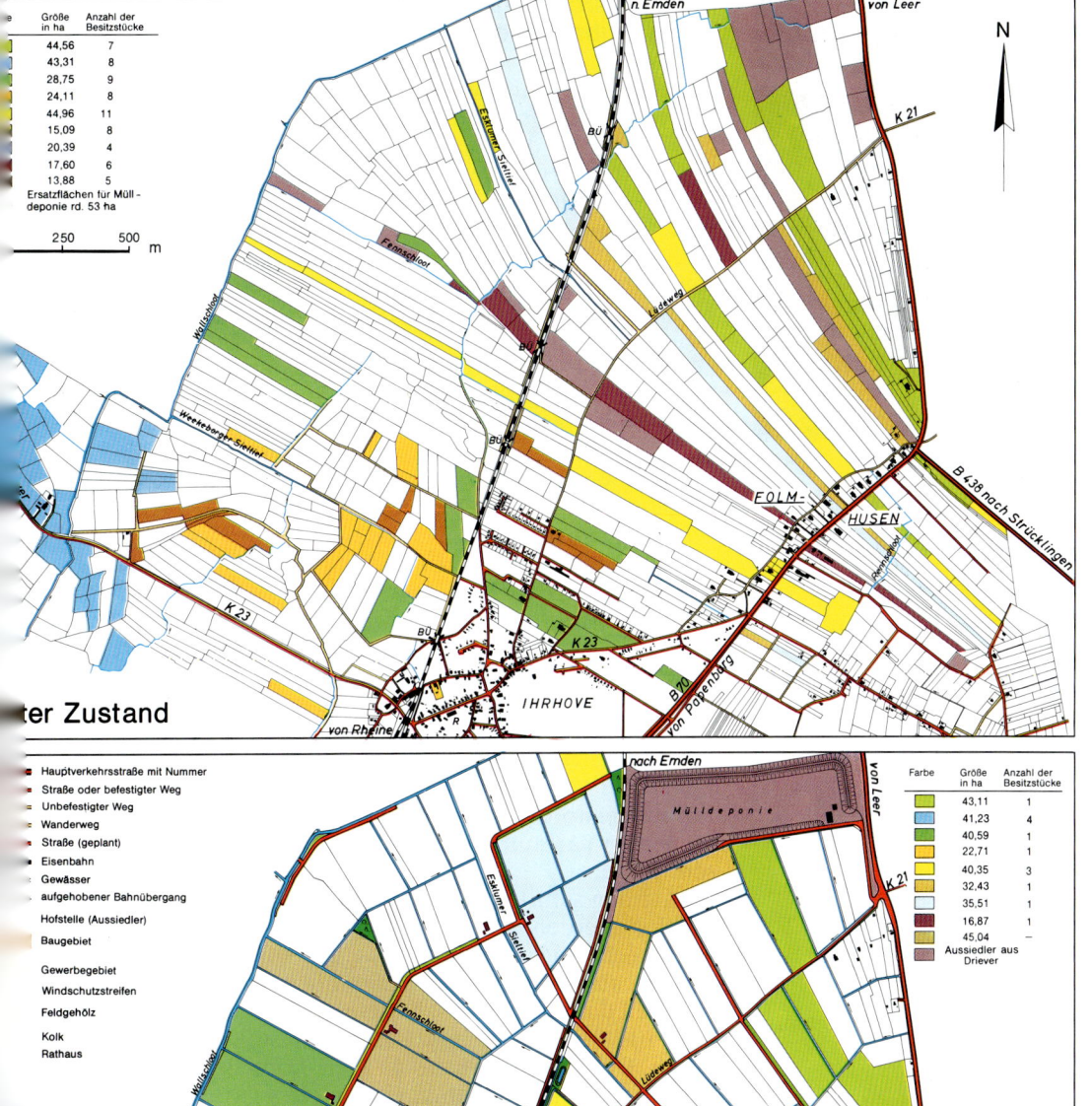

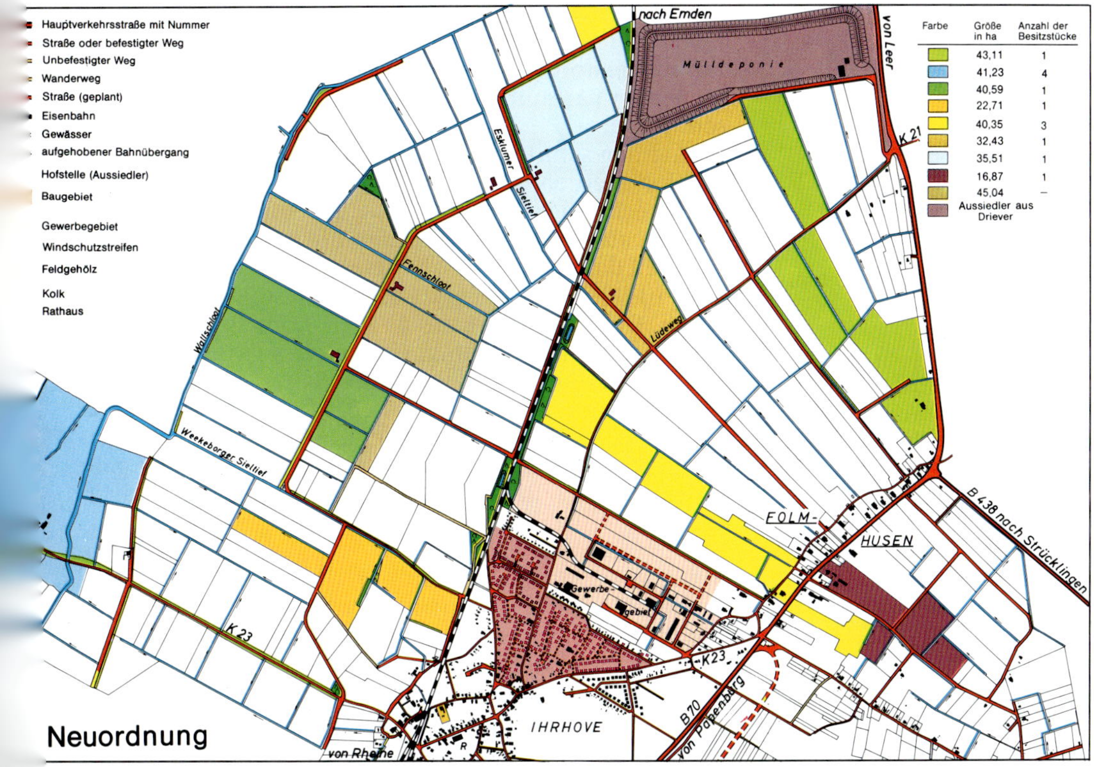
Hauptverkehrsstraße mit Nummer
Straße oder befestigter Weg
Unbefestigter Weg
Wanderweg
Straße (geplant)
Eisenbahn
Gewässer
aufgehobener Bahnübergang
Hofstelle (Aussiedler)
Baugebiet
Gewerbegebiet
Windschutzstreifen
Feldgehölz
Kolk
Rathaus
nach Emden
von Leer
Mülldeponie
Farbe
Größe in ha
Anzahl der Besitzstücke
43,11 1
41,23 4
40,59 1
22,71 1
40,35 3
32,43 1
35,51 1
16,87 1
45,04 –
Aussiedler aus Driever
K 21
Esklumer Sieltief
Fennschloot
Wallschloot
Weekeborger Sieltief
Lüdeweg
FOLM-
HUSEN
B 438 nach Strücklingen
Gewerbegebiet
K 23
B 70
von Papenburg
IHRHOVE
von Rheine
R
Neuordnung

4 Moderne Landwirtschaft – Der einzig gangbare Weg erfolgreichen Landbaus?

Bauer M. aus Bardowick, einem Dorf in der Nähe von Lüneburg, hat sich, wie die meisten Landwirte in seiner Gemeinde, auf den Anbau von Gemüse spezialisiert. M. besitzt nur 18 Hektar eigenen Landes und ist darauf angewiesen, ungefähr 12 Hektar hinzuzupachten, damit er, seine mitarbeitende Ehefrau und der ebenfalls auf dem Hof beschäftigte Sohn ausreichend versorgt sind. Ein weiterer Grund für die Zupacht ist landbautechnischer Natur: Zur Regenerierung des Bodens ist ein bestimmter Fruchtwechsel einzuhalten, was auf der nur kleinen hofeigenen Fläche unmöglich wäre. So pachtet M. jährlich wechselnde Flächen hinzu, auf denen zuvor eine gute Fruchtfolge eingehalten worden ist und die möglichst mit Stallmist gedüngt worden sind.

Bardowick ist das Zentrum des bei weitem größten norddeutschen Wurzelanbaugebietes (etwa 550 Hektar), das von August bis Februar den Bedarf Norddeutschlands nahezu ausschließlich zu decken vermag. Und tatsächlich produziert auch M., wie etwa 400 andere Gemüsebauern der Region, in erster Linie orangefarbene, süßlich schmeckende und wegen ihres hohen Vitamin A-Gehalts zunehmend nachgefragte Möhren. Mit Hilfe einer Möhrenerntemaschine werden sie eingebracht, bevor sie in der betriebseigenen Möhrenwaschanlage gereinigt werden. Nach der Reinigung werden die Möhren in die Kisten einer Erzeugergemeinschaft verpackt, in der sich zahlreiche norddeutsche Gemüsebauern zwecks gemeinsamer Vermarktung ihrer Produkte zusammengeschlossen haben.

Auf den sehr leichten Sandböden, die von M. bewirtschaftet werden, gedeihen nicht alle Kulturarten; dennoch beeindruckt die Auflistung der Nutzpflanzen, die er anbaut, auch wenn es teilweise nur kleine Mengen auf zum Teil doppelt bewirtschafteten Flächen mit zwei Ernten pro Jahr sind. M. erklärt, daß diese Leistungen nur durch Düngung erbracht werden können: ein Drittel besteht aus Gründüngung; ein weiteres Drittel aus zugekauftem Stallmist und ein letztes Drittel aus Kalk, Kali, Phosphor und Spurenelementen. M. gesteht ein, daß er und seine Kollegen früher, in Unkenntnis der Folgen, gelegentlich übermäßig gedüngt hätten. Heutzutage gäbe es jedoch viele Bestimmungen, die von jedem Landwirt eingehalten werden müßten.

M. befürchtet, daß es in einigen Ländern der EG weniger rigorose Auflagen für die dortigen Bauern gibt, so daß sie den Markt mit preisgünstigen, möglicherweise nicht so guten, eventuell sogar gesundheitsschädigenden Waren überschwemmen könnten. Da die Gemüsebauern einem freien Wettbewerb unterlägen, könne ein übergroßes Angebot von ausländischem Gemüse für sie existenzgefährdend sein.

Anbau im Spezialbetrieb des Gemüsebauern M. in Bardowick
(Angaben in: Hektar)

15.00	Möhren
01.25	Petersilienwurzeln
01.00	Sellerie
01.50	Porree
00.20	Dicke Bohnen
01.50	verschiedene Bohnenarten
00.25	Markerbsen
00.50	Rettich (teilweise im Nachbau)
00.50	Kohlrabi
02.00	Grünkohl (überwiegend als Zweitfrucht)
01.00	Schwarzwurzeln
00.25	Kräuterarten wie Schnittlauch Petersilie Dill Bohnenkraut
00.15	Lauchzwiebeln
01.75	Rote Beete
00.50	Schmorgurken
00.75	Spargel
Rest:	Getreide

M1 Anbauflächen im Spezialbetrieb (Gemüsebauer M., Bardowick)

M2 und M3 Gemüsebauer M., Bardowick, mit Möhrenerntemaschine; seine Frau an der Möhrenwaschanlage.

4.1 Erkläre, weshalb Bauer M. jährlich wechselnde Flächen hinzupachten muß!
4.2 Erläutere, was in der Landwirtschaft unter „Spezialisierung" verstanden wird!

Landbaupraktikum einer Schulklasse

Ankunft auf dem Hof sonntags, um 18 Uhr. Kleine Hofführung plus Begrüßung. Abendessen.

Tagesablauf
05.00 Uhr – Wecken
05.30 Uhr – Beginn der Morgenarbeit
07.15 Uhr – Frühstück
08.00 Uhr – Referate
09.00 Uhr – Beginn der Tagesarbeit I
12.00 Uhr – Mittagessen
13.30 Uhr – Beginn der Tagesarbeit II
15.30 Uhr – kurze Kaffeepause
18.15 Uhr – Abendessen
18.45 Uhr – Zusammenkunft der Verantwortlichen
19.15 Uhr – Tagesrückblick
21.00 Uhr – Nachtruhe (sieht nur auf dem Papier früh aus; ihr braucht den Schlaf, da ihr tüchtig und fleißig arbeiten werdet).

Bitte nur die nötigsten Dinge mitnehmen, es ist schwer, Ordnung zu halten. Rauchutensilien bitte gleich zu Hause lassen. Es erspart unnötigen Ärger. Mit allgemeiner gegenseitiger Rücksichtnahme können wir miteinander viel schaffen, und es kann eine schöne Zeit werden.

Ein Bauernhof ist ein großer Organismus mit klaren rhythmischen Zeitabläufen. Wir sind Gäste auf diesem Hof und dürfen ihn zwar belasten, jedoch nicht stören. Die Zeiten des Tagesablaufes sind daher keine ungefähren Richtwerte, sondern ganz klar einzuhaltende Zeiten. Darum seien wir bitte höfliche Gäste und stets pünktlich.

5 „Ökologischer Landbau" – eine wirkliche Alternative?

Bevor wir eine kurze Befragung beginnen, reicht uns der Landwirt B. aus Amelinghausen (bei Lüneburg) seinen Betriebsspiegel, damit wir einen ersten Eindruck von seinem Betrieb erhalten. Ihm ist zu entnehmen, daß der Betrieb aus drei Höfen in verschiedenen Dörfern besteht:

Größe	Hof I	Hof II	Hof III	Gesamt
Acker	56 ha	23 ha	37 ha	116 ha
Wiese	30 ha	10 ha	4 ha	44 ha
Wald	75 ha	4 ha	62 ha	141 ha
Hof + Wege	12 ha	3 ha	7 ha	22 ha
	173 ha	40 ha	110 ha	323 ha

Der Boden ist ein sandiger bis anlehmiger Podsolboden.

Viehbestand

1 Zuchtbulle, 49 Milchkühe, 26 Kälber, 9 tragende Rinder, 18 1–2jähr. Rinder, 63 Mastbullen und Rinder, 22 Schafe, 9 Ziegen, 8 Pferde, 2 Eber, 16 Sauen, 10 Jungsauen, 150 Ferkel, 72 Läuferschweine, 63 Mastschweine und Hühner, Gänse, Enten und Kaninchen.

Auf dem Acker wird folgendes angebaut:

31 ha Klee-Gras u.ä., 20 ha Winter-Roggen, 2 ha Winter-Weizen, 6 ha Winter-Gerste, 24 ha Sommer-Getreide, 15 ha Kartoffeln, 8 ha Steckrüben und Runkeln, 5 ha Mais sowie 5 ha Gemüse.

Als Hecken sind 10.000 Meter mit 24 verschiedenen Baum- und Straucharten gepflanzt worden. Einige Aufgaben der Hecken: Windschutz, Laubfütterung, Vogelstraßen, Futter- und Brutmöglichkeiten für Vögel, Insekten und Bienenweide, Beeren und Obst für Mensch und Tier. Es werden über 90 Ameisennester in der Hecke, im Wald und auf der Waldweide geschützt. 84 Vogelarten sind in den Monaten Mai und Juni gezählt worden. Es sind drei Waldweiden für Rinder, Pferde, Sauen, Ziegen und Schafe angelegt worden.
Die Wälder bestehen von Natur aus nur aus Kiefer, Birke und Faulbaum. Zusätzlich sind weitere Strauch- und Baumarten gepflanzt worden.

F.: Wie bezeichnen Sie die Landbauweise, die auf Ihren Höfen betrieben wird?
A.: Im offiziellen Sprachgebrauch nennt man es **ökologischer Landbau**; wir arbeiten hier biologisch-dynamisch, nach einer Anbauweise, die es bereits seit 1924 gibt.

F.: Was sind die typischen Merkmale des biologisch-dynamischen Landbaus?
A.: Da nur belebter Boden fruchtbar ist, bemühen wir uns, die Lebensvorgänge im Boden durch Dünger aus den Stoffen des eigenen Betriebes anzuregen. Jeder Boden ist nach unserem Verständnis als ein Organismus anzusehen, der von einer atmenden Oberdecke bedeckt wird. Unter dieser Haut befindet sich eine weitere Schicht, die Humuszone, in der unsere aufeinander abgestimmten Pflanzengesellschaften gedeihen können.
F.: Wie würden Sie die Landwirtschaft bezeichnen, die heutzutage vorrangig betrieben wird, als „modern" oder aber als „traditionell"?
A.: Der biologisch-dynamische Landbau, den wir betreiben, führt uns nicht, wie viele meinen, zurück zur Natur, zu einer Landwirtschaft, die unsere Vorfahren betrieben haben. Ganz im Gegensatz: Wir sind einen Schritt nach vorne gegangen und haben die sogenannte moderne Landwirtschaft überwunden, indem wir beispielsweise moderne naturwissenschaftliche Erkenntnisse in unserer Landwirtschaft berücksichtigen. Wenn man also heute von einer wirklich modernen Landwirtschaft sprechen will, so ist das die biologisch-dynamische; die andere würde ich eher als konventionell bezeichnen.
F.: Was werfen Sie der konventionellen Landwirtschaft vorrangig vor?
A.: Gar nichts; ich habe, obwohl mit der Idee des biologisch-dynamischen Landbaus bereits aufgewachsen, ganz bewußt eine Ausbildung in der konventionellen Landwirtschaft mitgemacht, um die „modernen" Vorstellungen kennenzulernen. Die Lehre der konventionellen Landwirtschaft erscheint dem Absolventen so einleuchtend, daß unser Landbau fast zwangsläufig von ihm nur mit einem Kopfschütteln bedacht werden muß. Wenn man zum Beispiel, so die konventionelle Denkrichtung, kein Kalium, Phosphor, Magnesium, Mangan und Stickstoff streut, entzieht man dem Boden auf Dauer etwas, so daß Mangelerscheinungen auftreten. Tatsächlich ist es aber möglich, Böden ausreichend mit Nährstoffen zu versorgen. Das gelingt mit Erfolg, wenn man eine dem Boden entsprechende Vergesellschaftung von u. a. Gräsern, Kreuzblütlern und Leguminosen schafft und die Nutzpflanzen sich auf ihrem eigenen Untergrund entwickeln läßt.
F.: Meinen Sie, daß ein Bauernhof heutzutage ohne Spezialisierung auskommt?
A.: Wir sehen den Hof als einen Organismus an und vergleichen ihn gern mit einem menschlichen Körper mit allen seinen Organen. Drastisch gesagt: Wenn einem Menschen verschiedene Gliedmaßen fehlen, ist er selbstverständlich immer noch ein Mensch, aber er ist ein behinderter Mensch. Ein Hof darf nicht amputiert werden; geschieht das dennoch, so ist sein Organismus beschädigt.

Referate und Aktivitäten der ersten Woche

Montag	– der Hof als Organismus
Dienstag	– das Rind
Mittwoch	– Bodenbearbeitung
Donnerstag	– Grünland
Freitag	– der Wald
Samstag v.	– die Spinnen
Samstag n.	– Besuch der Mühle oder des Waldes
Samstag a.	– Feuer
Sonntag v.	– Gang durch die hofeigenen Wälder
Sonntag n.	– Kaffeetrinken und Volkstanz

Referate und Aktivitäten der zweiten Woche

Montag	– Milch und Milchverarbeitung
Dienstag	– Kompost
Mittwoch	– Fruchtfolge
Donnerstag	– Schweinehaltung
Freitag	– Hecken
Samstag	– Zusammenfassung

(Merkblatt für Schulklassen, die auf dem Hof des Landwirts B. in Amelinghausen ein zweiwöchiges Landbaupraktikum absolvieren wollen.)

(Merkblatt für Schulklassen ... siehe S. 36)

5.1 Beschreibe, worin sich die Landbauweise der Bauern M. und B. unterscheidet!
5.2 Erkläre, was Landwirt B. unter „moderner Landwirtschaft" versteht!

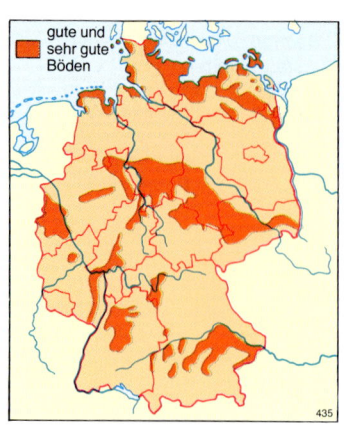

M1 Landwirtschaftliche Gunsträume

6.1 Nenne Ursachen, die für das niedrige Ertragsniveau und die geringe Arbeitsproduktivität auf den seinerzeit sozialistischen Agrargroßbetrieben verantwortlich waren!
6.2 Nenne unterschiedliche Betriebsformen, und erläutere, weshalb es sinnvoll ist, die verschiedensten Formen zuzulassen.
6.3 Erkläre am Beispiel des Großraumes von Berlin, was unter marktorientierter Landwirtschaft zu verstehen ist.
6.4 Erläutere, weshalb ehemals agrarisch genutzte Flächen aus der landwirtschaftlichen Produktion herausgenommen werden müssen!
6.5 Überprüfe, ob auch andere Bundesländer oder Landwirtschaftsregionen Werbelogos zwecks besserer Vermarktung ihrer Agrarprodukte einsetzen!

6 Landwirtschaft in Brandenburg unter EG-Bedingungen

Die in der ehemaligen DDR jahrzehntelang betriebene Planwirtschaft hat auch in der Landwirtschaft zu gravierenden Problemen geführt, die von der Bundesregierung und den Regierungen der neuen Bundesländer durch gezielte Maßnahmen gelöst werden müssen, damit auch das Beitrittsgebiet im europäischen Wettbewerb bestehen kann.

Das Hauptproblem der ehemals sozialistischen Landwirtschaft bildet die im Vergleich zur EG-Landwirtschaft zu geringe Arbeits-Produktivität. Die Ursachen dafür lagen unter anderem in einem überdimensionierten Arbeitskräfteeinsatz, aber auch in der betriebsorganisatorischen Trennung von Tier- und Pflanzenproduktion, die zu einer unnötigen Kostensteigerung führte. Gleichzeitig verursachte diese Wirtschaftsweise vielerorts große ökologische Schäden, weil sie im Widerspruch zu den natürlichen Produktionsbedingungen stand und nicht den Erfordernissen des Schutzes und der Erhaltung der natürlichen Ressourcen entsprach.

Gegenwärtig sind Bund und Land wie auch die Europäische Gemeinschaft bestrebt, eine vielseitig strukturierte, leistungsfähige und umweltverträgliche Landwirtschaft zu entwickeln.

Ganz erhebliche Schwierigkeiten treten bei diesem Vorhaben auf, weil zunächst die Eigentumsverhältnisse geklärt werden müssen, ehe es zu einer Neuordnung der angestrebten Agrarverhältnisse kommen kann. Die verschiedensten Betriebsformen sollen zugelassen werden, damit u.a. den landwirtschaftlichen Arbeitskräften entsprochen werden kann, die vornehmlich an arbeitsteilige Arbeit gewöhnt sind. Aber auch die vielerorts geringe Bodengüte läßt nicht jede Betriebsform, wie beispielsweise die kleinbäuerliche Hofwirtschaft, zu.

Obwohl die Brandenburger Landwirtschaft die zweitgrößte landwirtschaftlich genutzte Fläche der neuen Bundesländer aufweist, ist sie dennoch durch extrem ungünstige Standortbedingungen, wie äußerst niedrige Acker- sowie Grünlandzahlen, relativ geringe Niederschläge, kontaminierte (verseuchte) Böden und durch Bergbau geschädigte Flächen, gekennzeichnet.

Das Ministerium für Ernährung, Landwirtschaft und Forsten des Landes Brandenburg ist bemüht, eine standortgerechte Landwirtschaft aufbauen zu helfen, indem einzelnen Teilräumen spezifische Aufgaben zugedacht sind: So wird aufgrund der Erwartung, daß die zentral gelegene Bundeshauptstadt Berlin im Jahre 2000 etwa vier Millionen Einwohner aufweisen wird, die Randzone mit ihren Wohndörfern zum Naherholungsgebiet dieser Bevölkerungsballung entwickelt werden. Insbesondere werden Einrichtungen der intensiven Tierproduktion ausgelagert werden müssen. Das stadtfernere Umland hingegen soll überwiegend dem marktorientierten Gemüse- und Zierpflanzenbau sowie Baumschulbetrieben dienen.

Andere, zur Zeit noch agrarisch geprägte Regionen, werden einen kulturlandschaftlichen Wandel hinnehmen müssen. Dazu gehören zum Beispiel die Gebiete mit sehr niedrigen Bodenzahlen, insbesondere in Nordbrandenburg und im Heide-Seengebiet sowie im Südwesten des Landes, wo man größere Flächen aus der landwirtschaftlichen Produktion herausnehmen wird, weil ihre Produkte auf dem EG-Markt ohne kostenaufwendige Stützungen nicht konkurrenzfähig wären. In den natürlichen Vorzugsgebieten, wie dem Raum um Werder, dem Oderbruch sowie dem Spreewald, sollen auch weiterhin intensiver Gemüse- und Obstbau betrieben werden. Die Gebiete Prignitz, Uckermark, Fläming sowie die westliche Niederlausitz, die im Land Brandenburg die günstigsten natürlichen Voraussetzungen aufweisen, sollen zu Schwerpunktregionen agrarischer Nutzung werden (M2).

Qualitätszeichen für Brandenburger Agrarerzeugnisse auf der Grundlage strenger und regelmäßiger Kontrollen als Mittel der Absatzförderung.

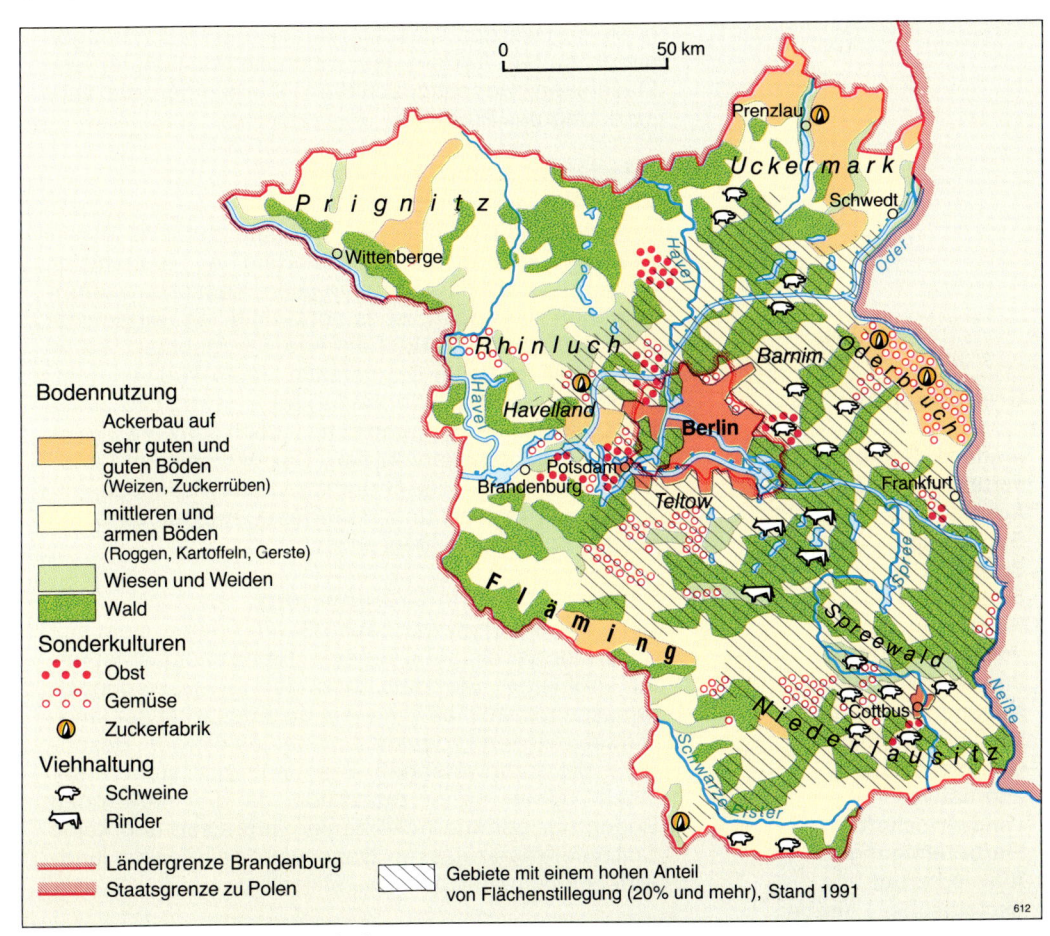

M2 Brandenburg – Landwirtschaft

Landwirtschaft

Das Wichtigste kurzgefaßt

Landwirtschaft in Abhängigkeit vom Naturraum
Klimatische Bedingungen, Wasserangebot, Boden- und Reliefverhältnisse sind Faktoren, die die landwirtschaftliche Nutzung eines Gebietes maßgeblich beeinflussen. Je nach Ausstattung eines Raumes wird von Gunst- und Ungunsträumen gesprochen. Die landwirtschaftlichen Gunsträume Deutschlands zeichnen sich insbesondere durch ertragreiche Böden aus. Die vorherrschende Bodenart der Börden ist der Lößboden, auf dem sich der Bodentyp Schwarzerde herausgebildet hat.

Strukturwandel in der Landwirtschaft
Mehr als die Hälfte der in der Landwirtschaft Tätigen schied in den letzten 20 Jahren aus diesem Berufszweig aus. Vor allem nahm die Zahl der kleineren Betriebe ab, die größeren Betriebe bewirtschaften fast ein Drittel der LF. Die Spezialisierung zu reinen Ackerbau- oder Viehwirtschaftsbetrieben nahm zu. So konnte die Produktion der Landwirtschaft gewaltig gesteigert werden. Maschinenringe und Maschinengemeinschaften fördern die rationelle Auslastung der Maschinen. Genossenschaften übernehmen die Vermarktung der Produkte.

„Moderne" Landwirtschaft und „ökologischer Landbau"
Landwirtschaft zeichnet sich heute zumeist durch einen hohen Grad an Spezialisierung und Mechanisierung aus. Um im internationalen Konkurrenzkampf bestehen zu können, ist es notwendig, landwirtschaftliche Betriebe als marktorientierte Unternehmen zu führen. Mittels gezielter Düngemaßnahmen wird versucht, selbst auf leichten Sandböden hohe Erträge zu erzielen. Übermäßige Düngung kann jedoch schwere ökologische Schäden hervorrufen. Der ökologische Landbau versucht auf der Grundlage naturwissenschaftlicher Erkenntnisse und naturnaher Anbaumethoden, solche Schäden zu begrenzen.

Landwirtschaft in Brandenburg
Die Landwirtschaft der neuen Bundesländer steht seit der Wiedervereinigung vor einer Reihe neuer, ernsthafter Probleme. Sie muß sich den EG-Bedingungen anpassen, dazu muß vor allem die Effektivität der landwirtschaftlichen Produktion gesteigert werden. Besonders die Landwirtschaft Brandenburgs steht unter einem hohen Konkurrenzdruck, da die märkischen Böden nur geringe Ackerzahlen aufweisen und keine Spitzenerträge zulassen. Daher wurde ein Teil der landwirtschaftlichen Nutzfläche stillgelegt.

Grundbegriffe

primärer Sektor
naturräumliche
Ausstattung
Gunstraum
Bodenart
Bodentyp
Humus
Vollerwerbsbetrieb
Zuerwerbsbetrieb
Nebenerwerbsbetrieb
landwirtschaftliche
Genossenschaft
alternative
Landwirtschaft
Flurbereinigung
Aussiedlerhof
ökologischer Landbau

Industrie
im Wandel

Industrie im Wandel

1 Industrieräume in Deutschland

Seit dem 19. Jahrhundert hat sich Deutschland von einem Agrarland zu einem Industriestaat gewandelt. Die Standorte der Industrien entwickelten sich jedoch nicht zufällig. Kohle- oder Eisenerzvorkommen waren zum Beispiel eine gute Voraussetzung für die Entstehung von Eisen- und Stahlindustrien, die von jener Zeit an im Siegerland, Ruhrgebiet, Saarland und Oberschlesien entstanden. So vermied man den teuren und früher auch langwierigen Transport der Bodenschätze über große Entfernungen. Neben Rohstoffvorkommen begünstigte auch eine gute Verkehrslage an Fernstraßen, schiffbaren Flüssen oder an der Küste die Ansiedlung von Fabriken und Werkstätten. Da die meisten Industriezweige damals noch wenig mechanisiert waren, hatten sie einen hohen Arbeitskräftebedarf. Die wachsenden Industriegebiete zogen Arbeitssuchende aus anderen Regionen an.

Heute ist das Angebot an qualifizierten Arbeitskräften für Wirtschaftsunternehmen ein Hauptgrund, sich an einem bestimmten Ort anzusiedeln. Ein weiterer bedeutender Faktor war und ist die Gewinnung oder Verfügbarkeit preisgünstiger Energie. Oft ist für die Standortwahl eines Unternehmens eine Kombination mehrerer **Standortfaktoren** ausschlaggebend. Im Laufe der letzten Jahre sind zahlreiche neue entstanden; so können unter anderem staatliche und kommunale Fördermaßnahmen (z. B. für strukturschwache Gebiete) wie auch ein hoher Wohn- und Freizeitwert für die industrielle Entwicklung einer Region entscheidend sein. Scharfe Umweltschutzbestimmungen dagegen halten umweltschädliche Industrien von einer Ansiedlung ab.

Oft haben sich in der Vergangenheit Industrieansiedlungen, Bevölkerungszuwachs und die Entstehung eines Verdichtungsraumes, der außerdem ein idealer Absatzmarkt für neue Industrieprodukte war, gegenseitig verstärkt. Hochentwickelte Industrieregionen mit großen Unternehmen ziehen auch heute noch Zuliefer- und Verarbeitungsindustrien an. So ist es kein Wunder, daß die Mehrzahl der Industriestandorte in den großen Ballungsräumen liegt. Die historische Entwicklung hat dazu geführt, daß jeder zweite Industriebeschäftigte seinen Arbeitsplatz in den Ballungsräumen hat.

In den fünf neuen Bundesländern liegen die traditionellen Industriestandorte vorwiegend im Süden, so daß ein Süd-Nord-Gefälle der Industriedichte herrscht. Das hat vor allem geschichtliche Gründe: Rohstoffe werden besonders in Sachsen und Sachsen-Anhalt abgebaut und verarbeitet. Neue Industriezonen entstanden an der Grenze zu Polen. Auch die Hafenstadt Rostock wurde in ihrer Entwicklung besonders gefördert. Ausschlaggebend waren in beiden Fällen staatliche Fördermaßnahmen mit dem Ziel, die Ungleichgewichte innerhalb des Landes zu vermindern.

1.1 Bestimme mit Hilfe des Atlas die Standortvorteile folgender Industrie- und Verdichtungsräume: Saarland, Hamburg, Rhein-Ruhr, Rhein-Main, München, Halle-Leipzig.
1.2 Wo haben sich grenzüberschreitende Verdichtungsräume herausgebildet (Atlas)?
1.3 Welche Gebiete in den fünf neuen Ländern sind besonders stark industrialisiert? Nenne die jeweiligen Hauptindustrien.
1.4 Nenne einige Gebiete in Deutschland, die nur wenig industrialisiert sind. Begründe.
1.5 Worauf achtet ein Industrieunternehmen heute bei der Neuansiedlung oder Erweiterung seines Betriebes?

Für Experten:
1.6 Welche Standortfaktoren, die z. B. Ende des vergangenen Jahrhunderts bedeutend waren, spielen in der Gegenwart nur noch eine untergeordnete Rolle?
1.7 Was sind „staatliche und kommunale Fördermaßnahmen"?
1.8 Vergleiche die Standorte der Schwerindustrie und der chemischen Industrie in den alten und neuen Bundesländern. Beschreibe und begründe die Standorte nach Vergleichsgesichtspunkten wie: Lage zu den Bodenschätzen, Verkehrswege, Arbeitskräfte (Atlas).

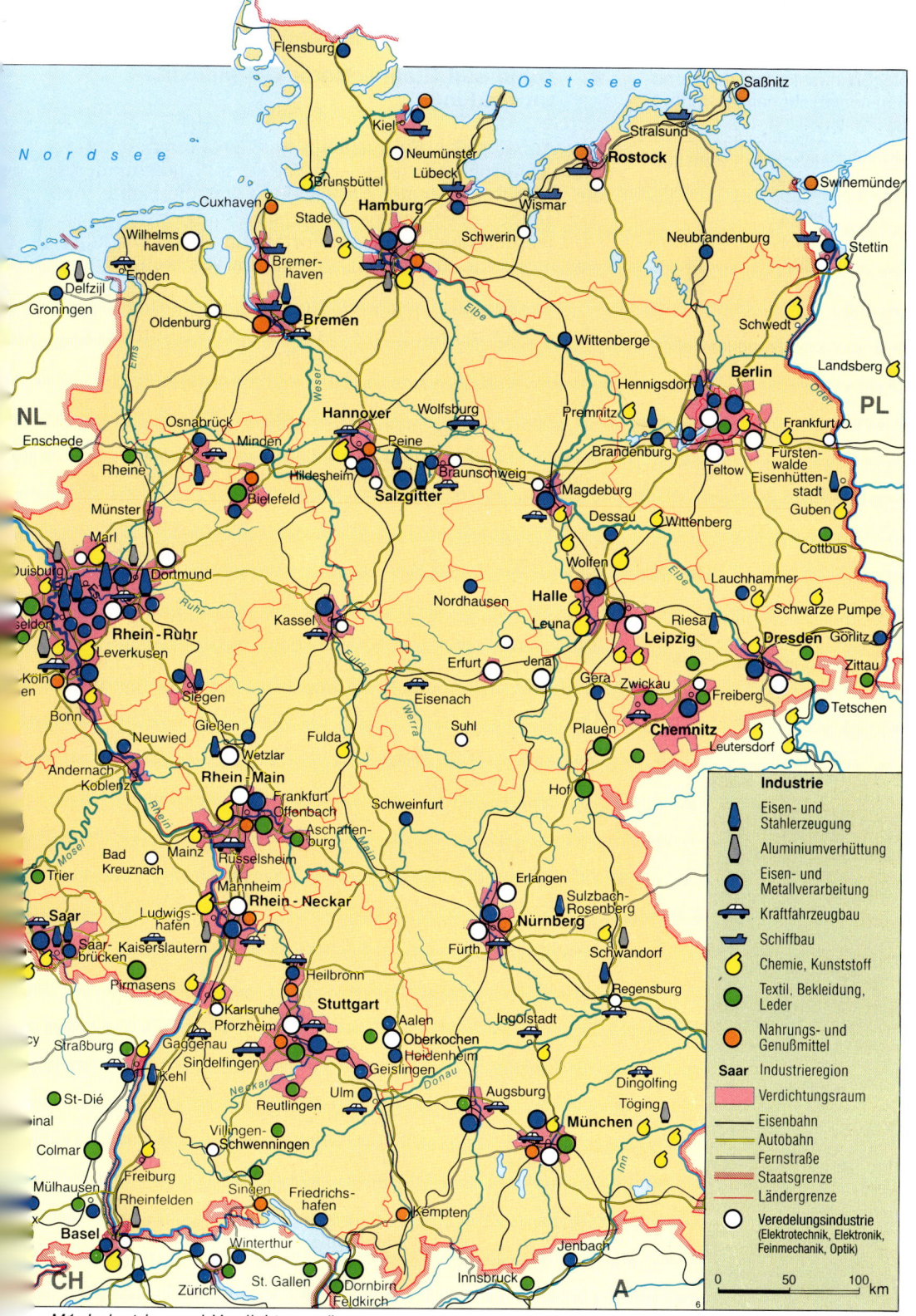

M1 Industrie- und Verdichtungsräume

Industrie
- Eisen- und Stahlerzeugung
- Aluminiumverhüttung
- Eisen- und Metallverarbeitung
- Kraftfahrzeugbau
- Schiffbau
- Chemie, Kunststoff
- Textil, Bekleidung, Leder
- Nahrungs- und Genußmittel

Saar Industrieregion
- Verdichtungsraum
- Eisenbahn
- Autobahn
- Fernstraße
- Staatsgrenze
- Ländergrenze
- Veredelungsindustrie (Elektrotechnik, Elektronik, Feinmechanik, Optik)

M1 Steinkohlenförderung und Rohstahlerzeugung im Ruhrgebiet (in Mill. t)

Jahr	Steinkohlen-förderung	Rohstahl-erzeugung
1960	115,4	23,2
1970	91,1	28,5
1980	69,1	25,2
1990	54,6	20,5

M2 Flächennutzung im Ruhrgebiet (1990)

Fläche insgesamt	4434 km²
Waldfläche	17,2 %
Gebäude- und Freifläche	21,3 %
Verkehrsfläche	9,3 %
Landwirtschaftsfläche	43,6 %
Flächen sonstiger Nutzung	8,6 %

M3 Strukturbestimmende Industriebranchen des Ruhrgebiets – Beschäftigte in 1000

Jahr	Industrie (gesamt)	davon im Bergbau	in der Eisenschaffenden Industrie	in der Eisen- und Stahlindustrie
1960	1037	390	189	264
1970	863	191	169	227
1980	721	140	139	184
1990	578	100	87	123

2 Kohle und Stahl – Motor der Industrieentwicklung

Der Aufstieg des Ruhrgebietes zum größten Industrieraum Deutschlands setzte erst Mitte des 19. Jahrhunderts ein. Schrittmacher der Entwicklung war die Kohle. An den Hängen des Ruhrtals konnte sie anfangs leicht abgebaut werden. Später, als die Vorräte im Süden erschöpft waren, rückte der Kohlebergbau immer weiter nach Norden.

Hauptabnehmer der Steinkohle war lange Zeit die Eisen- und Stahlindustrie. Da früher zur Verhüttung von einer Tonne Erz nahezu zwei Tonnen Koks gebraucht wurden, siedelten sich die Hütten in unmittelbarer Nachbarschaft der Zechen an. Bevorzugt aufgesucht wurden dabei solche Standorte, die zugleich an Wasserstraßen gelegen waren. Die Hellwegzone – nach einer alten Handelsstraße, dem Hellweg, benannt – wuchs so zum Zentrum der Schwerindustrie heran.

Diese Entwicklung wurde vor allem von den großen Konzernen getragen. Unternehmen wie Krupp, Thyssen, Klöckner und Mannesmann vereinten schon früh eine Vielzahl verschiedener Produktionsstätten unter einem Dach – von der Kohleförderung über die Eisenverhüttung bis hin zur **Veredelungs-** und **Investitionsgüterindustrie**.

Über ein Jahrhundert lang war diese einseitige, auf die **Grundstoffindustrie** zugeschnittene Struktur der Wirtschaft Garant für Wohlstand und Wirtschaftswachstum im Ruhrgebiet. Zwar wurden die Industrieanlagen im Zweiten Weltkrieg fast gänzlich zerstört; der Wiederaufbau nach 1945 brachte jedoch eine ungeahnte Blütezeit des Bergbaus und der eisenschaffenden Industrie mit sich.

Die tiefgreifenden Einschnitte in der Folgezeit kamen für viele völlig unerwartet. Der Einbruch des billigeren Erdöls auf den deutschen Energiemarkt führte Ende der fünfziger Jahre zu erheblichen Absatzschwierigkeiten der Kohle. Die Förderung mußte stark gedrosselt werden. Mehr als 100 Zechen wurden geschlossen; über eine Viertel Million Bergleute verlor ihren Arbeitsplatz. Nur die rentabelsten Zechen blieben erhalten.

Grundstoffindustrie	Investitionsgüterindustrie	Konsumgüterindustrie
☐ Bergbau, Steine Erden ☐ Eisen- und metallerzeugende Industrie ☐ Chemische Industrie ☐ Mineralölverarbeitung ☐ Zellstoff- und Papierindustrie	☐ Maschinenbau ☐ Fahrzeug- und Schiffbau ☐ Metallwarenindustrie ☐ Elektronische Industrie ☐ Feinmechanische und optische Industrie	☐ Textil und Bekleidung ☐ Leder- und Schuhindustrie ☐ Spiel- und Sportgeräteindustrie ☐ Glasindustrie ☐ Nahrungs- und Genußmittelindustrie

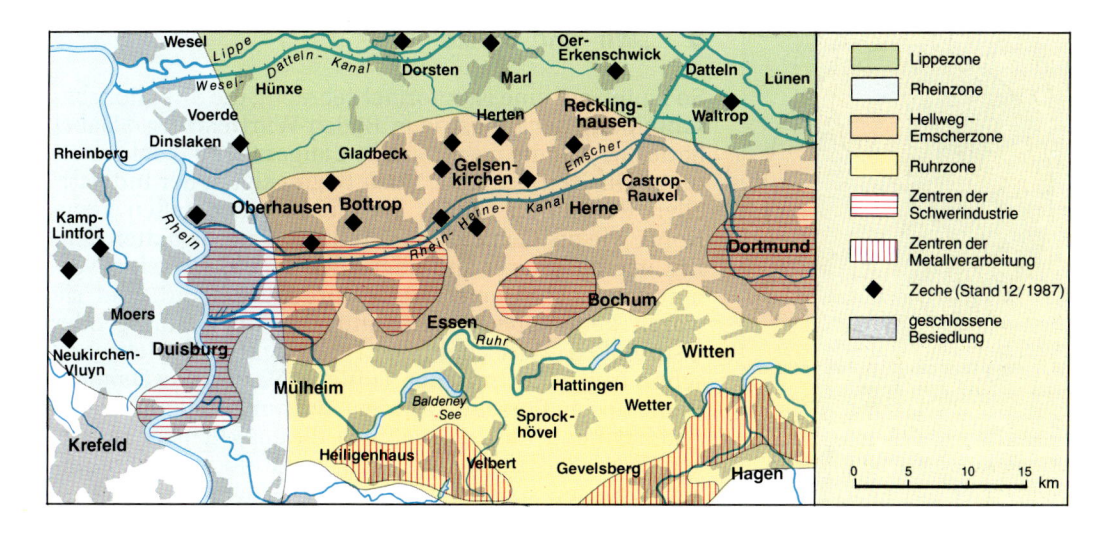

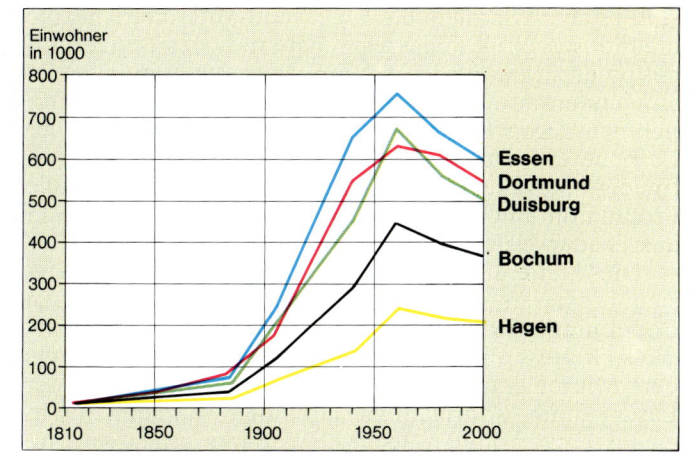

M4 Wirtschaftsräumliche Gliederung des Ruhrgebiets

M5 Einwohnerentwicklung ausgewählter Städte im Ruhrgebiet

Der Kohlebergbau hat sich mit staatlicher Hilfe „gesundgeschrumpft", die Krise der Stahlindustrie dauert an. Weltweite Überkapazitäten, ein verschärfter Wettbewerb und eine sinkende Nachfrage im Inland zwingen zu einer Neuorientierung der Produktionsschwerpunkte. Zug um Zug verlagern die Konzerne die Roheisen- und Stahlerzeugung an den Rhein, überschüssige Kapazitäten werden abgebaut. Dieser Prozeß hat die Arbeitslosigkeit in den einstigen Zentren der Stahlindustrie besonders stark ansteigen lassen.

Um diese Arbeitsplatzverluste aufzufangen, ist es notwendig, sich verstärkt um die Ansiedlung neuer, zukunftsträchtiger Betriebe zu bemühen und den Anteil der Grundstoffindustrie zugunsten der Investitionsgüterindustrie zurückzudrängen. Erste Erfolge sind bereits deutlich erkennbar – die Errichtung des Opel-Zweigwerkes in Bochum, der Ausbau der Petrochemie ... Doch es ist ein mühsamer Weg, der dem Ruhrgebiet in den nächsten Jahrzehnten bevorsteht!

2.1 Berichte über die industrielle Entwicklung des Ruhrgebietes. Berücksichtige hierbei auch die Wanderung des Kohlebergbaus nach Norden (Atlas und M1).
2.2 Vergleiche die heutige Standortsituation der Schwerindustrie mit derjenigen des 19. Jahrhunderts (M1 und Atlas). Sprich über die Folgen (M2).
2.3 Begründe, weshalb die Stahlindustrie ihre Standorte zunehmend an die Rheinschiene verlagert (Atlas). Denke hierbei vor allem an die Erzimporte aus dem Ausland.
2.4 Warum können die Voraussetzungen für einen Strukturwandel des Ruhrgebietes als insgesamt günstig eingestuft werden (Atlas)?

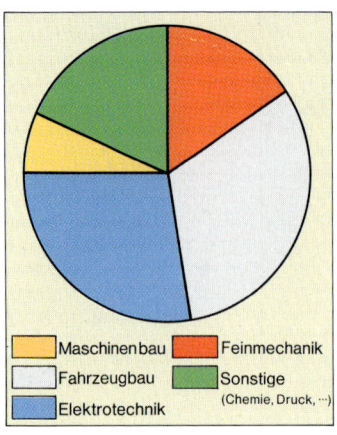

M1 Industriebeschäftigte in Stuttgart

Legende: Maschinenbau, Feinmechanik, Fahrzeugbau, Sonstige (Chemie, Druck, ...), Elektrotechnik

3.1 Vergleiche die Branchenstruktur Stuttgarts mit derjenigen des Ruhrgebietes (S. 44, M3 und M1).
3.2 Worin unterscheiden sich Technologieparks von herkömmlichen Industriegebieten? Welche Faktoren sind entscheidend für die Standortwahl moderner, zukunftsorientierter Industrien?
3.3 „Wir sind Spitze" – Erläutere diese Überschrift anhand von M2, M4 und M5.

3 „Wir sind Spitze!"

So lautet, auf eine Kurzformel gebracht, die Situationsbeschreibung der Industrie in Baden-Württemberg. „Dabei hatte das ‚Ländle', schreibt eine angesehene Wochenzeitung (Die Zeit), „nicht zu den Begünstigten der Industriellen Revolution gehört. Die Schwaben besaßen keine Kohle wie die Gebiete an Ruhr oder Saar. Sie hatten kein Erz wie das Siegerland oder Niedersachsen, keine Verbindung nach Übersee wie Norddeutschland, und sie waren kein üppiges Agrarland wie Mecklenburg oder Ostpreußen. Wirtschaftliche Not machte die Menschen schon früh zu technischen Tüftlern. Namen wie Daimler, Benz, Bosch, Porsche, Dornier – um nur einige zu nennen – stehen heute für Unternehmen, die aus kleinsten Anfängen zu modernen, weltweit tätigen Großkonzernen herangewachsen sind."

Neben diesen Industriegiganten (Schlüsselindustrie) sind es aber vor allem die Klein- und Mittelbetriebe, die die Industriestruktur des wirtschaftsstärksten Bundeslandes prägen. Ihre Flexibilität, ihre Anpassungsfähigkeit an sich ändernde Marktverhältnisse, machen diese Unternehmen gegen Krisen wenig anfällig. Ein Großteil der Betriebe erweist sich zudem als äußerst „innovationsfreudig". Neue technische Verfahren werden rasch in die Produktion umgesetzt, so daß Marktanteile erobert und ausgebaut werden können.

Diese Offenheit neuen Technologien gegenüber zeigt sich besonders deutlich in dem gerade angelaufenen Boom junger Unternehmensgründungen. Unternehmen, die sich ausschließlich zukunftsträchtiger Bereiche wie der Mikroelektronik, der Fertigungsautomation, der Laser- und Informationstechnologie annehmen. In eigens eingerichteten **Technologieparks** untergebracht, arbeiten diese Betriebe eng mit Universitäten und wissenschaftlichen Labors zusammen. Vorbild ist das amerikanische Silicon Valley, in dem aus dem Wissenschaftspark der Stanford-Universität ein Industriegebiet der Spitzentechnologie hervorgegangen ist.

Wirtschaftsfachleute und Politiker sehen in dieser Entwicklung den Aufbruch zur 3. Industriellen Revolution. Ein Aufbruch, der, ähnlich wie beim Start ins Dampfmaschinen- oder Automobilzeitalter, gänzlich neue industrieräumliche Strukturen hervorbringen wird. Regionen, die lange Zeit im Schatten der großen, alten Industrieräume standen, treten in den Vordergrund. Die Länder Baden-Württemberg und Bayern fungieren als „Vorreiter" dieser Entwicklung. „Saubere Industriegebiete mit bungalowähnlichen Fertigungsstätten, mit wenigen, dafür um so höher qualifizierten Arbeitskräften, mit direkten Verbindungen zu Forschungseinrichtungen – sie prägen heute bereits das Bild der Randbereiche in den industriellen Ballungsräumen der beiden süddeutschen Bundesländer.

M2 Veränderung des Bruttoinlandprodukts zu Marktpreisen in Preisen von 1980 in Baden-Württemberg und im Bundesgebiet

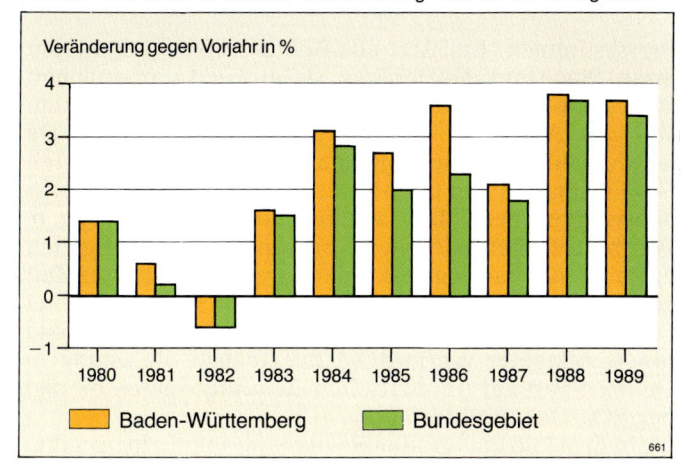

M3 Siedlungsentwicklung im Rhein-Neckar-Raum (Auszug)

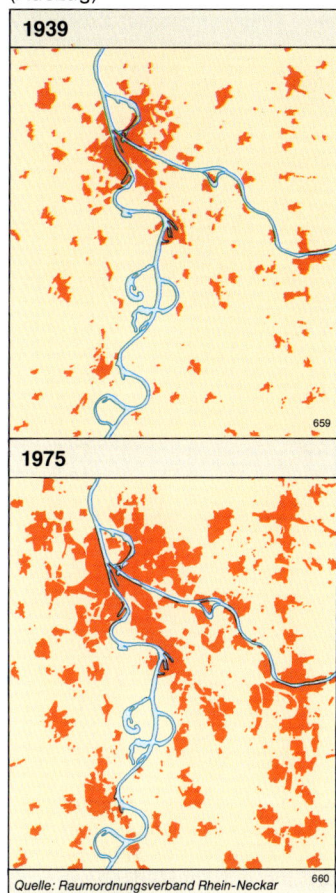

M4: Beschäftigte nach Wirtschaftszweigen im Verarbeitenden Gewerbe

Wirtschaftszweig	Baden-Württemberg				alte Bundesländer		Anteil von Baden-Württemberg
	Beschäftigte 1970		Beschäftigte 1990		Beschäftigte 1990		
	in 1000	in %	in 1000	in %	in 1000	in %	
Maschinenbau	269	16,7	295	19,7	1075	14,9	27,4
Elektrotechnik	258	16,0	248	16,6	1036	14,3	23,9
Fahrzeugbau	162	10,0	238	15,9	1002	13,8	23,8
Textil- und Bekleidungsindustrie	202	12,6	87	5,8	373	5,1	23,3
EBM-Waren	113	7,0	72	4,8	334	4,6	21,6
Chemische Industrie	65	4,0	69	4,6	592	8,2	11,7
Ernährungs- und Tabakindustrie	58	3,6	58	3,9	478	6,6	12,1
Kunststoffverarbeitende Industrie	33	2,1	55	3,7	286	4,0	19,2
Feinmechanik, Optik, Uhren	73	4,5	50	3,3	144	2,0	34,7
Übrige Wirtschaftszweige	378	23,5	325	21,7	1917	26,5	17,0
Insgesamt	1611	100,0	1497	100,0	7237	100,0	20,6

Quellen: Statistisches Bundesamt; Statistisches Landesamt Baden-Württemberg

M5: Die größten Industrieunternehmen Baden-Württembergs 1990

Rang[1]	Gesellschaft	Branche	Umsatz Mio. DM	Gewinn Mio. DM	Belgschaft
1	Daimler-Benz, Stuttgart	Auto	85 500	1795	376 800
12	Bosch, Stuttgart	Elektro	31 824	560	179 600
36	IBM Deutschland, Stuttgart	Elektronik	13 323	692	31 800
55	Asea Brown Boveri, Mannheim	Elektro	6 649	152	34 900
58	Zahnradfabrik Friedrichshafen	Maschinen	6 198	196	34 600
80	Röchling-Gruppe, Mannheim	Mischkonzern	4 671	[2]	24 800
84	Südzucker, Mannheim	Nahrungsmittel	4 539	170	10 200
85	Carl-Zeiss-Stiftung, Heidenheim	Optik	4 372	41	31 800
88	Freudenberg, Weinheim	Kunststoffe	4 273	144	25 700
94	Hewlett-Packard, Böblingen	Elektronik	4 060	59	6 200

[1] Rang unter allen Gesellschaften aller Wirtschaftszweige in den alten Bundesländern
[2] keine Angaben

Quelle: Handelsblatt Nr. 134 vom 16.07.91

Quelle: Raumordnungsverband Rhein-Neckar

M6: Entwicklung der Einwohnerzahlen

Jahr	Mannheim	Ludwigshafen
1850	23 000	11 000
1914	227 000	115 000
1939	280 000	144 000
1945	184 000	61 000
1950	246 000	125 000
1970	332 000	179 000
1989	303 000	159 000

3.4 Erläutere anhand von M3 und M6 die Entwicklung des Verdichtungsraumes an der Neckarmündung.

47

M1: Jahresförderung im Weißelsterbecken

Jahr	Anzahl der Gruben/Tagebaue insgesamt	Braunkohle-förderung in Mill. t
1860	196	0,3
1870	174	0,5
1880	135	–
1890	115	1,6
1900	91	3,0
1910	84	6,0
1920	70	13,0
1929	30	21,0
1950	18	37,0
1955	18	51,0
1959	13	57,0
1960	11	59,0
1980	9	50,0
1989	8	52,0
1990	8	40,4
1991	6	25,0
1992	4	22,0

4.1 Erläutere die schädlichen Wirkungen des Braunkohlebergbaus und der Kohleverarbeitung auf die Menschen! Werte dazu den Text aus!
4.2 Gib eine Übersicht über die landschaftlichen Veränderungen durch den Braunkohlebergbau!
4.3 Berichte über Maßnahmen und Bedeutung der Rekultivierung im Braunkohlebergbau!

4 Mensch und Landschaft im Schatten der Braunkohle

Pressestimmen: Ein Arzt aus Böhlen sagte: „Die hatten ihren Plan, und den mußten sie mit den vorhandenen Mitteln bringen – mit Maschinen und Anlagen, die zum Teil vom Anfang unseres Jahrhunderts stammen ... Da wurde bald auf Verschleiß gefahren." – „Als dreckigsten Ort Europas hat der Ort Mölbis im Kreis Borna bereits in den vergangenen Jahren einen traurigen Titel errungen. Während früher jedes vierte bis fünfte Kind im Bereich der oberen Atemwege erkrankte, traf dies in letzter Zeit auf jedes zweite Kind zu." Im Jahre 1988 wies das Gebiet von Leipzig mit etwa 160 Mikrogramm Schwefeldioxid pro Kubikmeter ($\mu g/m^3 SO_2$) die höchste Belastung in Deutschland auf (in deutschen Reinluftgebieten beträgt der SO_2-Gehalt unter 20 $\mu g/m^3$).

In dem 700 km^2 großen Revier Südraum Leipzig nahm der Braunkohlebergbau bisher 200 km^2 in Anspruch. Die ausgekohlten Flächen sind bisher erst zur Hälfte rekultiviert.

Braunkohle ist die Grundlage für die Energie- und Chemiewirtschaft im Süden Ostdeutschlands. Wirtschaftswachstum und Energieverschwendung ließen den Bedarf stetig ansteigen. So beträgt z. B. der Wirkungsgrad der hiesigen Kraftwerke weniger als 30% gegenüber 35–40% in modernen Anlagen.

Das Weißelsterbecken in der Leipziger Tieflandsbucht gehört zu den ausgedehnten Braunkohlefeldern zwischen Saale und Oder im Vorland der Mittelgebirge. Diese Kohlen entstanden in der Zeit des Tertiärs vor ungefähr 30 Millionen Jahren. Bis zu vier Flöze können übereinanderliegen. Sie fallen flach von Süd nach Nord ein. Zwei Flöze sind für den Abbau besonders wichtig, das 8–10 m mächtige Oberflöz und das 12–15 m mächtige Hauptflöz. Der Kohlevorrat wird auf 5,5 Milliarden Tonnen geschätzt, davon über eine Milliarde Tonnen unter der Stadt Leipzig. Abbauwürdige Kohlen findet man noch in über 100 Meter Tiefe; die Tagebaue reichen aber aus ökonomischen Gründen nur bis 90 Meter hinab. Dabei muß zunehmend mehr Abraum bewegt werden.

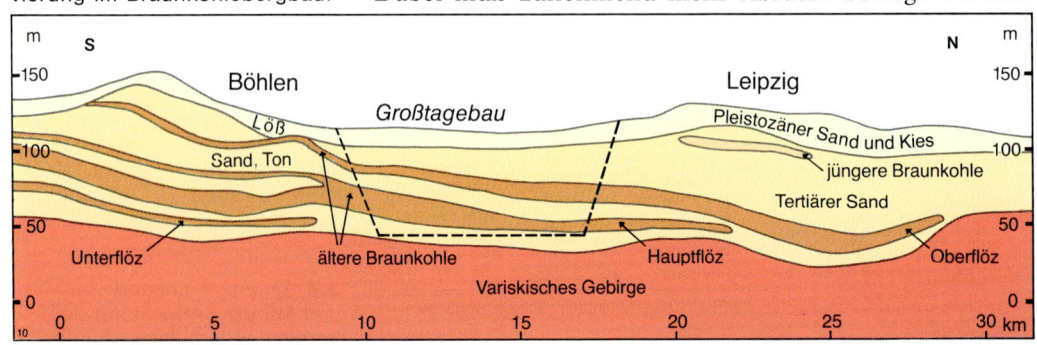

M2 Geologisches Profil südlich von Leipzig

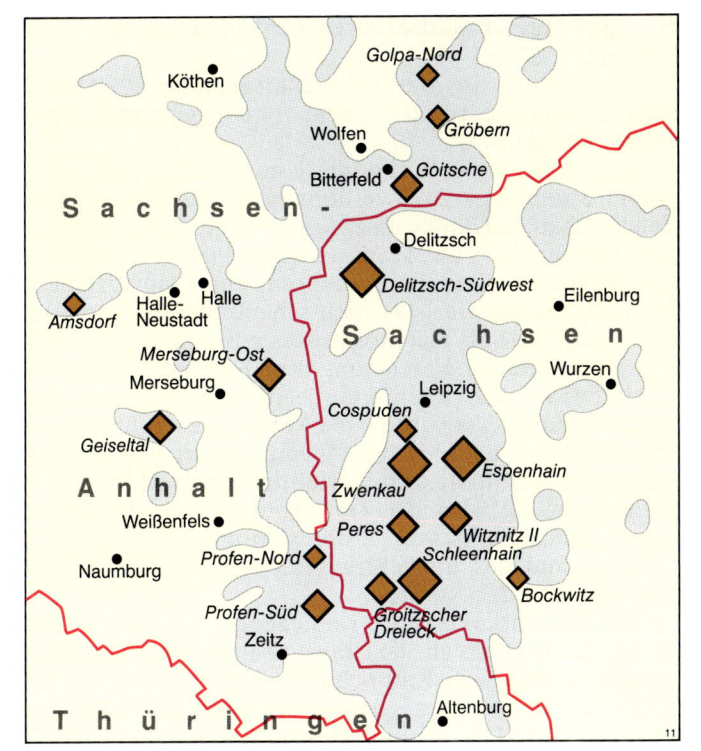

M3 Braunkohleabbau im Weißelsterbecken

Heute kommen auf eine Tonne Kohle knapp vier Kubikmeter Abraum. Vor zehn Jahren betrug das Kohle-Abraum-Verhältnis nur 1:3. Verglichen mit den beiden anderen großen deutschen Braunkohlerevieren (Niederlausitz, Niederrheinische Bucht) weist das Weißelsterbecken noch immer die günstigsten Abbaubedingungen und die insgesamt höchste Kohlequalität auf.

Typisch für das Weißelsterbecken ist das Vorherrschen von teerhaltigen Schwelkohlen. Damit war seit den dreißiger Jahren die Entwicklung der karbochemischen Industrie vorgezeichnet. Seit 1990/1991 wird die Braunkohlenwirtschaft immer stärker auf die Verstromung ausgerichtet.

4.4 Erläutere den Einfluß von Flözausbildung und Lageverhältnissen der Braunkohle im Revier Südraum Leipzig auf die Entwicklung des Kohlebergbaus.

Kohleart	Wassergehalt (in %)	Asche (in % bezogen auf wasserfreie Kohle)	Teer (in % bezogen auf wasserfreie Kohle)	Schwefel (in % bezogen auf wasserfreie Kohle)	Heizwert (in KJ/kg)	Verwendung
Schwelkohle	53	<15	>12	3	11 000	Brikettfabrik Schwelerei (Koks, Teer, Öle)
Brikettierkohle	53	<15	>12	3	10 500	Brikettfabrik Industrie, Haushalte
Kesselkohle	53	>15	<12	3	9 500	Kraftwerk

M4 Qualitätsmerkmale der Braunkohle im Revier Südraum Leipzig

M1
Kohle- und Energiewirtschaft im Revier Südraum Leipzig

	1989	1995	2000
Kohleförderung (in Mill. t)	52	30–35	20–25
Brikettproduktion (in Mill. t)	14	ca. 5	ca. 2
Stromproduktion (in Mrd. KWh)	17	12	14

5.1 Erläutere die Strukturveränderungen in der Industrie im Revier Südraum Leipzig.
5.2 Erläutere die landschaftlichen Planungen im Raum Leipzig mit den Einschränkungen des Kohleabbaus (M2)!
5.3 Erkläre die Ursachen für die geplante abnehmende Umweltbelastung im Revier Südraum Leipzig nach 1990. (M3)!

5 Das Revier Südraum Leipzig im Wandel

Die Einführung der Marktwirtschaft im Jahre 1990 hatte auch auf das Kohlerevier Südraum Leipzig beträchtliche Auswirkungen.

Ursprünglich sollte sich der Umfang der Bergbauflächen bis zum Jahre 2020 verdoppeln. Leipzig wäre durch den Bergbau von Süden und Norden in die Zange genommen worden. 50–70 Prozent der Fläche der Kreise Borna und Delitzsch wären der Braunkohle zum Opfer gefallen. Nun entwickelt die Mitteldeutsche Braunkohlenwerke AG (MIBRAG) als Nachfolgerin des Braunkohlekombinats Bitterfeld im Verein mit der Rheinischen Braunkohlenwerke AG (Rheinbraun) ein neues Konzept des Abbaus und der Verwertung der Kohle. Dieses geht davon aus, daß bei erheblicher Energieeinsparung in der Wirtschaft die Kohle weiterhin wichtige Rohstoffgrundlage bleibt. Ergänzt wird die Braunkohle als Energieträger durch die Einfuhr von Erdöl (Grundlage der Erdölchemie) und das umweltfreundliche Erdgas, z. B. aus Rußland und der Nordsee.

Die Einschränkung des Kohleabbaus und die Schließung von unrentablen, die Umwelt belastenden Verarbeitungsbetrieben, wie Karbochemie, Brikettfabriken und Schwelereien, werden nachhaltige Wirkungen in der Region haben. Die Zahl der Beschäftigten in der Kohle-, Energie- und chemischen Industrie wird auf ungefähr ein Drittel sinken. Allein die MIBRAG war gezwungen, zwischen 1990 und 1993 rund 45 000 Stellen abzubauen. Nachfolgegewerbe, wie Unternehmen für Sanierungsaufgaben in stillgelegten Werken und für Infrastrukturmaßnahmen, werden neue Arbeitsplätze schaffen.

Der Strukturwandel im Revier Südraum Leipzig hat eine erhebliche Verbesserung der Umweltsituation zur Folge.

Das Kombinat Espenhain war früher zu 85 Prozent an der Verschmutzung der Pleiße beteiligt, entsprechend der Abwassermenge von 700 000 Menschen (Leipzig: 530 000 Einwohner!). Nach Einbau einer Kläranlage 1983 und Stillegung der Schwelerei 1990 ist diese Umweltverschmutzung stark reduziert.

Die Rekultivierung der Kippenflächen, besonders mit dem Ziel der forstwirtschaftlichen Nutzung, und vor allem die Gestaltung der verbleibenden riesigen Restlöcher mit einem Volumen von drei Kubikkilometern, ist noch eine Aufgabe von Jahrzehnten.

Besonderer Wert wird auf die Landschaftsgestaltung in der näheren Umgebung von Leipzig gelegt. Nördlich der Stadt dürfen Siedlungserweiterungen, und vor allem der Ausbau des Flugplatzes, nicht durch neuen Kohleabbau behindert werden. Ein Waldgürtel im Süden mit 1700 ha, zu einem Drittel bereits angelegt, wird die Stadt gegen die „Mondlandschaft" des Bergbaus abgrenzen. Zwei weitere Wasserflächen sollen nach dem Jahre 2000 das überbeanspruchte Naherholungsgebiet Kulkwitzsee entlasten.

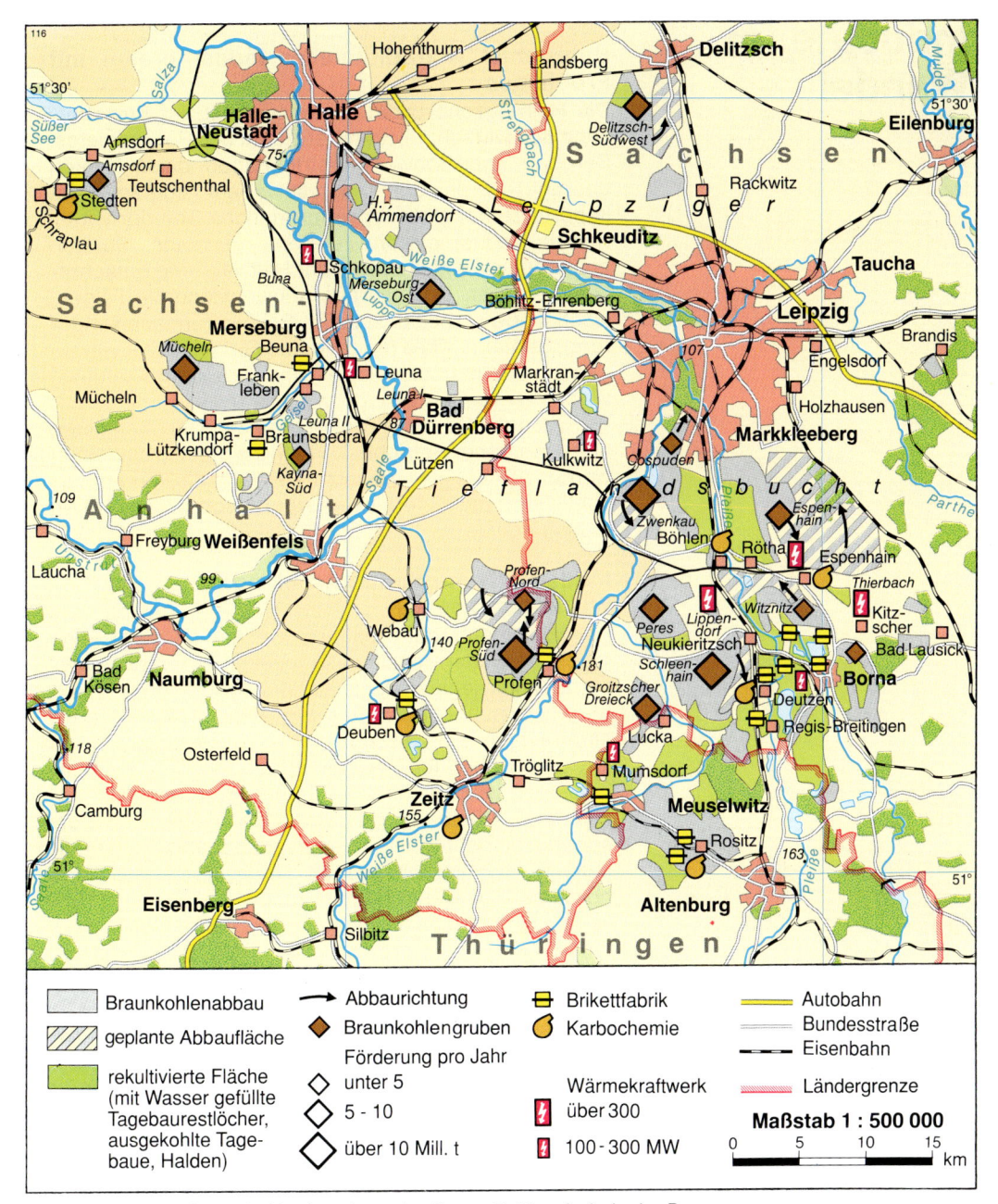

M2 Planung des Braunkohlenbergbaus im Raum Delitzsch–Leipzig–Borna

M3
Entwicklung der Schadstoffemissionen in Kilotonnen pro Jahr (kt/a)

Schadstoff	1989	1990	1992	1994	1995[1]
Staub kt/a	95	84	67	65	29[1]
Schwefeldioxid kt/a	264	247	179	175	89[1]

[1] durch Stilllegungen der Industriekraftwerke Espenhain, Böhlen, Wöhlitz und der Brikettfabriken Espenhain, Böhlen und Deuben II

Industrie im Wandel

Das Wichtigste kurzgefaßt

Ruhrgebiet – traditioneller Industrieraum mit Problemen

Die Hellwegzone bildet zusammen mit der Emscherzone den wirtschaftlichen Kernraum des Ruhrgebietes. Bergbau und Schwerindustrie haben diese Region geprägt. Durch die Umstellung auf überseeische Importerze hat sich der ursprüngliche Standortvorteil der Stahlindustrie (Nähe zur Kohle) gewandelt. Für den mittleren und östlichen Teil der Hellweg- und Emscherzone ergeben sich hieraus schwerwiegende Folgen: wachsende Arbeitslosigkeit, Bevölkerungsabwanderung, Steuerausfälle für Land und Gemeinden. Demgegenüber zeigen die Lippe- und Rheinzone deutlich Wachstumstendenzen.

Die Chancen für einen Strukturwandel (Neuansiedlung nicht-montaner Betriebe) können als günstig eingestuft werden: Größe des Absatzmarktes, gute Verkehrserschließung und Energieversorgung sowie Angebot an Industriegelände.

Industrieräume Süddeutschlands – Wachstumszentren

Der Wirtschaftsraum Mittlerer Neckar ist durch eine große Branchenvielfalt gekennzeichnet. Wachstumsstarke Unternehmen der Investitionsgüterindustrie sind überdurchschnittlich häufig vertreten; Grundstoffindustrien fehlen fast gänzlich.

Ein erheblicher Teil der zukunftsorientierten „weißen" Industrien ist in Bayern und Baden-Württemberg konzentriert. Gründe hierfür sind: die Vielzahl an Forschungseinrichtungen, das gut ausgebaute Kommunikations- und Verkehrswesen. Nach dem Vorbild des nordamerikanischen Silicon Valley sind in vielen Universitätsstädten bereits sogenannte Technologieparks entstanden.

Braunkohle – die Rohstoffbasis

Der Braunkohleabbau wurde in der ehemaligen DDR besonders gefördert, da Energie- und Chemiewirtschaft auf diesen Rohstoff begründet wurden. Schwelkohle, Brikettierkohle und Kesselkohle wurden nach ihren Qualitätsmerkmalen weiterverarbeitet. Der großflächige Abbau beanspruchte auch Siedlungsgebiete, vor allem aber entstanden große Umweltschäden durch die Verbrennung von schwefelhaltiger Kohle. Rekultivierung der abgebauten Flächen und Schadstoffverminderung sind gewaltige Zukunftsaufgaben.

Grundbegriffe

sekundärer Sektor
Standortfaktor
Veredelungsindustrie
Investitionsgüterindustrie
Grundstoffindustrie
Technologiepark

S. 53 Blick auf die Region Untermain mit Frankfurt als beherrschendem Zentrum ▷

Frankfurt am Main
Drehscheibe im tertiären Sektor

Frankfurt am Main
Drehscheibe im tertiären Sektor

1.1 Beschreibe die Lebens- und Wohnbedingungen im Frankfurter Westend und in der Satellitenstadt Gravenbruch (S. 53 und M2).
1.2 Welche wechselseitigen Beziehungen bestehen zwischen der Stadt Frankfurt und ihrem Umland? (M1/M2).
1.3 Erläutere Gliederung und Wachstum der Frankfurter City (M1)!

1 Leben in einem Ballungsraum

Waltraud Becker (62): „Fast 40 Jahre wohne ich schon hier im Frankfurter Westend. Natürlich ist die Wohnung für mich heute zu groß – die Kinder sind ausgezogen, mein Mann ist vor kurzem gestorben. Von hier wegziehen? – Nein, niemals. Zu viele sind schon fortgegangen. Ein Haus nach dem anderen haben sie abgerissen – hier im Westend, in der Innenstadt, in der City. Moderne Betonklötze sind wie Pilze aus dem Boden geschossen: Banken und Verwaltungsgebäude, riesige Glaspaläste, Bürohochhäuser. Das größte Banken- und Finanzzentrum Deutschlands ist hier entstanden. Die wenigen Wohnungen, die man in der Innenstadt neu geschaffen hat, kann doch kaum jemand mehr bezahlen. Nun ja, gut verdienende Junggesellen vielleicht; die wissen, weshalb sie die teuren Mieten zahlen: keine langen Anfahrtswege zur Arbeitsstelle, beinahe alles kann man zu Fuß erreichen – die Geschäfte und Kaufhäuser, Kinos und Diskotheken, all die Ämter.

Nahezu 100 000 Menschen haben hier im Herzen der Stadt ihren Arbeitsplatz. Vom Taunus, der Wetterau, aus dem Rhein- und Maintal, aus allen Himmelsrichtungen kommen sie. Zum Arbeiten und Einkaufen, zu Theaterbesuchen oder einfach nur zu einem Schaufensterbummel. Die Menschen sind ja heute alle viel beweglicher, mobiler!"

Sylvia Kessler (31): „Das Leben hier draußen vor den Toren Frankfurts bietet eine Menge Vorteile. Moderne Wohnungen mit großen Balkonen, saubere Luft, keine Lärmbelästigung, ungefährliche Wohnstraßen.

Gravenbruch ist noch eine sehr junge Siedlung; eine Wohnstadt im Grünen, eine **Satellitenstadt** mit etwa 7000 Einwohnern. Zur Frankfurter City ist es nicht weit: zehn Kilometer etwa. Bis Anfang der sechziger Jahre war dieses Gebiet einmal ein großes Waldgelände. Die Wälder in der Umgebung sind heute ein besiedeltes Naherholungsgebiet. Aber auch sonst bietet das Leben in Gravenbruch noch viele Annehmlichkeiten. An nahezu alles haben die Planer gedacht: ein eigenes Zentrum mit Supermärkten, Banken, Arztpraxen, Gaststätten und eine Vielzahl von Geschäften; Kindergärten, eine Grundschule, Spiel- und Sportplätze. Besonders gefällt uns, daß hier vor allem junge Familien wohnen.

Natürlich gibt es auch einige Nachteile. Was besonders häufig bemängelt wird, ist das Fehlen von weiterführenden Schulen. Die Einwohnerzahl Gravenbruchs sei hierfür zu gering, meinen die Stadtplaner. Unsere Kinder werden so ab dem 5. Schuljahr zu Fahrschülern. Dabei sind die öffentlichen Verkehrsverbindungen keineswegs optimal – und das, obwohl doch auch die meisten Berufstätigen jeden Tag nach Frankfurt oder Offenbach pendeln müssen."

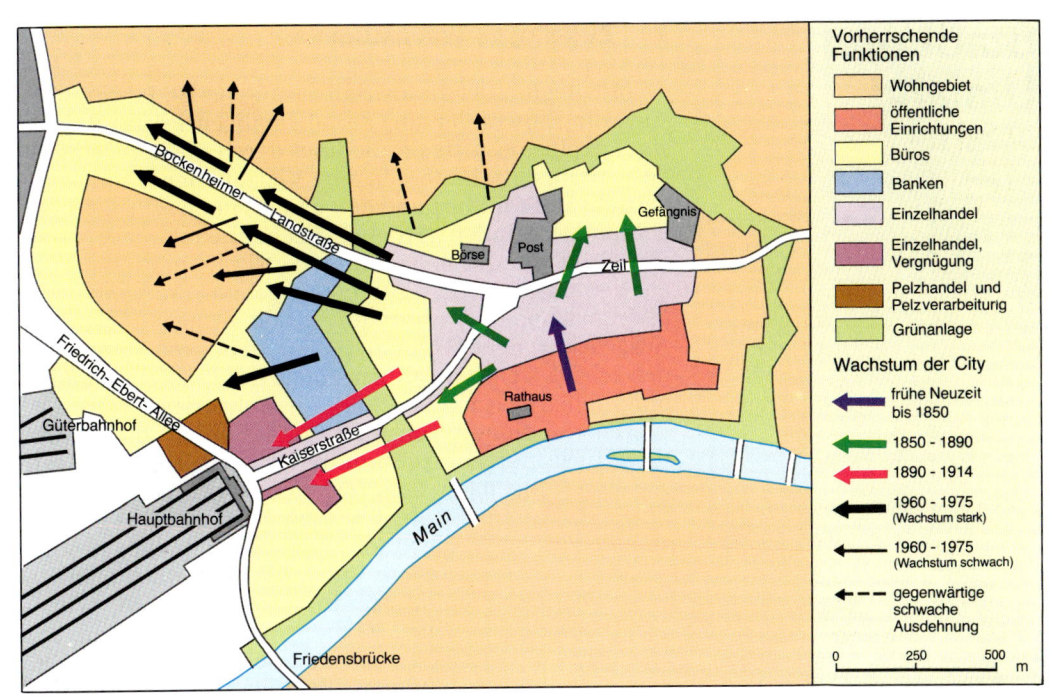

M1 Wachstum der Frankfurter City

Vorherrschende Funktionen
- Wohngebiet
- öffentliche Einrichtungen
- Büros
- Banken
- Einzelhandel
- Einzelhandel, Vergnügen
- Pelzhandel und Pelzverarbeitung
- Grünanlage

Wachstum der City
- frühe Neuzeit bis 1850
- 1850 – 1890
- 1890 – 1914
- 1960 – 1975 (Wachstum stark)
- 1960 – 1975 (Wachstum schwach)
- gegenwärtige schwache Ausdehnung

M2 Satellitenstadt Neu Isenburg-Gravenbruch

Stadt und Umland

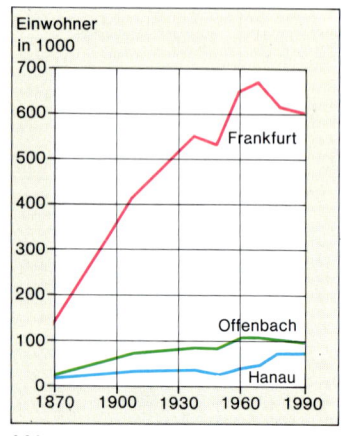

2 Zügelloses Wachstum

Mit Beginn der Industrialisierung im 19. Jahrhundert stieg die Einwohnerzahl der ehemaligen Freien Reichsstadt explosionsartig an. Bedingt durch die hervorragende Verkehrslage hatte sich eine Vielzahl neuer Industriebetriebe in Frankfurt und den damals noch selbständigen **Umland**gemeinden (Höchst, Fechenheim) niedergelassen. Groß war der Bedarf an Arbeitskräften. Zigtausende aus der näheren und weiteren Umgebung drängten in die Mainmetropole. Wohnraum wurde dringend benötigt. Ausgedehnte neue Wohnquartiere – im Stil von Mietskasernen erbaut – entstanden am Rande der Innenstadt und in unmittelbarer Nachbarschaft der Industrieanlagen.

Das Siedlungswachstum wurde durch die beiden Weltkriege nur kurzzeitig unterbrochen. Die verstärkte Zuwanderung nach dem Zweiten Weltkrieg hatte zur Folge, daß immer mehr Menschen auf der Suche nach einer Wohnung in die Stadtrandgebiete und die Gemeinden des Umlandes zogen. Viele Bewohner aber wanderten auch aus der Frankfurter Innenstadt ab, da die Wohnverhältnisse sich hier ständig verschlechterten. So wuchsen am Rande ehemals ländlicher Gemeinden und kleiner Städte im Umland weitläufige Neubausiedlungen und Satellitenstädte heran. Das Siedlungswachstum war kaum zu bremsen; der Landschaftsverbrauch war enorm, zumal auch die Verkehrswege zwischen der Kernstadt (Frankfurt) und den Wohnvorortsiedlungen weiter ausgebaut werden mußten. Ein erheblicher Teil der „Stadtflüchtigen" hatte nämlich seinen Arbeitsplatz in Frankfurt beibehalten und pendelte nun werktags zwischen Wohnung und Arbeitsstelle hin und her. Der **Einzugsbereich** Frankfurts vergrößerte und verdichtete sich hierdurch erheblich.

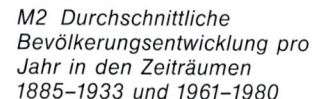

M1 Einwohnerentwicklung Frankfurt/Offenbach/Hanau 1870–1990

M2 Durchschnittliche Bevölkerungsentwicklung pro Jahr in den Zeiträumen 1885–1933 und 1961–1980

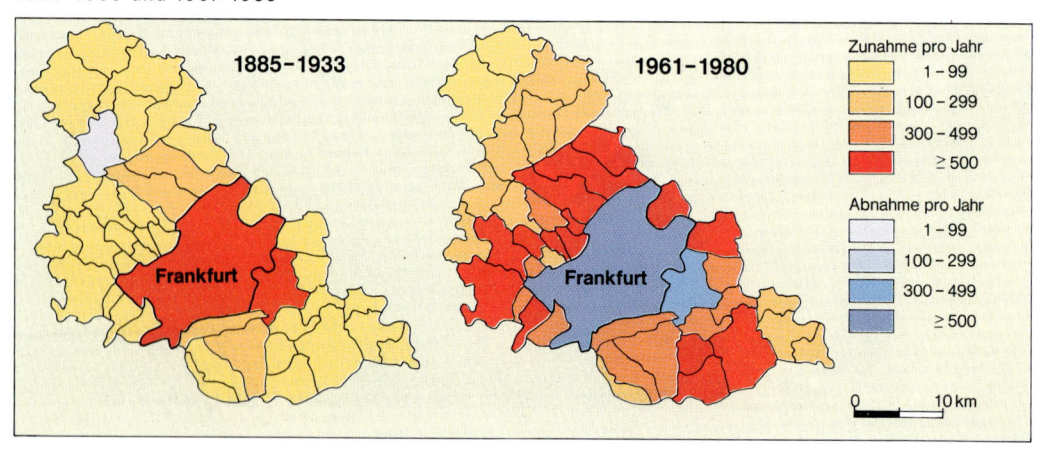

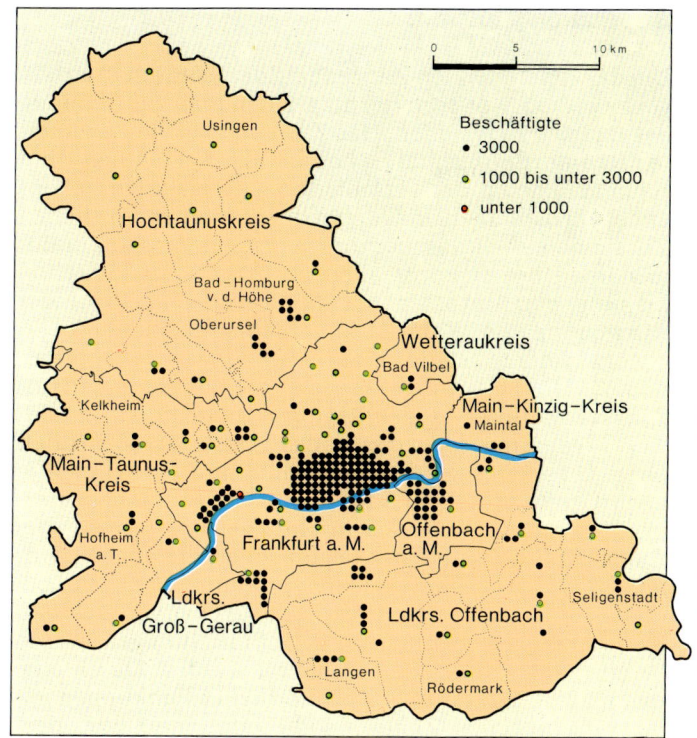

M3
Verteilung der Arbeitsplätze im Gebiet des Umlandverbandes Frankfurt (Ergebnis der Arbeitsstättenzählung 1977/78)

Beschäftigte
- 3000
- 1000 bis unter 3000
- unter 1000

M5 Bodenpreise und Büromieten in Frankfurt/Main 1990

Ortsteil	Kaufpreis DM pro m²	Mietpreis DM pro m² im Monat
Innenstadt	bis 46 000	22,- bis 45,-
Bankenviertel (Teile vom Westend-Süd und Bahnhofsviertel)	15 000	35,- bis 60,-
Sonstige Stadtlage	bis 8 600	16,- bis 35,-
Bürostadt Niederrad (Stadtrand)	900	18,- bis 26,-

M6 Große Arbeitsstätten im Raum Frankfurt/Main

Wirtschaftszweige	Anzahl der Beschäftigten 1989
Flughafen Frankfurt/M.	50 448
darunter:	
Flughafen AG	10 246
Luftverkehrsgesellschaften	25 996
Cateringbetriebe*	3 683
Hotel- und Gaststättengewerbe	1 764
Reinigungsbetriebe	1 537
Spedition	856
Handel	851
Autovermietung	424
Hoechst AG, Frankfurt-Hoechst	42 410
Adam Opel AG, Rüsselsheim	30 043

* Beköstigung für Fluggäste

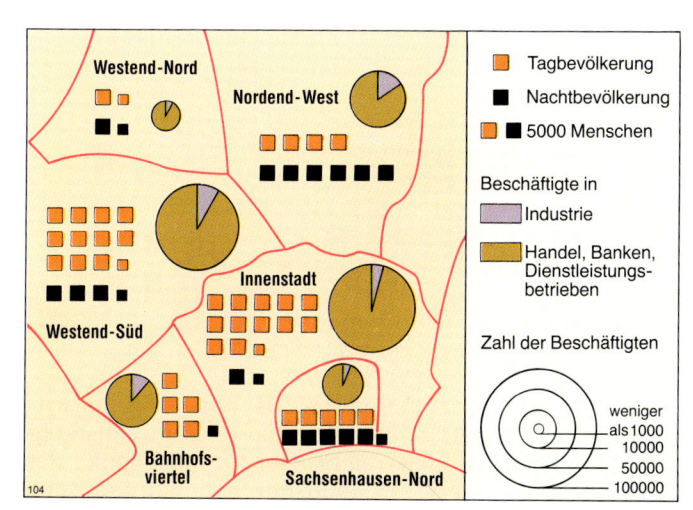

M4 Beschäftigte und Bevölkerung bei Tag und bei Nacht im Zentrum von Frankfurt/Main

Legende:
- Tagbevölkerung
- Nachtbevölkerung
- 5000 Menschen

Beschäftigte in:
- Industrie
- Handel, Banken, Dienstleistungsbetrieben

Zahl der Beschäftigten: weniger als 1000, 10000, 50000, 100000

2.1 Nenne die drei wichtigsten Industriezweige und Arbeitgeber im Raum Frankfurt/Main (Atlas, M6).

2.2 Erläutere den Unterschied zwischen Tag- und Nachtbevölkerung in Frankfurt/M. (M4).

2.3 Erläutere die Auswirkungen, die der Zuzug der vielen Firmen nach Frankfurt/M. hat (Text, M5).

Stadt und Umland

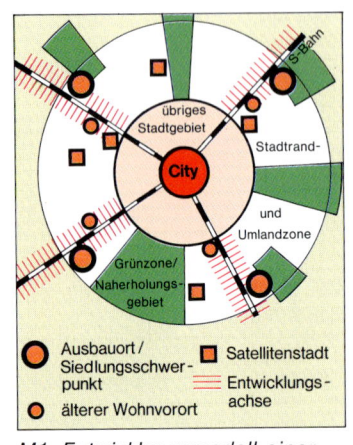

M1 Entwicklungsmodell einer Stadtregion

3 Planung tut not!

Um der zunehmenden Zersiedlung der Landschaft entgegenzuwirken, war es notwendig, einen Plan zur Ordnung des Raumes zu erstellen. Das Ziel eines solchen regionalen **Raumordnungsplanes** bestand darin, Planungs- und Baumaßnahmen der verschiedenen Gemeinden aufeinander abzustimmen und Möglichkeiten der überörtlichen Zusammenarbeit auszuschöpfen. Eine derartige Zusammenarbeit bot sich vor allem in Fragen der Verkehrsplanung, der Abwasser- und Müllbeseitigung sowie der Ausweitung von Wohn- und Erholungsflächen an.

Am Anfang stand eine eingehende Bestandsaufnahme. Hierzu wurden als erstes die bestehenden Nutzungsverhältnisse in der Region am Untermain erfaßt. Als Gliederungsraster diente das System der **Zentralen Orte**. Dieses besagt, daß die Städte und Gemeinden je nach Größe und Ausstattung mit überörtlich bedeutsamen (= zentralörtlichen) Einrichtungen unterschiedliche Aufgaben innerhalb einer Region zu erfüllen haben. Unterschieden wird hierbei zwischen Zentralen Orten oberer, mittlerer und unterer Stufe. Die für Ober-, Mittel- und Unterzentren kennzeichnenden Einrichtungen waren bereits zuvor bundesweit festgelegt worden. Durch eine planmäßige Zuordnung zentralörtlicher Funktionen auf die verschiedenen Zentren sollte nun eine ausgewogenere Entwicklung innerhalb der Region erreicht werden.

Die Steuerung der hierzu notwendigen Maßnahmen wurde der 1965 gegründeten Regionalen Planungsgemeinschaft Untermain übertragen. Diese beschloß, zur Entlastung der Oberzentren keine weiteren Satellitenstädte mehr zu bauen, sondern sogenannte **Siedlungsschwerpunkte** entlang überregionaler Verkehrs- und Versorgungslinien auszuweisen. Um die Wanderungsströme in geordnete Bahnen zu lenken, wurden acht solche Schwerpunkte im Umland von Frankfurt festgelegt. Für die Auswahl der Siedlungsschwerpunkte war entscheidend,

a) daß sie im Einzugsbereich vorhandener oder geplanter Nahschnellverkehrsnetze lagen;
b) daß vor allem dort Siedlungsflächen erschlossen wurden, wo neben Wohnungen und Arbeitsplätzen auch Naherholungsmöglichkeiten bestanden;
c) daß eine bedarfsgerechte Versorgung der Bevölkerung durch den Ausbau vorhandener oder die Einrichtung neuer städtischer Zentren gewährleistet war.

Der Erfolg dieser Maßnahmen ist allgemein umstritten. Die erwarteten hohen Bevölkerungszuwachsraten wurden zumeist nicht erreicht. Der Grundgedanke der Planung, das Ausufern der Städte durch raumordnerische Maßnahmen einzudämmen, erwies sich dennoch als richtig.

3.1 Wie stellen sich die Planer die weitere Siedlungsentwicklung in der Region Untermain vor (M2)?
3.2 Vergleiche das Modell einer Stadtregion (M1) mit der tatsächlichen Situation in der Region Untermain (M2).
3.3 Stelle die kennzeichnenden Merkmale für die Teilräume einer Stadtregion zusammen:
– Kernstadt
– Stadtrandgebiet
– Umlandzone.

Legende

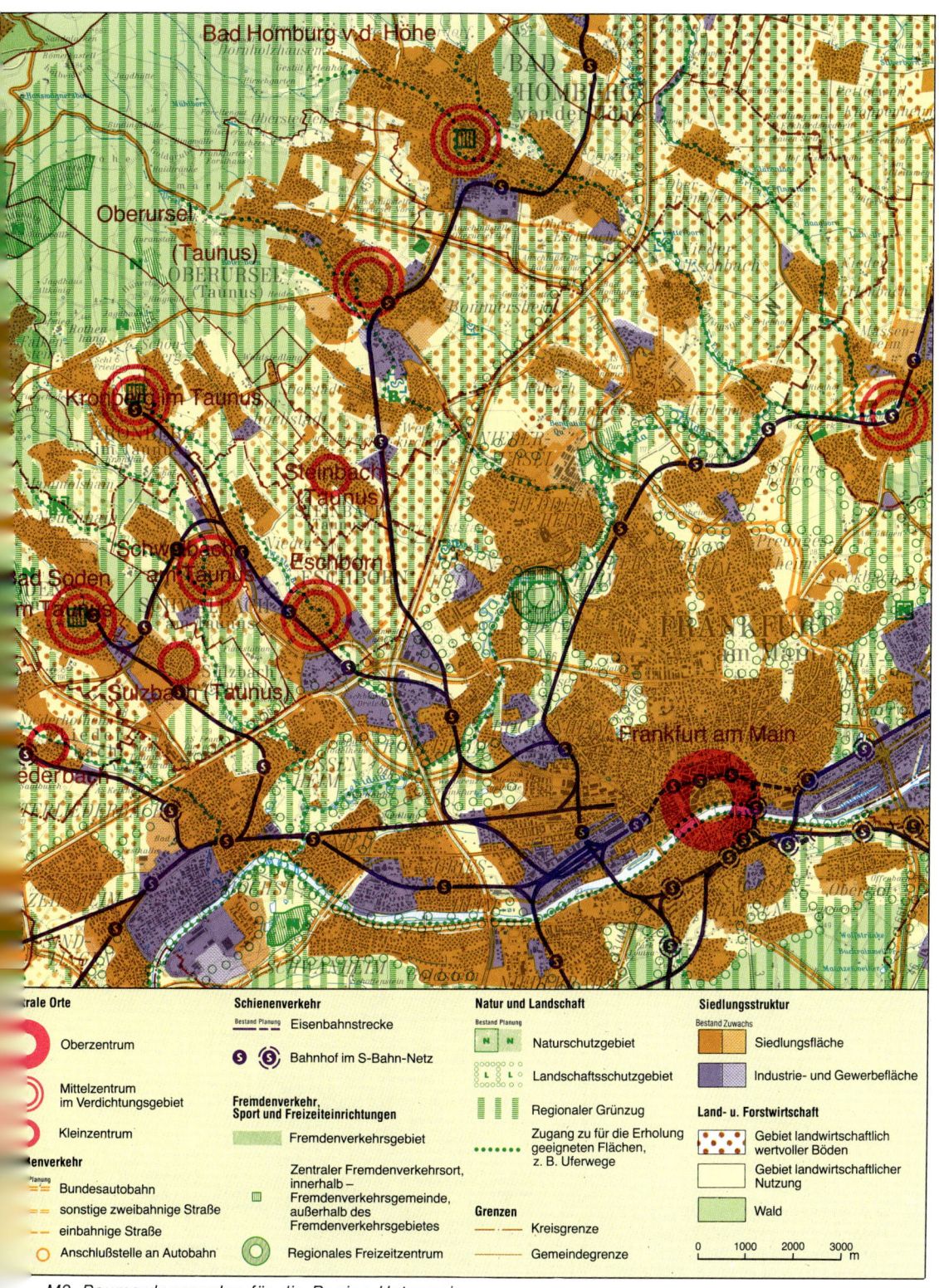

Zentrale Orte
- Oberzentrum
- Mittelzentrum im Verdichtungsgebiet
- Kleinzentrum

Verkehr (Bestand / Planung)
- Bundesautobahn
- sonstige zweibahnige Straße
- einbahnige Straße
- Anschlußstelle an Autobahn

Schienenverkehr (Bestand / Planung)
- Eisenbahnstrecke
- Bahnhof im S-Bahn-Netz

Fremdenverkehr, Sport und Freizeiteinrichtungen
- Fremdenverkehrsgebiet
- Zentraler Fremdenverkehrsort, innerhalb – Fremdenverkehrsgemeinde, außerhalb des Fremdenverkehrsgebietes
- Regionales Freizeitzentrum

Natur und Landschaft (Bestand / Planung)
- Naturschutzgebiet
- Landschaftsschutzgebiet
- Regionaler Grünzug
- Zugang zu für die Erholung geeigneten Flächen, z. B. Uferwege

Grenzen
- Kreisgrenze
- Gemeindegrenze

Siedlungsstruktur (Bestand / Zuwachs)
- Siedlungsfläche
- Industrie- und Gewerbefläche

Land- u. Forstwirtschaft
- Gebiet landwirtschaftlich wertvoller Böden
- Gebiet landwirtschaftlicher Nutzung
- Wald

0 1000 2000 3000 m

M2 Raumordnungsplan für die Region Untermain (Genehmigt durch den Reg. Präsidenten in Darmstadt)

4 Flughafen Frankfurt

Verkehrsdrehscheibe

Mit der Inbetriebnahme des Flughafens im Jahr 1936 setzte sich Frankfurts Tradition als Handels- und Verkehrsmittelpunkt fort. Europäische Zentralität, interkontinentale Verteilerfunktionen im Flugverkehr sowie die ausgezeichneten Schienen- und Straßenverbindungen mit in- und ausländischen Ballungszentren sind heutige Standortvorteile des Flughafens.

Der Weltluftverkehr gehört zu den Wirtschaftszweigen mit höchsten Wachstumsraten. Weltweites Passagieraufkommen 1989: über 1 Mrd. bei einem Anstieg gegenüber 1988 von 3 % (Luftfracht 5 %). Frankfurt 1989: über 26 Mio. Passagiere (inkl. Transitpassagiere) und Zuwächse von 5,9 % bzw. 7,9 % (Luftfracht). Damit liegt Frankfurt nach den neuesten Vergleichszahlen im Passagierdienst erheblich über dem Weltdurchschnitt. Seit 1950 steigt die Fluggastzahl an. Täglich treffen rund 70 000 Passagiere ein oder fliegen ab; an Spitzentagen sogar über 90 000. Nach London Heathrow ist der Rhein-Main-Flughafen der zweitgrößte Passagierflughafen Europas, weltweit nimmt er den zehnten Rang ein. Im Luftfrachtverkehr liegt Frankfurt an erster Stelle in Europa und weltweit an dritter.

Flughäfen sind in der Regel an der Expansion ihres Leistungsvermögens interessiert, weil die Einnahmen zum größten Teil aus Landegebühren und Bodenverkehrsdiensten stammen. 1988 nahmen diese beiden Posten in Frankfurt bei Bruttogesamteinnahmen von 1,32 Mrd. DM allein knapp 70 % ein. Es folgten Vermietung und Verpachtung mit 19,6 %

Rolf Ladwig: Flughafen Frankfurt. In Praxis Geogr. 9/90, S. 20

Innerhalb des tertiären Sektors ist der Flughafen Frankfurt mit 50 000 Arbeitsplätzen größter Arbeitgeber Hessens und der viertgrößte Arbeitgeber Deutschlands überhaupt. Der Flughafen deckt seinen Arbeitskräftebedarf nur zu einem relativ geringen Teil auf dem Arbeitsmarkt der Stadt Frankfurt. Täglich pendeln Arbeitskräfte aus den angrenzenden hessischen Kreisen, aber auch aus Kreisen anderer Bundesländer zu ihren Arbeitsplätzen auf dem Flughafen ein. Das Angebot von 423 unterschiedlichen Arbeitsplätzen ist breit. Hier arbeiten überdurchschnittlich viele Frauen (33,9 %) und ausländische Arbeitskräfte (20,6 %; im Bundesdurchschnitt liegt der Frauenanteil bei 32,2 % und der Ausländeranteil bei 7,6 %). Bis zum Jahre 2000 wird ein Anstieg der Arbeitsplätzezahl auf 55 000–70 000 prognostiziert. Dann wird die Zahl der abzufertigenden Fluggäste 37 Millionen betragen. Der Ausbau des Flughafens Frankfurt ruft jedoch zunehmend auch Bedenken und Widerstand hervor. Angesichts der wachsenden Umweltbelastung stellt sich die Frage, ob die weitere Verdichtung des Flugverkehrs noch zu verantworten ist.

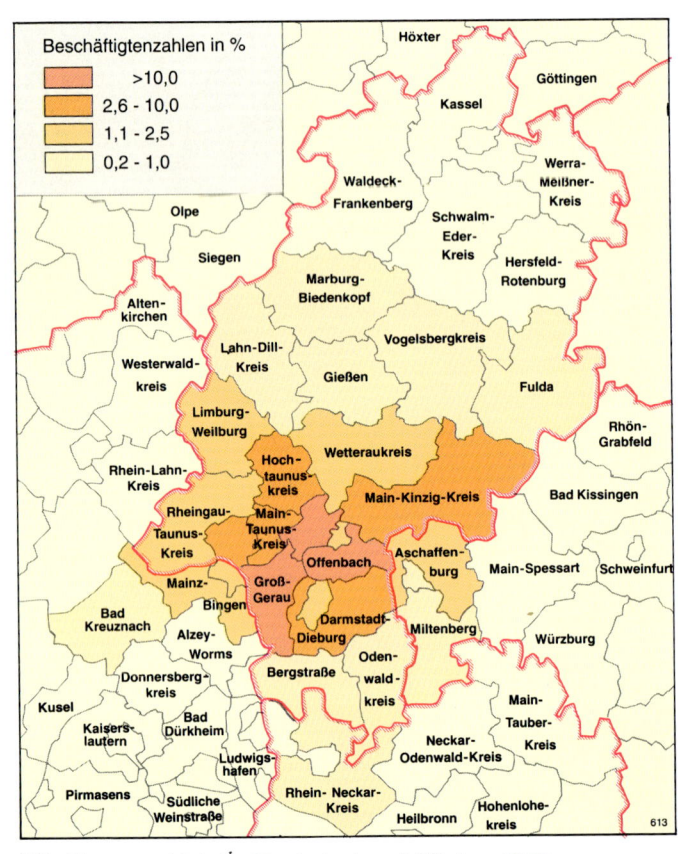

4.1 Erläutere, aufgrund welcher Standortfaktoren sich der Flughafen Frankfurt zum zweitgrößten Flughafen Europas entwickeln konnte.

M1 Einzugsgebiet der Flughafenbeschäftigten, 1988

Frankfurt
Drehscheibe im tertiären Sektor

Das Wichtigste kurzgefaßt

Frankfurt am Main
Die Stadt ist ein internationales Finanz- und Handelszentrum. Sie beherbergt eine Universität, Hochschulen, und Akademien sowie zahlreiche andere Forschungs- und Bildungseinrichtungen. Frankfurt ist zudem eine bedeutende Messestadt und zusammen mit Leipzig Sitz der Deutschen Bibliothek. Die Dichte an Kultureinrichtungen wie Theatern, Filmbühnen und Museen ist sehr hoch. Aufgrund seiner günstigen Lage ist Frankfurt ein Verkehrsknotenpunkt mit weltweiter Ausstrahlung. Der Flughafen Frankfurt weist unter den deutschen Flughäfen das höchste Passagieraufkommen auf. Verglichen mit anderen deutschen Großstädten ist damit der tertiäre Sektor in Frankfurt überproportional stark ausgeprägt. Die Stadtregion Frankfurt ist in folgende Teilbereiche gegliedert:

a) Kernstadt
- breit gefächertes Angebot an zentralörtlichen Einrichtungen höchster Stufe (Oberzentrum);
- hohe Boden- und Mietpreise in der City; bauliche Überalterung und Umweltbelastungen im Randbereich der Innenstadt.

Um die starke Abwanderung der Bevölkerung ins Umland zu bremsen, versucht man, durch bauliche Sanierungsmaßnahmen die Innenstadt wieder aufzuwerten.

b) Stadtrandgebiet
Mit steigendem Wohnraumbedarf nach dem Zweiten Weltkrieg uferten die Kernstädte aus. Ausgedehnte Neubausiedlungen wurden an ältere Wohnorte und ehemals ländliche Siedlungen angegliedert. Es entstanden Satellitenstädte mit räumlicher Trennung der Funktionen „Wohnen", „Versorgen", „Erholen".
Die negativen Folgen dieser Entwicklung sind ein hoher Landschaftsverbrauch, eine starke Zersiedlung sowie der teure Ausbau notwendiger Verkehrswege. Durch gezielte Raumordnungsmaßnahmen versucht man, dieses Wachstum zu steuern:
- Begrenzung des Siedlungswachstums auf Entwicklungsachsen;
- Konsolidierung und Ausbau der Infrastruktur.

c) Umlandzone
Die Umlandzone besteht aus selbständigen Städten und Gemeinden mit vielfältiger Infrastruktur und einem eigenen Arbeitsplatzangebot. Je nach Attraktivität ihrer zentralörtlichen Einrichtungen bilden die benachbarten Mittel- und Unterzentren eigene Einzugsbereiche (mit Überschneidungen) aus. Durch ein dichtes Netz von U- und S-Bahnen sowie Schnellstraßen sind die Umlandgemeinden mit der Kernstadt verbunden.

S. 62/63 Das Unterelbegebiet bei Stade im Luftbild ▷

Grundbegriffe

tertiärer Sektor
Satellitenstadt
Umland
Einzugsbereich
Raumordnungsplan
Zentraler Ort
Siedlungsschwerpunkt

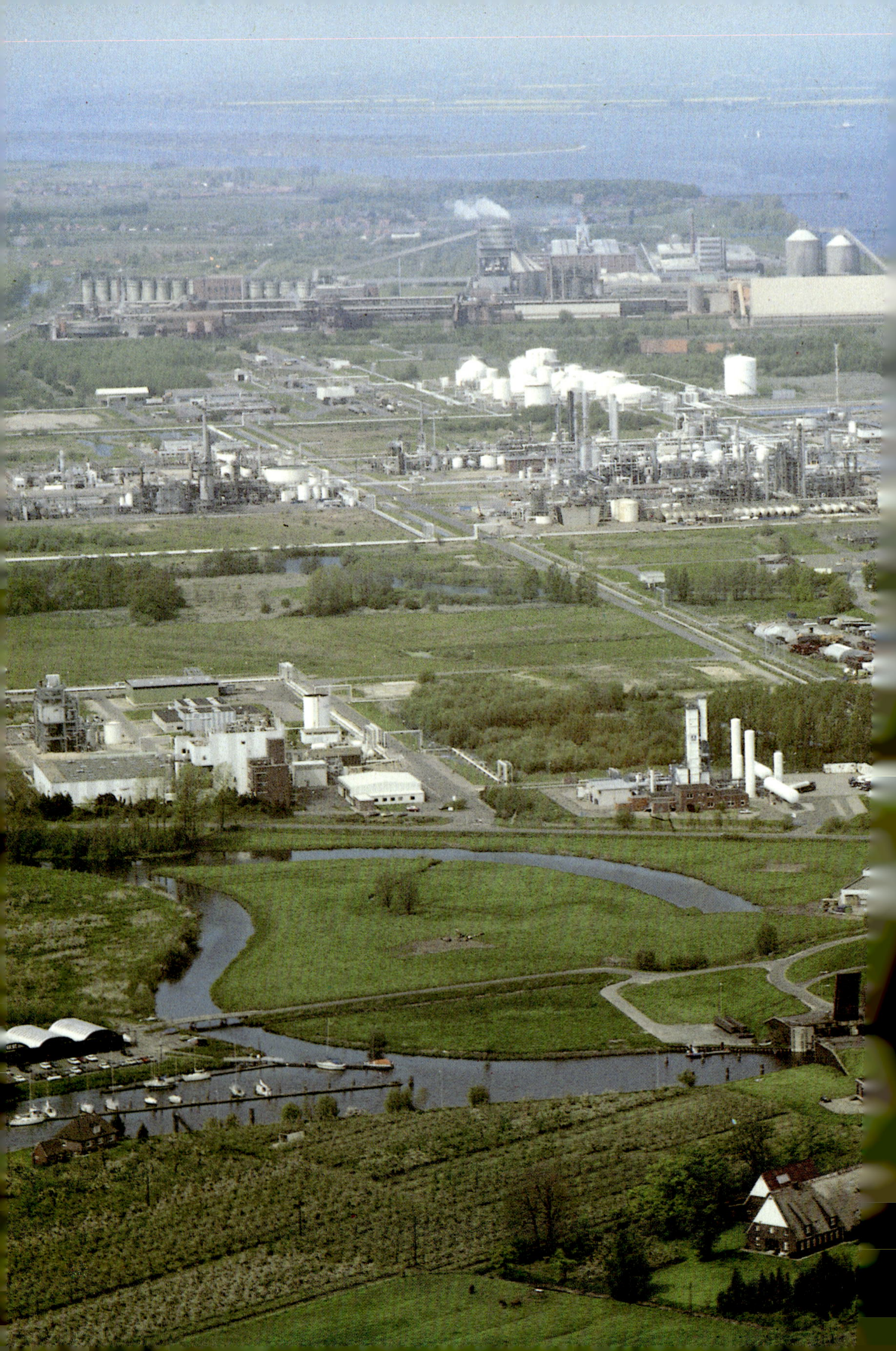

Raumplanung
Industrieansiedlung in Stade/Unterelbe

M1 Unterelbe 1950

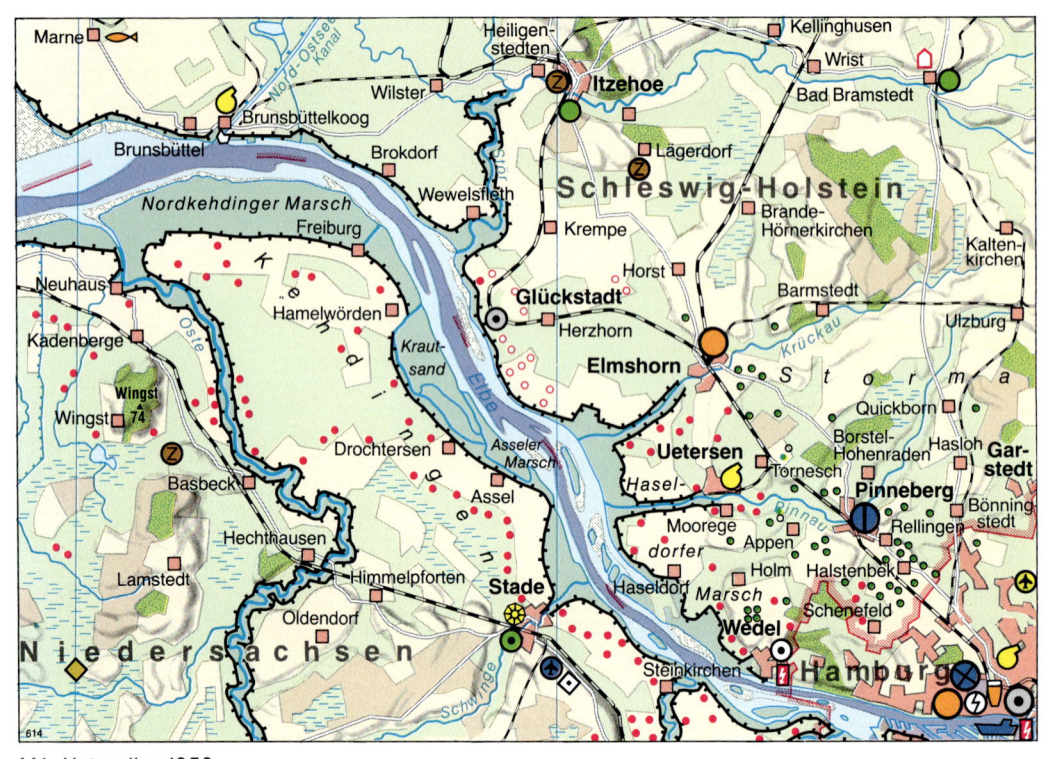

M2 Raumplanungskonzept Unterelbe – nach Raumordnungskonzeption 1978

M3 Unterelbe 1992

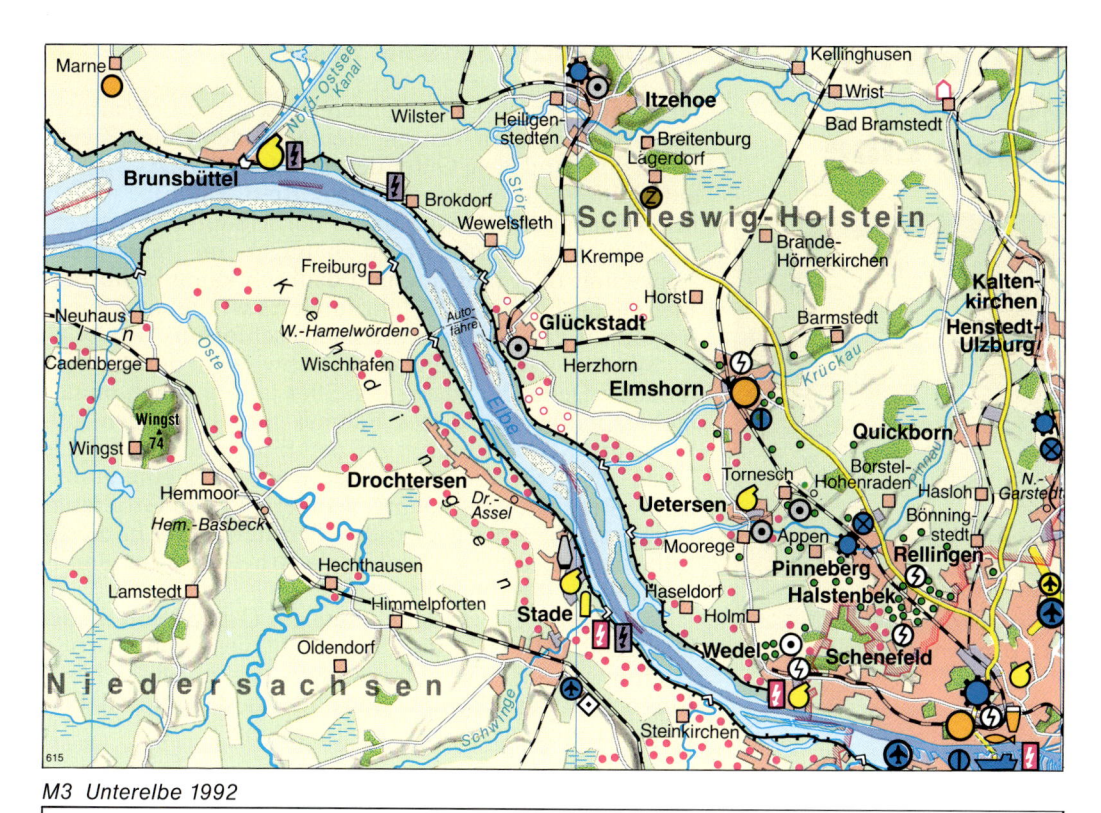

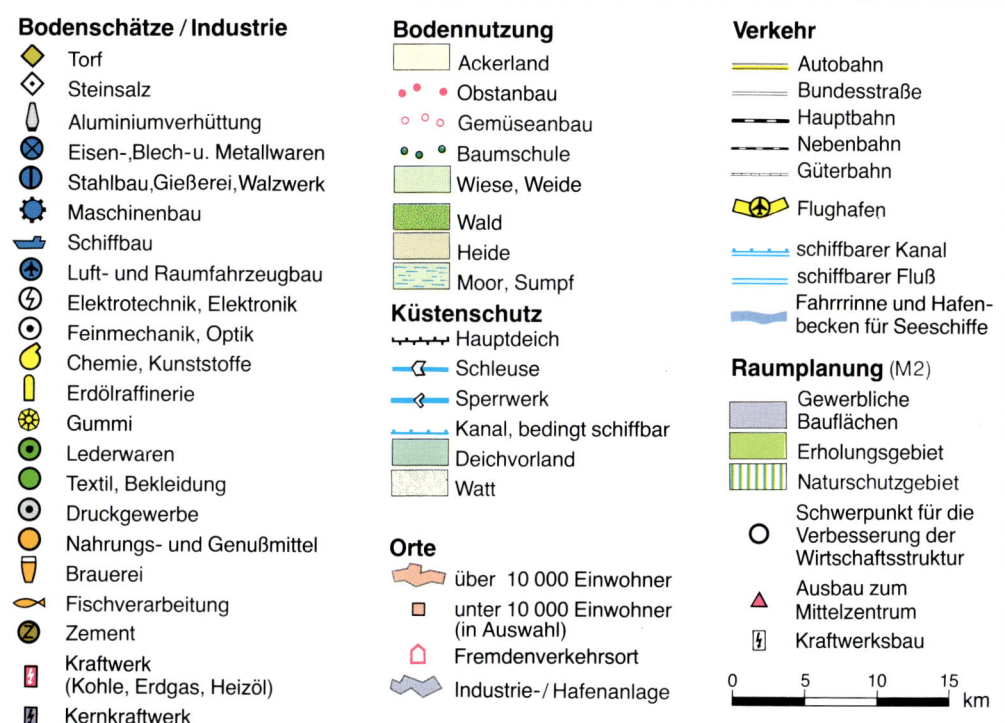

Bodenschätze / Industrie		Bodennutzung		Verkehr	
◇	Torf		Ackerland		Autobahn
◇	Steinsalz	• • •	Obstanbau		Bundesstraße
◊	Aluminiumverhüttung	○ ○ ○	Gemüseanbau		Hauptbahn
⊗	Eisen-, Blech- u. Metallwaren	• • •	Baumschule		Nebenbahn
⦶	Stahlbau, Gießerei, Walzwerk		Wiese, Weide		Güterbahn
✱	Maschinenbau		Wald	✈	Flughafen
⌒	Schiffbau		Heide		schiffbarer Kanal
⊕	Luft- und Raumfahrzeugbau		Moor, Sumpf		schiffbarer Fluß
ⓩ	Elektrotechnik, Elektronik	**Küstenschutz**			Fahrrinne und Hafenbecken für Seeschiffe
⊙	Feinmechanik, Optik	⊥⊥⊥⊥	Hauptdeich		
🍐	Chemie, Kunststoffe	─◁─	Schleuse	**Raumplanung** (M2)	
▯	Erdölraffinerie	─◁─	Sperrwerk		Gewerbliche Bauflächen
✸	Gummi		Kanal, bedingt schiffbar		Erholungsgebiet
⊙	Lederwaren		Deichvorland		Naturschutzgebiet
●	Textil, Bekleidung		Watt	○	Schwerpunkt für die Verbesserung der Wirtschaftsstruktur
⊙	Druckgewerbe	**Orte**			
●	Nahrungs- und Genußmittel		über 10 000 Einwohner	△	Ausbau zum Mittelzentrum
◉	Brauerei	▫	unter 10 000 Einwohner (in Auswahl)	⚡	Kraftwerksbau
⊶	Fischverarbeitung	⌂	Fremdenverkehrsort		
ⓩ	Zement		Industrie-/Hafenanlage		0 5 10 15 km
⚡	Kraftwerk (Kohle, Erdgas, Heizöl)				
⚡	Kernkraftwerk				

65

Industriegebiet Unterelbe

M1 Bohrkern aus Steinsalz

1 Der Bützflether Sand früher

Der kleine Hafen an der Unterelbe war die Lebensader des Ortes Bützfleth. Binsen, Steine aus den vielen Ziegeleien, Obst und viele Güter des täglichen Bedarfs wurden auf kleinen Küstenseglern transportiert. Die Elbe mit all ihren Nebenarmen war dafür der Hauptverkehrsweg. Straßen und Wege waren häufiger im Jahr überschwemmt oder morastig und dadurch kaum befahrbar. Erst gegen Ende des 19. Jahrhunderts wurde auch diese Region an das Eisenbahnnetz angeschlossen.

Mit dem wirtschaftlichen Aufschwung in der Bundesrepublik Deutschland seit den 50er Jahren gaben immer mehr Kleinbauern dieses Raumes ihre Hofstellen auf. Auch die Kleinschiffahrt auf der Elbe und entlang der Küste geriet in eine ausweglose Krise. Wer eine gutbezahlte Beschäftigung suchte, wanderte in den Großraum Hamburg ab. Trotz der großen **Pendler**ströme in dieses Industriegebiet gab es noch viele Arbeitslose im ländlichen Raum die Elbe abwärts.

Auch der Ort Bützfleth, heute ein Ortsteil von Stade, blieb von dieser Entwicklung nicht verschont. Große Hoffnungen auf einen guten Arbeitsplatz und ein sicheres Einkommen knüpften die Bewohner deshalb an die Planung für eine neue Industrieansiedlung.

2 Industrieansiedlung an der Unterelbe – warum gerade Stade?

Zwei große Industriebetriebe interessierten sich besonders für das Gebiet auf dem Bützflether Sand: das Chemiewerk „DOW STADE" und die „Vereinigten Aluminium-Werke" (VAW).

Warum in Stade? Als Antwort zeigt Dr. Behrens, ein leitender Mitarbeiter der DOW, auf das Stück eines etwa 10 cm dicken Bohrkerns (M1) aus Salzkristall. In nur 17 km Entfernung wird der Rohstoff Salz aus wenigen hundert Meter Tiefe gewonnen, mit Wasser gelöst und anschließend in Pipelines zum Elbewerk transportiert. Das Salz ist ein wichtiger Rohstoff für das Chemiewerk. Bei der Suche nach geeigneten Mitarbeitern hatte die Firmenleitung keine großen Schwierigkeiten. Arbeitskräfte waren durch frei werdende landwirtschaftliche Erwerbstätige in ausreichender Zahl vorhanden. Bevor man jedoch mit dem Bau des neuen Werkes beginnen konnte, mußte die dafür vorgesehene Fläche vorbereitet werden. Das Firmengelände, das direkt am Elbufer liegt, wurde zunächst mit staatlichen Zuschüssen um 5 m höher aufgespült. Zur Befestigung des Bodens mußten Tausende von Pfählen in den Boden gerammt werden. Alle diese Anstrengungen lohnten sich jedoch, denn man hatte einen gewichtigen Vorteil am neuen Standort: die Elbe als Verkehrsweg.

1.1 Überlege, warum viele Kleinbauern im Raum Stade ihre Hofstellen aufgaben und in den 60er Jahren als Pendler Arbeit in den Industrien im Raum Hamburg suchten.

2.1 Nenne die Standortfaktoren, die für die Industrieansiedlung bei Stade ausschlaggebend waren und erläutere sie (M2).

2.2 Erkläre mit Hilfe von M3 die von der Firma DOW STADE betriebene Steinsalzförderung.

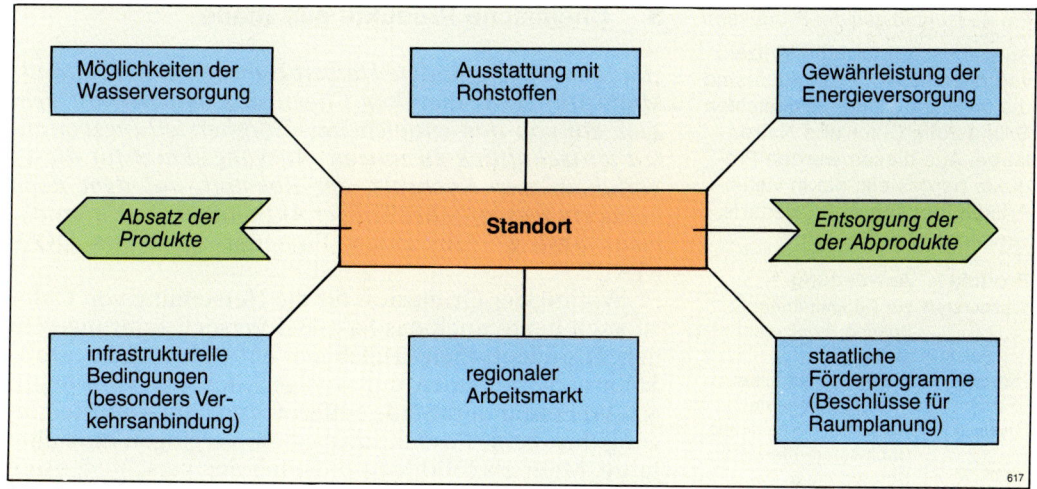

M2 Standortfaktoren

Noch einen Standortvorteil kann der Bützflether Sand vorweisen; das inzwischen ans Netz gegangene Kernkraftwerk Stade. Mit einer Leistung von 630 Megawatt (1 MW = 1000 Kilowatt) sichert das Kraftwerk die Energieversorgung der Industriebetriebe an Unterelbe und des Umlandes. Insbesondere das Elbewerk der VAW braucht diesen elektrischen Strom zur Herstellung von Aluminium. Der Energiebedarf des Werkes entspricht ungefähr dem einer Stadt mit 150 000 Einwohnern.

Die Standortfaktoren im Bützflether Sand spielten bei der Industrieansiedlung eine wichtige Rolle. Weltfirmen wie die DOW Chemical oder die Vereinigten Aluminium-Werke haben alle Standortfaktoren sorgfältig abgewogen und sich schließlich für die Ansiedlung entschieden. Schauen wir uns beide Werke noch etwas genauer an!

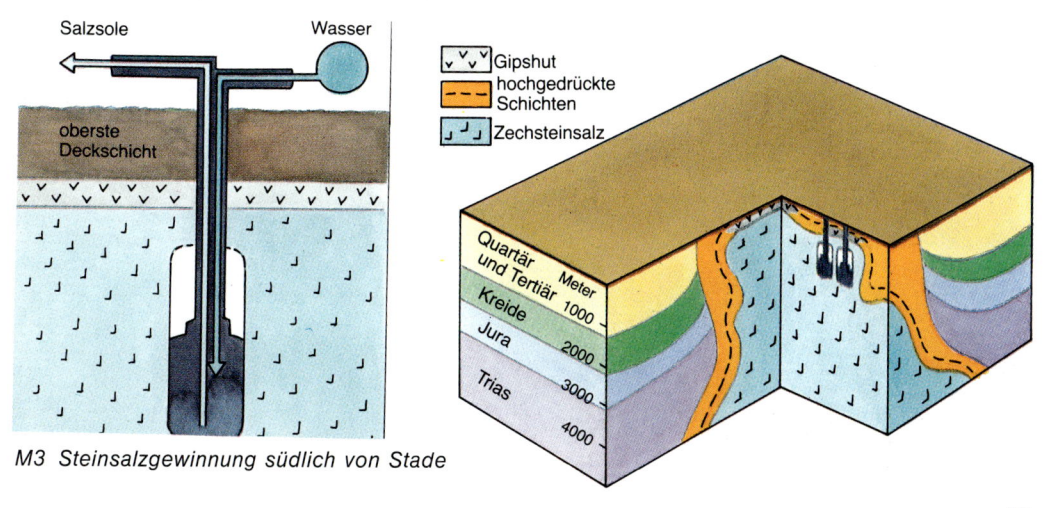

M3 Steinsalzgewinnung südlich von Stade

Ein Ausschnitt aus der Produktion

Ausgangsstoff für eine Vielzahl von chemischen Produkten sind die im Werk Stade hergestellten Grundstoffe Chlor und Natronlauge. Aus diesen werden Produkte hergestellt, die in vielen Artikeln des täglichen Bedarfs verwendet werden.

Produkt	Anwendung
Wasserstoff	zur Düngemittelproduktion, Speisefettherstellung
Natronlauge	Seifen, Waschmittel, Papier, Aluminium
Glyzerin	Hautcreme, Kosmetika, Backwaren, Klebstoffe, Schuhcreme
Methylzellulose	Tapetenkleister, Farben, Mörtel, Shampoos, Zahnpasta

3.1 Stelle mit Hilfe einer Wirtschaftskarte im Atlas fest, wo sich in der Bundesrepublik Deutschland Steinsalzvorkommen befinden.

3.2 Die Firma DOW STADE stellt eine Reihe von Produkten her, die in vielen Artikeln des täglichen Bedarfs enthalten sind. Stelle aus Zeitschriftenanzeigen eine Collage zusammen, und ordne diese nach den Firmenprodukten.

3 Chemische Produkte aus Stade

„*Im Jahre 1897 gründete Herbert Henry Dow in Midland/Michigan, USA, die Dow Chemical Company mit dem Ziel, ein von ihm entwickeltes Chlorherstellungsverfahren wirtschaftlich zu nutzen. Ausgangspunkt für dieses Verfahren war Kochsalz, der Rohstoff, auf dem noch heute ein wesentlicher Teil der Aktivitäten des Unternehmens basiert.*" (aus einem Firmenprospekt von DOW STADE)

Wichtigster Grundstoff für die Herstellung von Chlor ist auch heute noch das Salz. Bei Versuchsbohrungen in der Norddeutschen Tiefebene entdeckte man große Steinsalzvorkommen nur wenige Kilometer vom heutigen Werksstandort Stade entfernt. Von der Grundsteinlegung bis zum Produktionsbeginn vergingen nur drei Jahre. Mehr als 1300 Menschen mit den verschiedensten Berufen werden heute im Werk Stade-Bützfleth der Weltfirma DOW Chemical beschäftigt. Viele Schulabgänger aus der Region Stade fanden in den letzten Jahren einen Ausbildungsplatz als Industriekaufmann, Chemielaborant oder Meß- und Regelmechaniker im Werk.

Ständig wird auch heute noch auf dem 550 ha großen Firmengelände gebaut. Neue Produktionsanlagen zur Herstellung von Chemikalien werden errichtet, andere modernisiert. Zusätzliche technische Einrichtungen dienen zur Verringerung der Schadstoffe, die bei der Produktion von chemischen Stoffen anfallen. Ständig muß das ungezählte kilometerlange Pipelinesystem gewartet und repariert werden. So gibt es viele Handwerksbetriebe, Bauunternehmen und andere Firmen im Stader Raum, die Aufträge von den Firmenleitungen auf dem Bützflether Sand erhalten.

M1 DOW STADE

4 Aluminium aus Stade

Bei rund 22 Kilogramm liegt der jährliche Pro-Kopf-Verbrauch von Aluminium in der Bundesrepublik Deutschland. Nach den USA und Japan sind wir damit der größte Aluminiumverbraucher in der westlichen Welt.

Gewonnen wird das begehrte Metall aus **Bauxit**, einem aluminiumhaltigen Erzgestein. Aus 4,5 Tonnen dieses Gesteins läßt sich nach einem umfangreichen technischen Herstellungsverfahren, bei dem sehr viel elektrische Energie benötigt wird, rund eine Tonne reines Aluminium herausschmelzen.

Das Bauxit gelangt auf dem Seeweg nach Stade. An der Nordpier des Industrieanlegers löschen die Massengutfrachter ihre Rohstoffladungen aus Afrika und Australien, denn der Rohstoff muß von der VAW (Vereinigte Aluminium-Werke) eingeführt werden.

In einem aufwendigen technischen Verfahren, bei dem auch die aus dem Nachbarwerk bezogene Natronlauge von DOW STADE eingesetzt wird, entsteht das Endprodukt Aluminium. Auch für den Abtransport des Produktes bietet der Standort Stade beste Voraussetzungen. Mit den Binnenwasserstraßen, dem Bahnanschluß und der Nähe zur Autobahn stehen alle Möglichkeiten zur Verfügung, das Aluminium in die verarbeitenden Betriebe zu befördern.

Vor Baubeginn mußte das Marschengebiet vorbereitet werden. Über 4 Millionen m^3 Sand wurden aus der Elbe gebaggert und das Gebiet durch neuerrichtete Deiche geschützt.

In den beiden Produktionsbereichen, dem Aluminiumoxidwerk und der Aluminiumhütte, werden heute rund 1100 Arbeits- und Ausbildungsplätze zur Verfügung gestellt.

Aluminium – vielseitig verwendbar

Industriezweig	Anteil am Gesamt-Aluminium-Verbrauch (in %)	Anteil des Recycling (Wiederverwertung) (in %)
Verkehr	25–30	50–75
Bauwesen	18–22	50–70
Verpackung	10–12	3–20
Elektrotechnik	8–10	60–70
Haushaltswaren	6–9	25–30
Maschinenbau	6–9	50–70

4.1 Stelle auf einer Wirtschaftskarte im Atlas fest, in welchen Staaten Afrikas Bauxitvorkommen vorhanden sind.
4.2 Beschreibe mit Hilfe einer Weltkarte den Seeweg eines Massengutfrachters von Weipa, im Norden Australiens nach Stade.
4.3 In der Tab. 2 ist eine Auswahl von Industriezweigen angegeben, die Aluminium verarbeiten. Nenne Beispiele, in welchen Artikeln das Metall verwendet wird.
4.4 Beim Recycling werden im Vergleich zur Neuherstellung von Aluminium nur 5% der Energie gebraucht. Diskutiert die Bedeutung der Wiederverwertung bei diesem Metall.

M2 Vereinigte Aluminium-Werke (VAW)

5 Fragen zum Umweltschutz

Industrieansiedlungen von der Größenordnung, wie sie auf dem Bützflether Sand angelegt wurden, werfen fast zwangsläufig auch die Frage nach dem Umweltschutz auf. Die Menschen sind heute für diese Fragen empfindsamer geworden: sterbende Wälder, tote Fische in Flüssen und Seen, verseuchtes Trinkwasser, um nur einige zu nennen.

Für verantwortungsbewußte Industrieunternehmen ist deshalb die umweltverträgliche Herstellung ihrer Produkte auch eine Herausforderung. Das Chemiewerk an der Unterelbe versucht, mit einer Reihe von Projekten nicht nur die gesetzlichen Auflagen des Umweltschutzes zu erfüllen, sondern noch mehr zu tun. Ständig wurden so zum Beispiel bei der DOW STADE die vorhandenen Kläranlagen ausgebaut und technisch verfeinert. Hochmoderne biologisch arbeitende Anlagen verminderten den anfallenden Klärschlamm erheblich. Auch eine Anlage zur Verwertung von Reststoffen wurde errichtet. Produktions- bzw. Klärrückstände sollen dabei bei hohen Temperaturen verbrannt werden. Übrig bleibt nur noch Schlacke, die für den Straßenbau verwendet werden kann.

Vergleichbare Anstrengungen im Bereich des Umweltschutzes unternimmt die VAW Elbewerk. Mehrfach dichte Staub- und Gasfilter senken die bei der Aluminiumproduktion entstehenden Belastungen der Luft. Ein erhebliches Problem ist die Lagerung des bei der Bauxitverarbeitung anfallenden Rückstandes, des sogenannten Rotschlammes. Dieser Rotschlamm kommt auf eine Deponie, die dafür im Stader Moor angelegt wurde. Durch hohe Deiche geschützt, werden hier jährlich über 600 000 t abgelagert.

5.1 Wenn in eurer Umgebung Industriewerke sind, versucht herauszufinden, welcher Art die Umweltbelastung ist und wie sie bekämpft wird.

5.2 Der Einsatz moderner technischer Anlagen macht es möglich, die bei der DOW STADE anfallenden Mengen an Klärschlamm erheblich zu vermindern. Erläutere!

5.3 M1 vermittelt einen Eindruck von den Mengen an Rotschlamm, die bei der Aluminiumherstellung anfallen. Beschreibe die auf dem Bild sichtbaren Folgen für die Umwelt.

M1 Rotschlammdeponie im Stader Moor

Raumplanung
Industrieansiedlung in Stade/Unterelbe

Das Wichtigste kurzgefaßt

Raumplanung – Industrieansiedlung an der Unterelbe
In der Bundesrepublik Deutschland liegt die Raumplanung in der Kompetenz der Länder. Sie umfaßt die Landes-, Regional- und Orts- bzw. Stadtplanung. Die Raumplanung orientiert sich an der übergeordneten Raumordnung, das heißt an der für das gesamte Bundesgebiet angestrebten räumlichen Ordnung von Wohnstätten, Wirtschaftsflächen, der Infrastruktur und weiterer Einrichtungen.

Besonderes Augenmerk legen die Raumordnungsbehörden der Bundesländer auf die Entwicklung strukturschwacher Gebiete. Dazu gehörte unter anderen der Raum Unterelbe. In einer Raumordnungskonzeption wurde die perspektivische Entwicklung für dieses Gebiet geplant. Das Beispiel Stade zeigt, wie Raumordnungspolitik in die Praxis umgesetzt wurde.

Für den Raum Stade war die Industrieansiedlung von zwei Betrieben der Chemie und Aluminiumherstellung ein wichtiger Entwicklungsimpuls.

Der Raum hatte zuvor große wirtschaftliche Probleme, und so war eine Industrieansiedlung dieser Größenordnung der erste Schritt, aus der „Talsohle" herauszukommen. Die Firma DOW STADE stellt chemische Produkte her, die bei der Produktion von anderen Firmen benötigt werden. Steinsalz, das als Rohstoff eingesetzt wird, kann in nur 15 km Entfernung unter günstigen Bedingungen gefördert werden.

Der Rohstoff für die Vereinigten Aluminium-Werke (VAW), das Bauxit, wird dagegen mit Massengutfrachtern aus Übersee angeliefert. Die günstige Lage am Schiffahrtsweg Unterelbe war deshalb für die VAW ein wichtiger Standortfaktor. Für beide Betriebe bot das geplante Industriegebiet auf dem Bützflether Sand gute Standortvorteile.

Die Umweltbelastungen sind nicht gering. Beide Großbetriebe müssen verstärkt Anstrengungen unternehmen, um die Belastungen von Luft, Boden und Wasser zu senken.

Positive Auswirkungen auf die Region haben vor allem die neu entstandenen 2300 festen Arbeitsplätze in beiden Werken. Zudem bedingte die Ansiedlung der beiden Großbetriebe das Nachrücken verschiedener Zuliefer- und Servicebetriebe. Nicht zuletzt profitierte der Groß- und Einzelhandel davon. Die Industrieansiedlung hatte auch zur Folge, daß die gesamte infrastrukturelle Ausstattung des Gebietes ausgebaut wurde.

Das Lebensniveau der Menschen verbesserte sich, dadurch konnte die Abwanderung gestoppt werden. Auf diese Weise wurden wesentliche Ziele der Raumordnungspolitik erfüllt.

Grundbegriffe

Raumplanung
Raumordnung
Raumordnungspolitik
Raumordnungskonzeption
Pendler
Bauxit

Altstandort – Beispiel: stillgelegte Lackfabrik
Gefahrenquellen
1 Undichter Lösungsmitteltank und undichtes Leitungssystem
2 Durchgerostete Fässer mit giftigen Farbresten
3 Versickerung von Lösungsmitteln durch Risse in Hallenböden
4 Abfallhalde aus Produktionsrückständen

Gefährdungen
5 Bodenverschmutzung
6 Grundwasserverschmutzung
7 Zufluß von verschmutztem Grundwasser in den Bach
8 Zutritt von verschmutztem Sickerwasser in den Bach
9 Abschwemmung giftiger Stoffe von der Halde in den Bach
10 Ablagerung giftiger Schwermetalle im Bachbett
11 Verwehung schadstoffhaltiger Stäube von der Halde
12 Ausgasung giftiger Lösungsmittel
13 Einwirkung giftiger Gase auf die Vegetation

Altablagerung – Beispiel: stillgelegte Müllkippe
Gefahrenquellen
14 Ablagerung von Bauschutt
15 Ablagerung von Industrieschlämmen
16 Ablagerung von Hausmüll
17 Ablagerung von Industrie- und Gewerbemüll
18 Abdeckung aus Schlacke, Bauschutt und Boden

Gefährdungen
19 Zutritt von verschmutztem Sickerwasser in das Grundwasser
20 Grundwasserverschmutzung beim Durchströmen der Müllkippe
21 Zufluß von verschmutztem Grundwasser zu Hausbrunnen
22 Bewässerung von Nutzpflanzen mit verschmutztem Grundwasser
23 Verschmutzung von Trinkwasser
24 Austritt giftiger Gase aus der Müllkippe
25 Eindringen giftiger Gase in undichte Abwasserrohre
26 Einatmen giftiger Gase durch die Hausbewohner

Mensch und Umwelt
Zerstören wir unsere Lebensgrundlagen?

27 Entstehung eines explosiven Gas-Luft-Gemisches im Keller
28 Gebäudeschäden durch Setzung des Mülls
29 Aufnahme von Schadstoffen über Haut und Mund
30 Giftiger Boden und giftige Gase in der Baugrube

Erste Maßnahmen und Reaktionen

31 Untersuchung der Belastung von Boden, Wasser und Luft
32 Stillegung von Trinkwasserbrunnen
33 Absperrung des Baugeländes und Einstellung des Baubetriebs
34 Betroffene Bürger informieren über die Gefahren durch Gifte im Boden

Herausgeber und Copyright:
Arbeitsgemeinschaft Hydrogeologie
und Umweltschutz (AHU)
BUND Umwelt Forschungsinstitut (BUFI)
Graphik und Entwurf: Gabriele Feuerstein

Boden
Langsam entstanden, schnell zerstört

1 Boden – Eine wichtige Grundlage unseres Lebens

„Unser Bodenverbrauch ist viel zu hoch!"
„Die Böden in unseren Mittelgebirgen sind nicht besonders gut."
„Bodenpreise gestiegen."
Fast täglich lesen oder hören wir etwas über den Boden. Jeder glaubt natürlich zu wissen, wovon da die Rede ist. Aber könntest du wirklich erklären, was wir unter Boden verstehen?

Als Boden bezeichnet man die oberste, lockere Erdschicht, die durch Verwitterung des darunter liegenden Gesteins in Jahrhunderten entstanden ist. Im Boden befinden sich abgestorbene Pflanzen- und Tierreste (Humus), Organismen (Regenwürmer, Bakterien, Pilze und die Wurzeln der Pflanzen), Wasser und Luft (s. S. 29).

Im allgemeinen kann man drei Bodenschichten unterscheiden: Der Oberboden enthält besonders viel Humusanteile. Auf ihn ist das tierische und pflanzliche Leben konzentriert. Er geht in den Unterboden über, in dem vor allem die mineralischen Stoffe des Ausgangsgesteins enthalten sind. Die dritte Schicht bildet schließlich das Ausgangsgestein selbst. Ein typisches **Bodenprofil** zeigt dir M1. Die obersten beiden Bodenschichten werden auch manchmal als *Erde* bezeichnet.

So unterschiedlich die verschiedenen Gesteine sind, so unterschiedlich sind auch die darauf entstehenden Böden und ihre Fruchtbarkeit. Trotz aller Unterschiede haben sie doch eines gemeinsam: sie sind das Verbindungsglied zwischen der Atmosphäre und dem Gesteinsuntergrund. Das Wichtigste für uns ist, daß die Böden Grundlage fast allen Pflanzenwachstums sind und damit Träger der meisten Lebensvorgänge auf der Erde.

M1 Waldboden

1.1 Aus welchen Bestandteilen setzt sich der Boden zusammen?
1.2 Bestimme die drei Schichten des Bodenprofils in M1. Wodurch unterscheiden sie sich?
1.3 Wozu wird der Boden in der Umgebung deiner Wohnung genutzt? Erstelle eine Liste.

M2 Bodenversiegelung durch Straßenbau

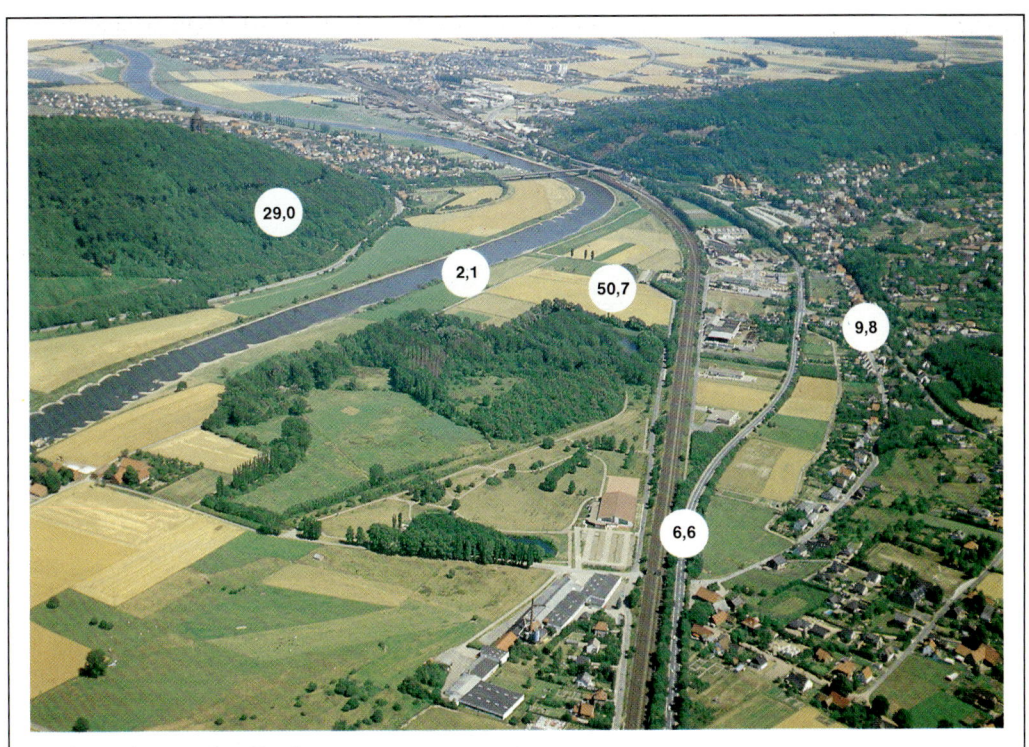

Aufgeteilte Bodenflächen:

Gewerbe- und Wohngebäude mit Gärten und Plätzen	9,8 %
Straßen, Schienen, Flughäfen	6,6 %
Landwirtschaft	50,7 %
Wald	29,0 %
Wasser	2,1 %
Sonstige (Felsen, Dünen, Moor, Sport- und Erholungsanlagen)	1,8 %

M3 Nutzung des Bodens in der Bundesrepublik Deutschland (1990)

2 Versiegelt, verschmutzt, verschwendet – unvermehrbar

Schau einmal aus dem Fenster. Du wirst feststellen, daß wir den Boden an vielen Stellen dazu benutzen, Wohnhäuser, Fabriken, Verkehrswege und Erholungsanlagen zu errichten. Häufig wird der Boden total zugebaut („versiegelt"). Landwirtschaft kann auf diesen Flächen dann nicht mehr betrieben werden. Aber auch das Wasser kann nicht mehr in den Boden versickern und das Grundwasser speisen. Der Regen fließt zu schnell über die Kanalisation ab. Der Grundwasserspiegel sinkt.

Unsere Bäume in den Städten haben es besonders schwer, genügend Wasser zu bekommen. Durch Streusalz, Luftverschmutzung und aus Wassermangel verlieren viele Bäume bereits im Sommer ihre Blätter.

Viele Hektar Land gehen täglich durch die **Bodenversiegelung** verloren.

2.1 Erkläre den Begriff ‚Bodenversiegelung'. Welche Folgen hat sie? Verwende auch Abb. S. 76, M2.

2.2 Suche im Atlas Räume in Mitteleuropa, in denen
a) der Anteil an Wald größer ist,
b) der Anteil an Gebäuden und Verkehrswegen größer ist als in der Bundesrepublik Deutschland (M3).

M1 Gefahr für den Boden?

M2 Ungeordnete Mülldeponie

Die Abfallhaufen der Industriegesellschaft

Als besonders problematisch haben sich die im und auf dem Boden gelagerten Abfälle herausgestellt. Durch Regen- und **Sickerwasser** werden Giftstoffe aus ihnen gelöst und gelangen so in das Erdreich. Abfälle müssen daher getrennt entsorgt werden. Geordnete Mülldeponien bilden aber nur eine Möglichkeit der Entsorgung.

Noch unangenehmer als die täglich anfallenden Müllberge sind die **Altlasten** im Boden. So bezeichnet man den Müll und die Rückstände aus früheren Industrieanlagen und Produktionsprozessen. Oftmals war die Gefährlichkeit der Rückstände noch nicht bekannt, so daß sie bedenkenlos abgelagert wurden. Da die Firmen, die als Verursacher der Altlasten in Frage kommen, oft nicht mehr existieren, kann man sie für die Kosten der Entsorgung nach dem **Verursacherprinzip** nicht mehr haftbar machen. Die Altlasten müsen daher auf Kosten der Allgemeinheit nach dem **Gemeinlastprinzip** beseitigt werden. Aber auch der heutige Müll, den unsere Wegwerfgesellschaft im Übermaß produziert, ist bei weitem nicht umweltfreundlich, da viele Dinge nicht verrotten. Manches, das wir heute wegwerfen, wird Jahrhunderte überdauern. Eine weitere Belastung geht von den Flüssen aus. Belastetes Flußwasser kann über den Grundwasserstrom in den Boden gelangen; besonders problematisch sind hier Stoffe, die aus giftigen Metallverbindungen bestehen. Durch Wasser, wie es beispielsweise Rhein und Werra führen, versalzt der Boden.

Zuviel Dünger – auch der Boden ist in Gefahr

Manchmal wird in der Landwirtschaft mehr Dünger als notwendig verwendet. Auch das ist dem Boden nicht zu-

2.3 Welche Gefahren gehen von einer ungeordneten Mülldeponie und den Altlasten aus?
2.4 Nenne Maßnahmen, durch die Mülldeponien sicherer gemacht werden können.
2.5 Erkläre mit eigenen Worten:
a) Verursacherprinzip
b) Gemeinlastprinzip
2.6 Wodurch gefährdet die Landwirtschaft den Boden?
2.7 Von Müllverbrennungsanlagen geht, genauso wie von den Emissionen der Fabriken und Haushalte, keine Gefahr für den Boden aus. Ist diese Aussage richtig? Begründe.
2.8 Nur ein intakter Boden kann unsere Trinkwasserversorgung garantieren. Erkläre diese Aussage.

träglich. Gibt man zum Beispiel zuviel Gülle auf den Acker, so verdichtet er sich, und die wichtigen Bodenorganismen, die mit für die Fruchtbarkeit des Bodens sorgen, finden keine günstigen Lebensbedingungen mehr. Hinzu kommt vielfach noch die übermäßige Anwendung von Spritzmitteln gegen „Unkraut", Insekten und Pilze. Hier können Bodenorganismen nur schwer überleben.

Gefahr aus der Luft

Zu einer Hauptgefahr für unseren Boden sind heute auch die Luftverunreinigungen geworden. In den Emissionen aus Fabriken, Kraftwerken, Müllverbrennungsanlagen und Haushalten sind oft giftige Substanzen enthalten. Was nicht in fester Form zu Boden sinkt, wird mit dem Regen ausgewaschen. Aus schadstoffhaltiger Luft und Regenwasser bilden sich häufig Schwefel- und Salzsäure. Ausdruck dieser Bodenbelastung ist das Waldsterben.

Werden wir bald hungern müssen, wenn es unseren Getreidefeldern wie dem Wald ergeht?

Der Boden sorgt für sauberes Trinkwasser

Und noch eine lebenswichtige Aufgabe übernimmt der Boden: Er filtert das verunreinigte Oberflächenwasser und macht es für uns genießbar. Ein Boden aber, der mit den Abfällen unserer Industriegesellschaft belastet ist, kann die Filterwirkung nicht mehr erfüllen. Das Wasser muß dann teuer aufbereitet werden. Entlang des Rheins ist das heute schon der Fall. Wollen wir Boden und Wasser als Grundlagen unseres Lebens nicht endgültig aufs Spiel setzten, müssen alle gemeinsam unverzüglich handeln.

2.9 Nenne zwei langfristige Folgen, die eine weitere Schädigung des Bodens für uns haben könnte.
2.10 Stelle die Faktoren zusammen, die zur Belastung des Bodens beitragen. Fertige eine Skizze an.
2.11 Versuche an Hand von M3 zu begründen, warum die Entwicklung der Bodennutzung so verläuft.
2.12 Auch du gehörst zu den Verursachern von Umweltschäden (M4).
a) Wodurch?
b) Wie könntest du dazu beitragen, daß die Umweltverschmutzung verringert wird?

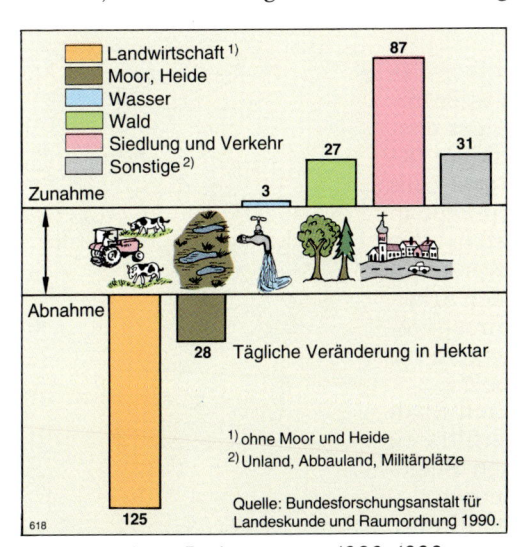

M3 Veränderte Bodennutzung 1986–1990

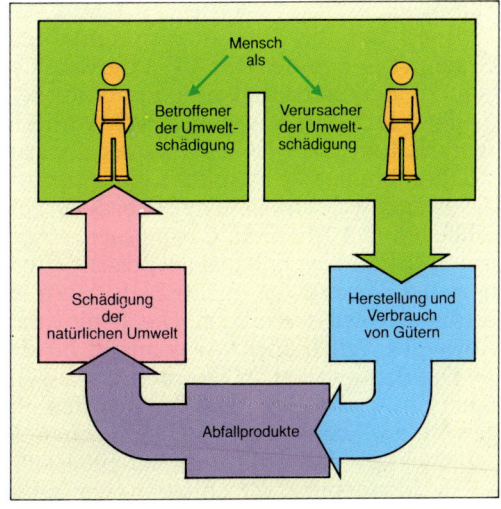

M4 Mensch – Umweltschädigung

Die Elbe: Fluß in Not

Schadstoffeinleitungen der Elbe in die Nordsee (in Tonnen pro Jahr)

Cadmium 10 - 13 t
Quecksilber 15 - 20 t
Blei 52 - 77 t
Stickstoff 300 000 t
Phosphor 12 000 t
Zink 2000 t
Nickel 180 - 230 t
Kupfer 160 - 200 t
Chrom 90 - 190 t
Arsen 90 - 120 t

Schadstoffbelastungen der Elbe bei Schnackenburg (in Tonnen pro Jahr)

Cadmium 10 - 15 t
Quecksilber 20 - 25 t
Blei 125 - 150 t
Stickstoff 180 000 t
Phosphor 12 000 t
Zink 2000 t
Kupfer 250 - 400 t
Nickel 200 - 270 t
Chrom 200 - 250 t
Arsen 100 - 120 t

1 Mit der BELUGA auf der Elbe

Frau Jütting, Mitarbeiterin in der Umweltschutzorganisation „Greenpeace" berichtet: „Unsere vierwöchige Tour begann in Dresden und endete in Cuxhaven. Das Ergebnis: Industriebetriebe im Einzugsgebiet der Elbe machen den Fluß zu Europas dreckigstem Strom. Am Flußkilometer Null sammelt sich noch glasklares Wasser im tschechischen Riesengebirge, 1435 m über dem Meeresspiegel. Bei Schmilka, wo die Elbe nordwärts unser Nachbarland verläßt, haben bereits 1400 Einleiter den Fluß mit Abwässern belastet. Bis zum Flußkilometer 880 beim Pegel Schnackenburg hat der Fluß die chemische Last zahlreicher Industriebetriebe und der intensiven Landwirtschaft aufgenommen: 180 000 t Stickstoff, 12 000 t Phosphor, 125 t Blei, 112 t Arsen, 23 t Quecksilber, 600 kg des Pestizids Lindan und 500 kg des Plastikweichmachers PCB passieren jährlich diesen Flußpegel.

Rund um die Uhr analysierten die Chemiker des Greenpeace-Schiffes BELUGA die zahllosen Wasserproben. Spektakuläre Umweltaktionen hatte es in der ehemaligen DDR nicht gegeben. Wir verblüfften daher die Werksleitung, als wir die Abwässer des Papier- und Zellstoffkombinates Pirna mittels einer Feuerwehrpumpe in das Brauchwassersystem der Fabrik zurückleiteten: „Wir schließen den Kreislauf. Greenpeace – Abwasserprojekt". Im Arzneimittelwerk Radebeul präsentierten wir den Arbeitern und Angestellten in 120 Biergläsern einen hochprozentigen Abwassercocktail. Das Trinkwasser war gelb wie Abwasser. Wir fragten: ‚Was macht ihr dagegen?'

Das Trinkwasser in Dresden, der zweitgrößten Stadt Sachsens, wird zur Hälfte aus den Elbuferfiltraten gewonnen. Das Wasser hat einen phenolartigen Beigeschmack, die Kläranlage ist seit 1984 außer Betrieb.

In Magdeburg verschlossen wir zwei Abflußrohre eines Chemiewerks ‚wegen akuter Umweltgefährdung'.

M1 Umweltexperten untersuchen eine Abwassereinleitung in die Elbe. Im Hintergrund das Flußaktionsschiff BELUGA.

1.1 Verfolge die Fahrt der BELUGA auf M2, beachte die Industrie, und liste fünf Standorte der chemischen Industrie auf.
1.2 Rechne einmal um: Ein Güterwagen faßt etwa 30 t. Wie viele Güterwagen füllen die Schadstoffe der Elbe bei Schnackenburg (Text)?
1.3 Kennst du weitere Umweltschutzorganisationen? Nenne mindestens zwei. Welche Ziele haben diese Organisationen?
1.4 Eine Aufgabe für schlaue Füchse: Findest du einen Grund, warum zwischen Schnackenburg und der Elbmündung die Menge der Schwermetalle abnimmt? (Beziehe Ebbe und Flut sowie den Hamburger Hafen in die Überlegungen mit ein).

Weiter ging die Fahrt über Hamburg, Stade und Brunsbüttel.
   In Flundern und Muscheln aus dem Wattenmeer wies die Arbeitsgemeinschaft für die Reinhaltung der Elbe ‚besorgniserregende Belastungen von Schwermetallen' nach, und im Gehirn von Robben stellten Wissenschaftler hohe Dosen Quecksilber fest. Vor den Abgeordneten des Parlaments präsentierten wir in riesigen Kanistern die gesamte Palette der in allen Farben schillernden Elbdreckbrühe aus den verschiedenen Betrieben."

M2 Umweltbelastung im Einzugsbereich der Elbe

- Eisen- und Stahlerzeugung
- Buntmetallurgie
- Maschinenbau
- Bergbau
- Braunkohlenindustrie
- Raffinerie und Petrochemie
- Chemie, Kunststoffe
- Arzneimittel
- Dünger
- Waschmittel
- Gülle
- Schiffsreinigung
- Haushaltsabwässer
- Großbrauerei
- Zellulose- und Papierherstellung
- Kernkraftwerk
- staubende Güter und Getreide

Maßstab 1 : 2 500 000

Die Elbe: Fluß in Not

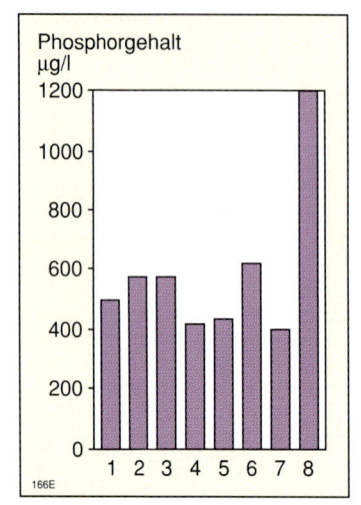

Phosphorgehalt µg/l

(Balkendiagramm mit Werten für Positionen 1–8: ca. 500, 580, 580, 420, 440, 620, 400, 1200)

1 tschechische Grenze
2 Dresden
3 oberhalb der Einmündung Schwarze Elster
4 oberhalb der Einmündung der Mulde
5 oberhalb der Einmündung der Havel
6 Schnackenburg
7 Lauenburg
8 Brunsbüttel

M1 Phosphorverbindungen in der Elbe.
Die natürliche Belastung von Gewässern beträgt 2,5 bis 50 µg/l Phosphorverbindungen

2.1 Haben Hoch- und Niedrigwasser eine Auswirkung auf die Schadstoffbelastung (Text und M1)?
2.2 Wie können die privaten Haushalte zur Reinhaltung der Gewässer beitragen?

2 Ohne Sauerstoff kein Leben

Fische suchen sich Nebenarme der Elbe als „Ausweichquartiere"

Schadstoffbelastung zu hoch – wieder ein Sauerstoffloch

Ini **Hamburg.** In der Unterelbe hat sich aufgrund der Schadstoffbelastung in Verbindung mit den warmen Temperaturen erneut ein Sauerstofftal ausgebildet. Wie ein Sprecher der Wassergütestelle Elbe gestern in Hamburg erklärte, ist der Sauerstoffgehalt auf einem 35 Kilometer langen Flußabschnitt zwischen Wedel-Schulau (Kreis Pinneberg) und dem Hamburger Hafen unter die für ein Überleben der Fische kritische Grenze von drei Milligramm pro Liter Elbwasser abgesunken. Der niedrigste gemessene Wert lag bei etwa einem Milligramm pro Liter.

Trotz der schlechten Versorgung der Tide-Elbe mit Sauerstoff ist es nach Angaben der Wassergütestelle Elbe bisher zu keinem massenhaften Fischsterben gekommen, da die Fische sich in die Nebenarme der Elbe zurückgezogen und dort „Ausweichquartiere" bezogen haben. Als angespannt bezeichnete der Sprecher auch die ökologische Situation in der Elbe zwischen Schnackenburg und Geesthacht, weil dort zur Zeit ein geringer Oberwasserablauf beobachtet werde, der bedenklich sei.

Die inzwischen vorliegenden Meßdaten zeigen, so die Wassergütestelle, daß die hochgradige Belastung der Elbe nicht abgenommen hat und sich zunehmend auf die Außenelbe und die Nordseeküstengewässer auswirke. Insbesondere führten die Konzentrationen für Quecksilber und Hexachlorbenzol zu unzulässig hohen Schadstoffanreicherungen in Fischen und auch in Vogeleiern. Allein mit Quecksilber ist die Elbe derzeit fünfmal so hoch belastet wie der Rhein.

Lebewesen im Wasser benötigen Sauerstoff, der in gesunden Gewässern reichlich vorhanden ist. Wie kommt es aber zu Sauerstoffmangel?

Phosphate und Stickstoff sind wichtige Nährsalze für Pflanzen. Gelangen nun mit den Abwässern aus privaten Haushalten (Waschmittel und Fäkalien) oder infolge Gülleausbringung und Düngung durch die Landwirtschaft diese Substanzen in die Gewässer, so finden Algen eine ideale Lebensgrundlage. Sie vermehren sich sehr stark. Bei massenhaftem Algenwachstum, der „Algenblüte", färbt sich das Gewässer je nach Algenart sogar grün, gelb oder rot. Sterben nun die Algen ab, so wird dem Wasser Sauerstoff entzogen. Am Boden ruhig fließender oder stehender Gewässer (Hafenbecken) setzt sich Faulschlamm ab.

Auch wenn die Luft klar ist, sauber ist sie nicht

Auch wenn die Luft klar ist, sauber ist sie nicht

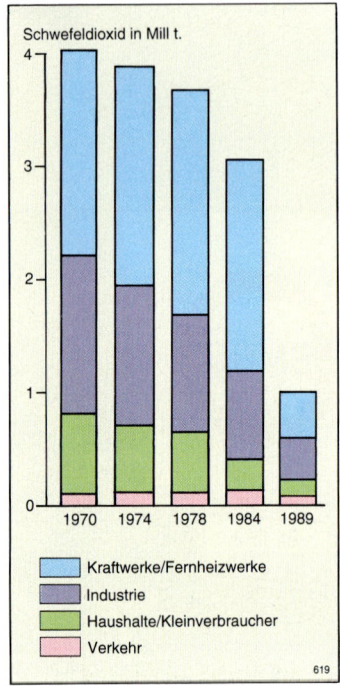

M1 Belastung der Luft durch Schwefeldioxid in der Bundesrepublik Deutschland

1.1 Erkläre den Zusammenhang zwischen Luftverunreinigung und Industrie.
1.2 Welcher Zusammenhang besteht zwischen Schadstoffemissionen und Schadstoffimmissionen? Welche Auswirkungen haben die Immissionen?
1.3 Nenne Schäden, die durch die Luftverschmutzung entstanden sind bzw. weiter entstehen, und die nicht wiedergutzumachen sind.
1.4 Aus welchen Quellen kommen die Schwefeldioxid-Emissionen? Wie haben sich die einzelnen Anteile der Verursacher von 1970 bis 1989 verändert (M1)?

1 Atemnot für Mensch und Wald

Jeder von uns macht am Tag etwa 28 000 Atemzüge. Nur wenige Minuten können wir ohne Luftzufuhr überleben. Auch Tiere und Pflanzen können ohne Luft nicht existieren. Luft besteht zu 78 % aus Stickstoff und zu 21 % aus Sauerstoff. Das restliche Prozent setzt sich aus verschiedenen Gasen zusammen, von denen das Kohlendioxid besonders wichtig für die Pflanzen ist.

Durch natürliche Vorgänge wie Vulkanausbrüche und Staubstürme wird die Reinheit der Luft beeinträchtigt. Darüber hinaus trägt der Mensch bereits seit Jahrtausenden durch Verbrennungsprozesse zum Ausstoß von Schadstoffen in die Luft, d. h. zu Schadstoff**emissionen**, bei. Ein Problem wurde daraus allerdings erst, als der Mensch begann, immer größere Mengen von Kohle und Erdöl zu verbrennen. Diese Entwicklung setzte mit der Industrialisierung im vorigen Jahrhundert ein und hält bis in unsere Zeit unvermindert an. Kraftwerke, fahrende Autos und Wohnungsheizungen sind nur einige der Verursacher von Emissionen.

Ein besonders häufig vorkommender und gefährlicher Schadstoff ist das Schwefeldioxid. Es verbindet sich in der Luft mit Wasser zu schwefliger Säure. Sie greift nicht nur die Atemwege der Menschen an, sondern verändert auch die Zusammensetzung von Gesteinen. Außerdem werden unsere Waldschäden durch das Schwefeldioxid maßgeblich mitverursacht. Das Einwirken von Schadstoffen auf Gesteine, Pflanzen, Tiere und Menschen wird als **Immission** bezeichnet.

Erst als die durch die meist unsichtbaren Immissionen verursachten Schäden unübersehbar wurden, begann der Mensch mit Gegenmaßnahmen: In Kraftwerken werden Filter eingebaut, und Katalysatoren machen die Abgase von Autos weniger gefährlich. Dies kann jedoch nur ein Anfang sein; weitere Maßnahmen müssen folgen. Wenn wir nicht alle wesentlich mehr für die Sauberhaltung der Luft tun, werden viele der jetzt schon bekannten Schädigungen nicht wiedergutzumachen sein.

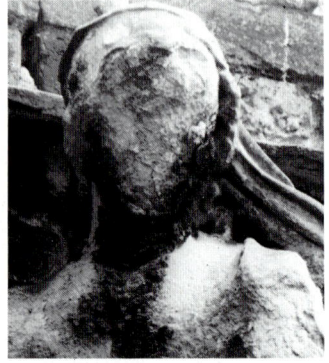

M2 Portalfigur Schloß Herten 1908 und heute

M3 Konvektionswetterlage im Stuttgarter Raum

M4 Inversionswetterlage (Smogsituation) im Stuttgarter Raum

M5 Baumsterben

M6 Zerstörte Steinfigur am Kölner Dom

83

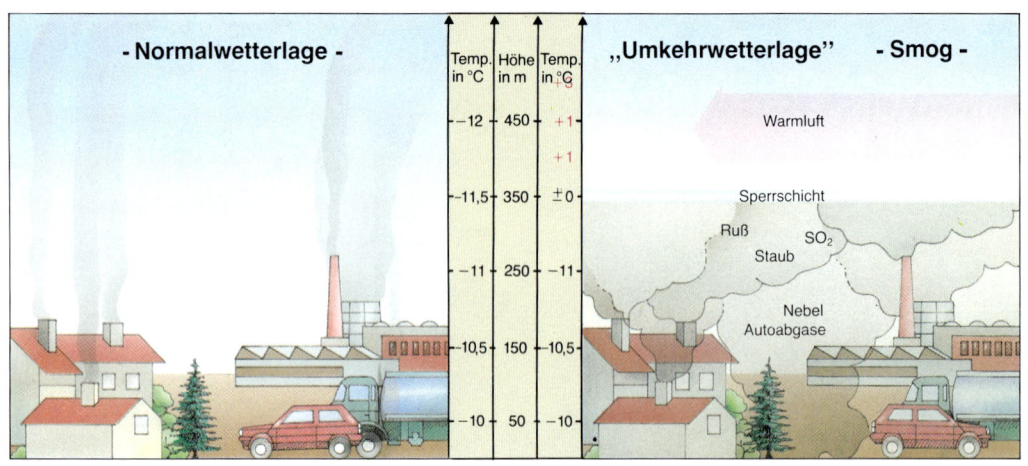

M1 Normalwetterlage und Umkehrwetterlage (Inversionswetterlage) mit Smog

2 Smog – Jetzt ist Gefahr im Verzuge!

Fahrverbot, Smogverordnung, 3-Wege-Katalysator, Smog-Alarm, Sondergenehmigung für Kraftfahrzeuge, Sperrbezirk, schwefelarme Brennstoffe – das sind Schlagworte, die bei uns besonders in den Wintermonaten immer öfter in den Zeitungen stehen. Was verbirgt sich dahinter? Warum werden Smogverordnungen erlassen?

Bei der Entstehung von **Smog** spielt die Wetterlage eine ganz wichtige Rolle. Im Herbst und Winter bilden sich bei uns bodennahe Kaltluftschichten aus. Dies geschieht vor allem dann, wenn der Erdboden schneebedeckt ist. Die Sonne hat zu wenig Kraft, um den Boden zu erwärmen, zusätzlich reflektiert der Schnee einen Teil der Sonnenstrahlen. Das ist besonders dann der Fall, wenn eine Hochdruckwetterlage herrscht und es nahezu windstill ist. Schiebt sich nun über diese Kaltluftschicht Warmluft (z. B. aus dem Mittelmeergebiet), wirkt diese wie ein Deckel, der die darunterliegende Luft nach oben abdichtet. So herrscht bei uns die Situation, daß es am Boden kälter ist als in der Höhe. Es tritt eine Umkehr der normalen Temperaturabfolge ein.

Entsteht nun diese Wetterlage über Ballungsräumen, so sammelt sich neben der Kaltluft auch die Menge der Abgase aus Haushalt, Verkehr und Industrie an. Für herzkranke Menschen, Patienten mit Erkrankungen der Atemwege und kleine Kinder kann die Situation nun lebensbedrohend werden. Da sich das Schwefeldioxid als besonders gefährlich herausgestellt hat, müssen Kraftwerke und Fabriken jetzt schwefelarme Brennstoffe verwenden. Auch Fahrverbote für Autos werden ausgesprochen. Abhilfe kann in dieser Situation ein Tief schaffen, dessen Luftbewegung die Schadstoffkonzentration verweht. Generell läßt sich das Problem aber nur durch eine drastische Verminderung des Schadstoffausstoßes lösen.

SMOG: Das Wort wurde aus den beiden englischen Wörtern SMoke (= Rauch) und fOG (= Nebel) gebildet.

2.1 Stelle die wetterbedingten Voraussetzungen zusammen, die eine Smog-Wetterlage möglich machen.
2.2 Wie trägt der Mensch dazu bei, daß Smog entstehen kann?
2.3 Welche Maßnahmen werden bei Smog getroffen? Begründe diese mit eigenen Worten.
2.4 Informiere dich darüber, was ein Katalysator am Auto bewirkt.
2.5 Manche Autofahrer bekommen bei Smog eine Sondergenehmigung zum Fahren. Begründe.
2.6 Mache eigene Vorschläge, wie die Auswirkungen des Smogs vermindert werden könnten.

Wasser, Luft, Boden
Zerstören wir unsere Lebensgrundlagen?

Das Wichtigste kurzgefaßt

Gewässer – Als Müllkippe zu schade!
Das Wasser unserer Flüsse ist vielfältigen Belastungen ausgesetzt: Industriebetriebe und Gemeinden leiten nicht oder unzureichend geklärte Abwässer ein, die nicht selten giftige Stoffe enthalten. Kraftwerke verursachen die Erwärmung des Flußwassers durch die Zuleitung erwärmten Kühlwassers. Die Folgen sind Schädigungen bis hin zum Absterben vieler Flußlebewesen und starke Beeinträchtigungen der Nutzung des Flußwassers zur Trinkwassergewinnung oder zur Bewässerung landwirtschaftlicher Flächen.
Die schmutzige Fracht der Flüsse ergießt sich in die Meere, wo weitere Schadstoffe hinzukommen.
Die Erhaltung der Gewässer als Lebens- und Erholungsraum sowie als Nahrungsquelle macht Schutzmaßnahmen dringend erforderlich. Eine wichtige Aufgabe übernehmen dabei die Klärwerke, die den Schadstoffanteil im Wasser vermindern.

Auch wenn die Luft klar ist, sauber ist sie nicht
Schadstoffe in der Luft stammen zum größten Teil aus Verbrennungsprozessen. Schwefeldioxid ist einer der gefährlichsten Stoffe, die dabei entstehen. Mit Luft und Wasser wird daraus die aggressive schweflige Säure, die Pflanzen („Waldsterben") und sogar Steine angreift und auch den Menschen gesundheitlich schädigt. Bei bestimmten Hochdruck-Wetterlagen entsteht SMOG, eine gefährliche Mischung aus Abgasen und Nebel. Die Luft über Großstädten und Industrieregionen ist SMOG-gefährdet, besonders dann, wenn ein Luftaustausch durch eine Talkessel-Lage erschwert ist. Man unterscheidet den London-Smog von dem in Gebieten mit starker Sonneneinstrahlung typischen Los-Angeles-Smog, der zum Beispiel auch in Athen und Mexico-City vorkommt.

Boden – Langsam entstanden, schnell zerstört
Böden bilden sich durch Gesteinsverwitterung. Ihre Durchdringung mit Humus, Organismen, Wasser und Luft ist die Basis des Pflanzenwachstums. Ebenso wie die Gewässer und die Luft sind die Böden als eine unsere Lebensgrundlagen in höchstem Maße durch unser eigenes Verhalten gefährdet. Hauptquelle der Schädigungen sind Mülldeponien, in der Landwirtschaft übermäßig eingesetzte Chemikalien sowie Schadstoffeinträge aus der Luft und über das Grundwasser. Auch durch umfangreiche Versiegelung zerstören wir Boden. Versiegelte oder von Schadstoffen durchsetzte Böden sind für uns als Anbauflächen und als natürliche Wasserfilter wertlos.

Grundbegriffe

Bodenprofil
Bodenversiegelung
Sickerwasser
Altlasten
Verursacherprinzip
Gemeinlastprinzip
Emissionen
Immissionen
Smog

Vereintes Europa — Utopie oder Realität?

Deutschland in Europa

Die EG
Zwölf Staaten, eine Gemeinschaft

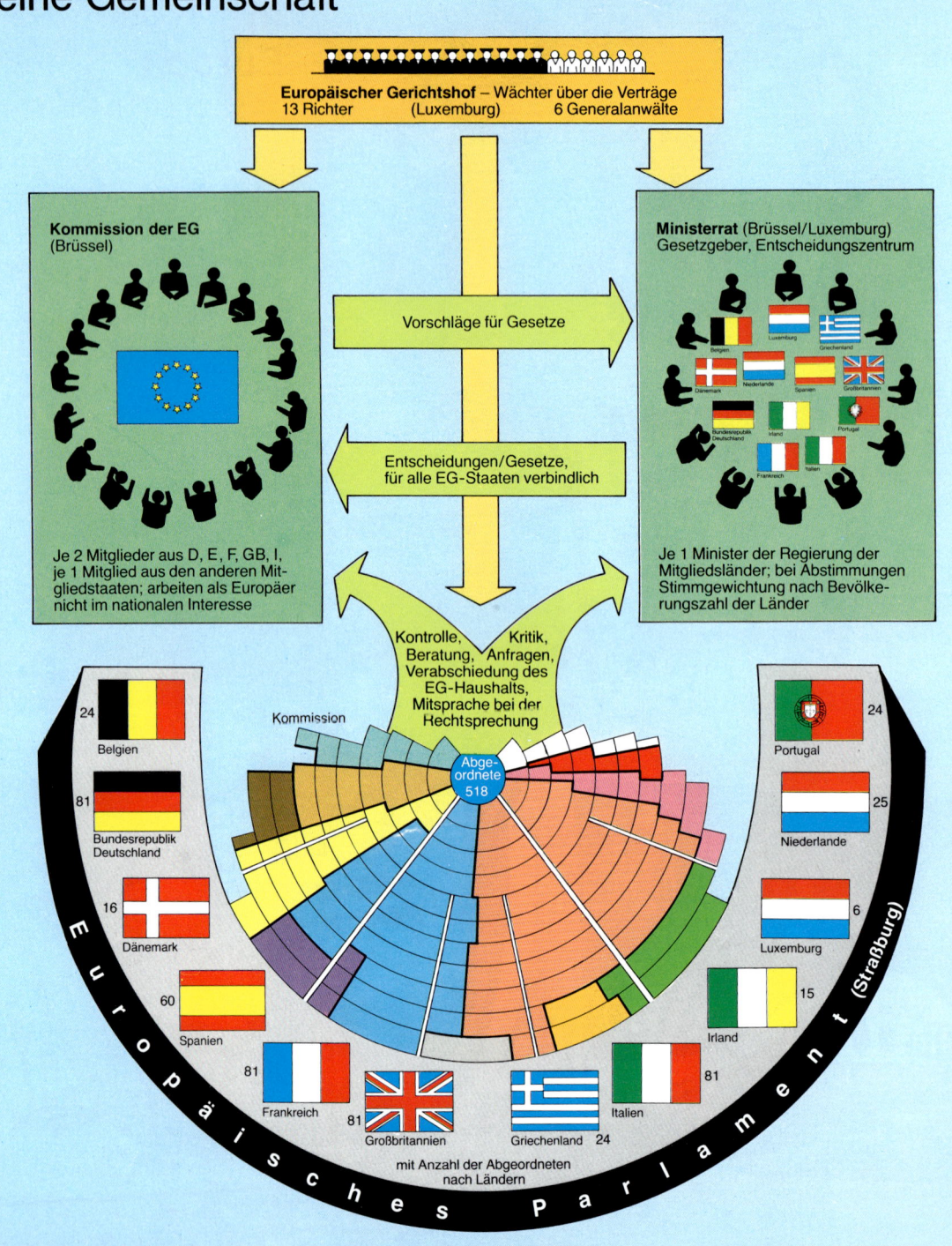

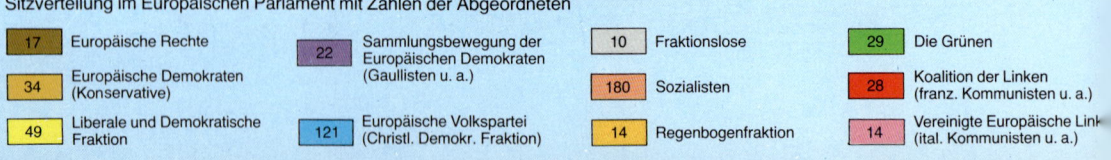

Europäischer Gerichtshof – Wächter über die Verträge
13 Richter (Luxemburg) 6 Generalanwälte

Kommission der EG (Brüssel)

Vorschläge für Gesetze →

Ministerrat (Brüssel/Luxemburg)
Gesetzgeber, Entscheidungszentrum

← Entscheidungen/Gesetze, für alle EG-Staaten verbindlich

Je 2 Mitglieder aus D, E, F, GB, I, je 1 Mitglied aus den anderen Mitgliedstaaten; arbeiten als Europäer nicht im nationalen Interesse

Belgien, Luxemburg, Griechenland, Dänemark, Niederlande, Spanien, Großbritannien, Bundesrepublik Deutschland, Irland, Portugal, Frankreich, Italien

Je 1 Minister der Regierung der Mitgliedsländer; bei Abstimmungen Stimmgewichtung nach Bevölkerungszahl der Länder

Kontrolle, Kritik, Beratung, Anfragen, Verabschiedung des EG-Haushalts, Mitsprache bei der Rechtsprechung

Europäisches Parlament (Straßburg)

Abgeordnete 518

Kommission

- Belgien 24
- Bundesrepublik Deutschland 81
- Dänemark 16
- Spanien 60
- Frankreich 81
- Großbritannien 81
- Griechenland 24
- Italien 81
- Irland 15
- Luxemburg 6
- Niederlande 25
- Portugal 24

mit Anzahl der Abgeordneten nach Ländern

Sitzverteilung im Europäischen Parlament mit Zahlen der Abgeordneten

- 17 Europäische Rechte
- 34 Europäische Demokraten (Konservative)
- 49 Liberale und Demokratische Fraktion
- 22 Sammlungsbewegung der Europäischen Demokraten (Gaullisten u. a.)
- 121 Europäische Volkspartei (Christl. Demokr. Fraktion)
- 10 Fraktionslose
- 180 Sozialisten
- 14 Regenbogenfraktion
- 29 Die Grünen
- 28 Koalition der Linken (franz. Kommunisten u. a.)
- 14 Vereinigte Europäische Linke (ital. Kommunisten u. a.)

1 Die Bundesrepublik Deutschland – Auf Zusammenarbeit angewiesen

Die EG
Zwölf Staaten, eine Gemeinschaft

„Land im Herzen Europas", „eines der höchstentwickelten Länder der Erde", „Maschinenschmiede der Welt" – Beinamen der Bundesrepublik Deutschland. Sie sagen einiges über die Lage und die Leistungsfähigkeit unseres Landes aus, weisen aber auch auf verschiedene Probleme hin.

Die Wirtschaft der Bundesrepublik Deutschland ist zu großen Teilen vom Handel mit anderen Staaten abhängig: Wir verfügen weder über genügend Rohstoffe, noch haben wir im eigenen Land ausreichend Abnehmer für die bei uns hergestellten Produkte. Zudem bringt die geographische Lage im Zentrum Europas viele grenzüberschreitende Probleme mit sich. So beziehen zum Beispiel Millionen Menschen ihr Trinkwasser aus dem Rhein, einem Fluß, den die sieben Anrainerstaaten gleichzeitig als Abwasserkanal benutzen. Große Teile unseres Waldes sind infolge des sauren Regens krank, fast die Hälfte der in der Bundesrepublik Deutschland niedergehenden Schadstoffe stammt aus Nachbarländern. Schließlich machte bis 1989 die Grenzlage der Bundesrepublik Deutschland zum Ostblock die aktive Teilnahme an der Friedenssicherung zu einer Hauptaufgabe.

Durch den Beitritt zur **NATO** (**N**orth **A**tlantic **T**reaty **O**rganization) im Jahre 1955 hat sich die Bundesrepublik Deutschland für eine militärische Zusammenarbeit mit den westlichen Staaten entschieden. Ihre Zugehörigkeit zur **EG** (**E**uropäische **G**emeinschaft) ermöglicht ihr eine intensive Arbeit mit den anderen EG-Mitgliedstaaten. So können wichtige Aufgaben wie der Umweltschutz einer Lösung nähergebracht und die Wirtschafts- und Handelsbeziehungen weiter ausgebaut werden.

1.1 Erkläre die Beinamen, die der Bundesrepublik Deutschland gegeben werden.
1.2 Informiere dich über die Ziele der NATO (z. B. in einem Lexikon).
1.3 Erläutere, wieso auch Umweltschutz ein internationales Problem ist (M2).
1.4 a) Beschreibe die Exportabhängigkeit der bundesdeutschen Wirtschaft (M1).
b) Stelle Vermutungen darüber an, welche Folgen ein Rückgang der Exporte hätte.
1.5 Probleme, wie Luftverschmutzung und Energieversorgung könnten auch durch Verhandlungen zwischen den Nachbarstaaten gelöst werden. Worin besteht der Vorteil einer Mitgliedschaft in der EG? Erkläre.

M1 Exportabhängigkeit der deutschen Wirtschaft

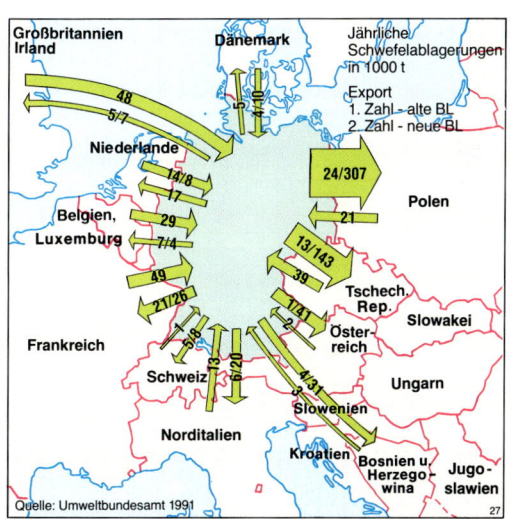

M2 Luftverschmutzung kennt keine Grenzen

2.1 1951, 1957 und 1967 gelten als bedeutende Jahre für die europäische Einigung. Begründe.

2.2 Erkläre den Unterschied zwischen wirtschaftlicher Integration und politischer Integration.

2.3 Erläutere die Kernpunkte der wirtschaftlichen Einigung Europas.

2.4 Informiere dich über die EWG, die EGKS und die EURATOM (Lexikon). Berichte deinen Klassenkameraden darüber.

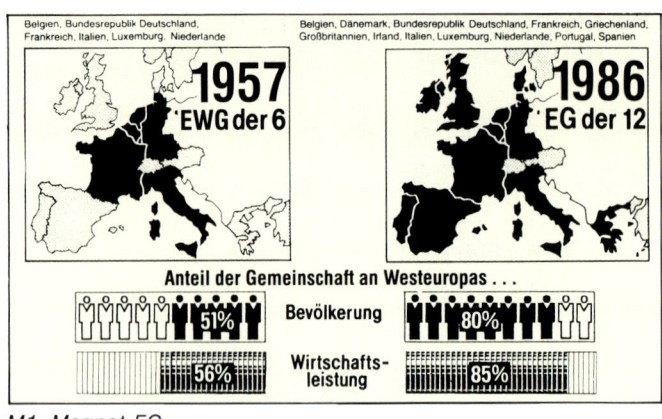

M1 Magnet EG

2 Der Weg zur Einigung

Als am 25. März 1957 der EWG-Vertrag geschlossen wurde, hatten die Gründungsmitglieder vor allem das Ziel, Europa wirtschaftlich zu einigen und einen **Gemeinsamen Markt** zu schaffen, in dem es zum Beispiel keine störenden Handelsgrenzen und Zölle mehr geben sollte. Neben dieser ‚wirtschaftlichen Integration' verfolgte man als Fernziel auch eine ‚politische Integration' Europas. Noch bevor der Gemeinsame Markt 1968 vollendet war, vereinigte man 1967 die ‚Europäische Wirtschaftsgemeinschaft' (EWG) mit der ‚Europäischen Gemeinschaft für Kohle und Stahl' (EGKS oder Montanunion) und der ‚Europäischen Atomgemeinschaft' (EURATOM) zur Europäischen Gemeinschaft (EG). Die Erfolge der EG führten dazu, daß die Zahl der Mitgliedsländer schnell wuchs. Auch die EFTA-Staaten näherten sich zunehmend der EG, so daß schließlich die Errichtung des Europäischen Wirtschaftsraumes (EWR) beschlossen werden konnte (s. Seite 92).

Nachdem die wirtschaftliche Integration bis heute schon große Fortschritte gemacht hat, drängen die Europapolitiker nun zunehmend auf eine weitergehende politische Integration. 1985 verabschiedeten die Staats- und Regierungschefs der EG-Länder die ‚Einheitliche Europäische Akte' – ein weiterer Schritt zur Gründung einer ‚Europäischen Union'. Das Ziel ist, neben der Wirtschaftspolitik auch die Außen-, Sicherheits-, Währungs- und Umweltpolitik eng aufeinander abzustimmen. Den Institutionen der Gemeinschaft will man in Zukunft ein größeres Mitspracherecht bei politischen Entscheidungen der EG einräumen. Besonders große Bedeutung kommt dabei dem seit 1979 direkt gewählten Europäischen Parlament zu. Durfte es seit 1957 zunächst nur beratend tätig sein, so kann es heute den Haushalt der EG abändern und ablehnen, arbeitet bei der Entstehung neuer europäischer Gesetze mit und ist wichtigstes Kontrollinstrument für den Rat der EG und die EG-Kommission.

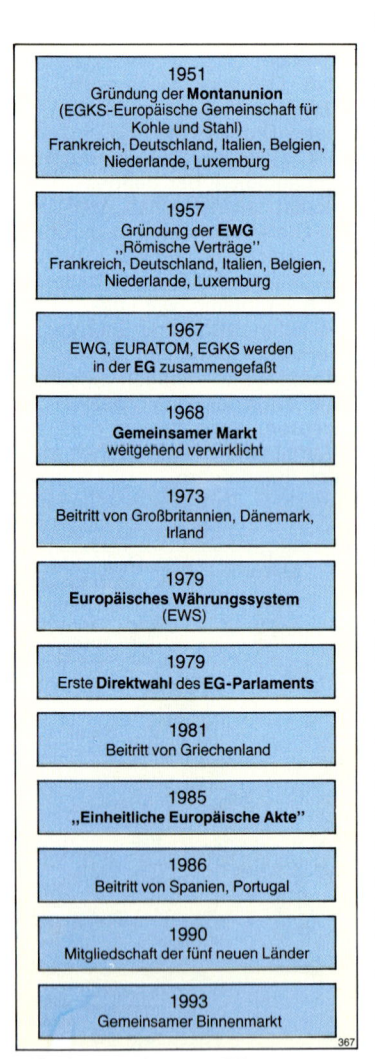

M2 Geschichte der EG

1951 Gründung der **Montanunion** (EGKS-Europäische Gemeinschaft für Kohle und Stahl) Frankreich, Deutschland, Italien, Belgien, Niederlande, Luxemburg

1957 Gründung der **EWG** „Römische Verträge" Frankreich, Deutschland, Italien, Belgien, Niederlande, Luxemburg

1967 EWG, EURATOM, EGKS werden in der **EG** zusammengefaßt

1968 Gemeinsamer Markt weitgehend verwirklicht

1973 Beitritt von Großbritannien, Dänemark, Irland

1979 Europäisches Währungssystem (EWS)

1979 Erste **Direktwahl** des **EG-Parlaments**

1981 Beitritt von Griechenland

1985 „**Einheitliche Europäische Akte**"

1986 Beitritt von Spanien, Portugal

1990 Mitgliedschaft der fünf neuen Länder

1993 Gemeinsamer Binnenmarkt

3 Industrie und Forschung – Zusammenarbeit macht stark

„1990 war für die Airbus-Industrie ein hervorragendes Jahr. Gemessen an den 404 Festbestellungen im Wert von 43,6 Mrd. DM stieg der Weltmarktanteil des europäischen Konsortiums (=Zusammenschluß mehrerer Unternehmen) seit 1988 von 16 auf 35 Prozent."
(Saarbrücker Zeitung vom 10. Januar 1991)

Das Konsortium Airbus ist zu einer ernsthaften Konkurrenz für die amerikanische Firma Boeing, dem weltweit größten Hersteller von Zivilflugzeugen, geworden. Gründe gibt es dafür viele. Nur dadurch, daß sich mehrere europäische Firmen am Airbus beteiligen, konnten die hohen Entwicklungs- und Produktionskosten aufgebracht werden. Ein einziges Unternehmen wäre dazu kaum in der Lage gewesen. Der Airbus ist auch ein qualitativ hochwertiges Flugzeug, weil verschiedene Firmen ihre besten Spezialisten bei der Konstruktion und Fertigung der Flugzeuge einsetzen.

Ähnlich ist es im Bereich der Datenverarbeitung. Bis 1996 wollen die EG-Staaten einen Chip entwickeln, auf dem 64 Millionen Informationseinheiten gespeichert werden können; das entspricht einem Text von über 40 000 Schreibmaschinenseiten. Damit will die EG, die bisher etwa zwei Drittel ihrer verarbeiteten Chips aus den USA und Japan importiert, unabhängiger werden. Auch an diesem Projekt sind Wissenschaftler aus allen EG-Staaten beteiligt, so daß die einzelnen Staaten Kosten sparen. Darüber hinaus kann dieser neue Chip in hoher Stückzahl verkauft werden, denn es gibt genügend Firmen in der EG, die als Käufer in Frage kommen.

3.1 Der Airbus ist ein „europäisches" Projekt. Berichte (M3).

3.2 „Ohne Forschung gibt es keine industrielle Zukunft. Nur dann wird die Europäische Gemeinschaft im Kampf um die Weltmärkte bestehen können." (Jacques Delors, Präsident der Europäischen Gemeinschaft).

3.3 „Zusammenarbeit macht stark." Nimm zur Kapitelüberschrift Stellung.

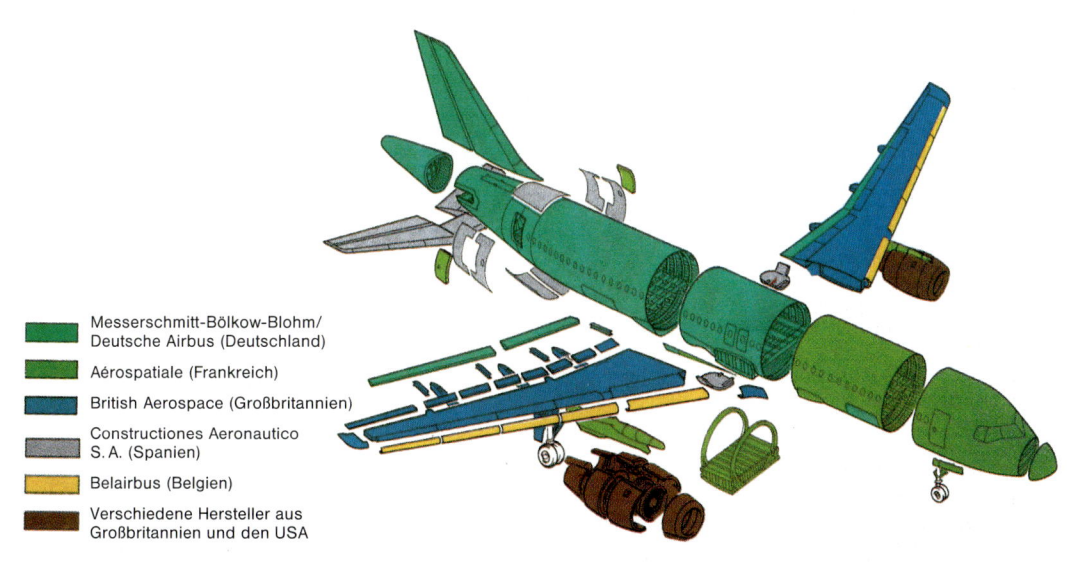

- Messerschmitt-Bölkow-Blohm/ Deutsche Airbus (Deutschland)
- Aérospatiale (Frankreich)
- British Aerospace (Großbritannien)
- Constructiones Aeronautico S. A. (Spanien)
- Belairbus (Belgien)
- Verschiedene Hersteller aus Großbritannien und den USA

M3 Der Airbus – Ein Beispiel für die Zusammenarbeit in Europa   Quelle: Airbus/Hamburg

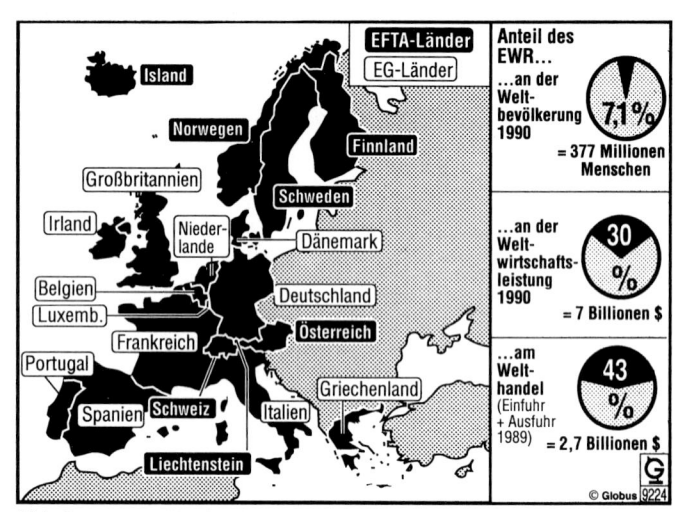

M1 Der europäische Wirtschaftsraum

4 Der Europäische Wirtschaftsraum – kaufkräftigster Markt der Welt

Die Verwirklichung des **EG-Binnenmarktes** und des **Europäischen Wirtschaftsraumes** sind die vorläufigen Höhepunkte der europäischen Integration: Wirtschaftlich gesehen sind die beteiligten Staaten mit einem großen Land vergleichbar, in dem ungehindert Handel betrieben werden kann und das nur gegenüber Drittländern Zölle erhebt.

Dabei ist die wirtschaftliche Integration innerhalb des EG-Binnenmarktes schon weit fortgeschritten. Hier bemüht man sich zum Beispiel um eine Angleichung der Steuern und der vielen unterschiedlichen Vorschriften, die es Unternehmen oft schwer machen, mit ihren Produkten auch jenseits der eigenen Landesgrenzen Fuß zu fassen. Um den Zahlungsverkehr zu vereinfachen, schlossen sich die meisten EG-Länder zu einem Währungsverbund mit einer gemeinsamen Währungseinheit, der **ECU**, zusammen. Schon heute kann man große internationale Geschäfte in ECU abwickeln. Bis man jedoch mit ECU-Münzen am Ladentisch zahlen kann, wird wohl noch einige Zeit vergehen.

4.1 Welche Veränderungen könnten sich durch den EWR für die Industrie und für die Menschen ergeben?
4.2 Die Anpassung der Steuergesetzgebung bringt große Schwierigkeiten mit sich. Erläutere anhand von M2.
4.3 Erkläre, warum die ECU als Meilenstein auf dem Weg zur wirtschaftlichen Integration bezeichnet wird.
4.4 Vergleiche den Außenhandel der Bundesrepublik Deutschland mit dem anderer EG-Länder.
4.5 Beurteile die Bedeutung, die der Handel mit den anderen EG-Ländern für die einzelnen Mitgliedsstaaten hat (M3).

M2
Folgen der Steuerangleichung in der EG am Beispiel der Weinsteuer

Land	Steuersatz (DM/Hektoliter) 1985	nach Vorschlag der EG-Kommission	Verbrauch 1985	Steueraufkommen (Mill. DM) 1985	nach Verwirklichung des EG-Vorschlages	Differenz im Steueraufkommen (Mill. DM)
B/L	62,69	35,28	2 335	146,4	82,4	−64,0
DK	330,57	35,28	964	318,8	34,0	−284,8
F	6,59	35,28	44 626	249,0	1 574,4	+1 565,2
I		35,28	51 701		1 824,0	+1 824,0
GB	290,50	35,28	4 388	1 274,7	154,8	−1 119,9

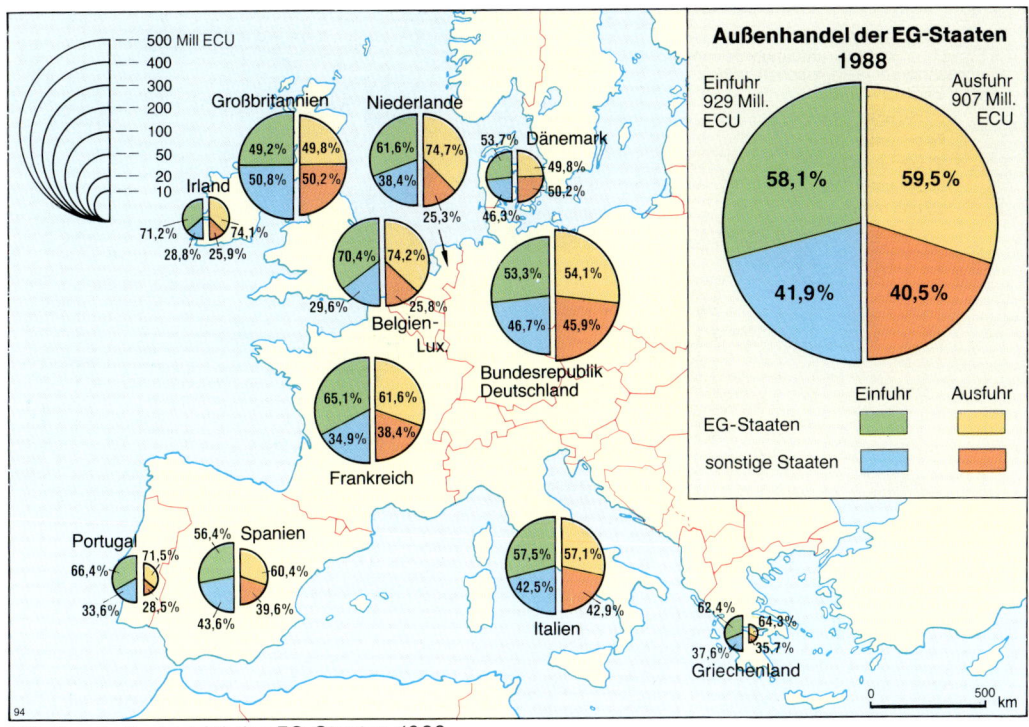

M3 Der Außenhandel der EG-Staaten 1988

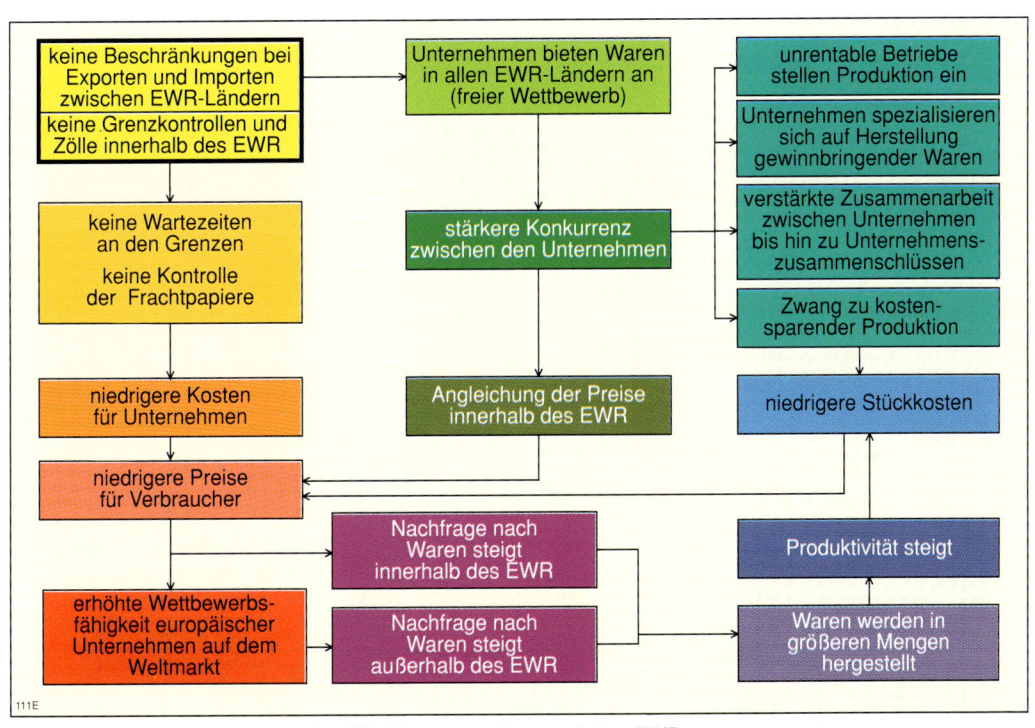

M4 Mögliche Auswirkungen des EG-Binnenmarktes und des EWR

93

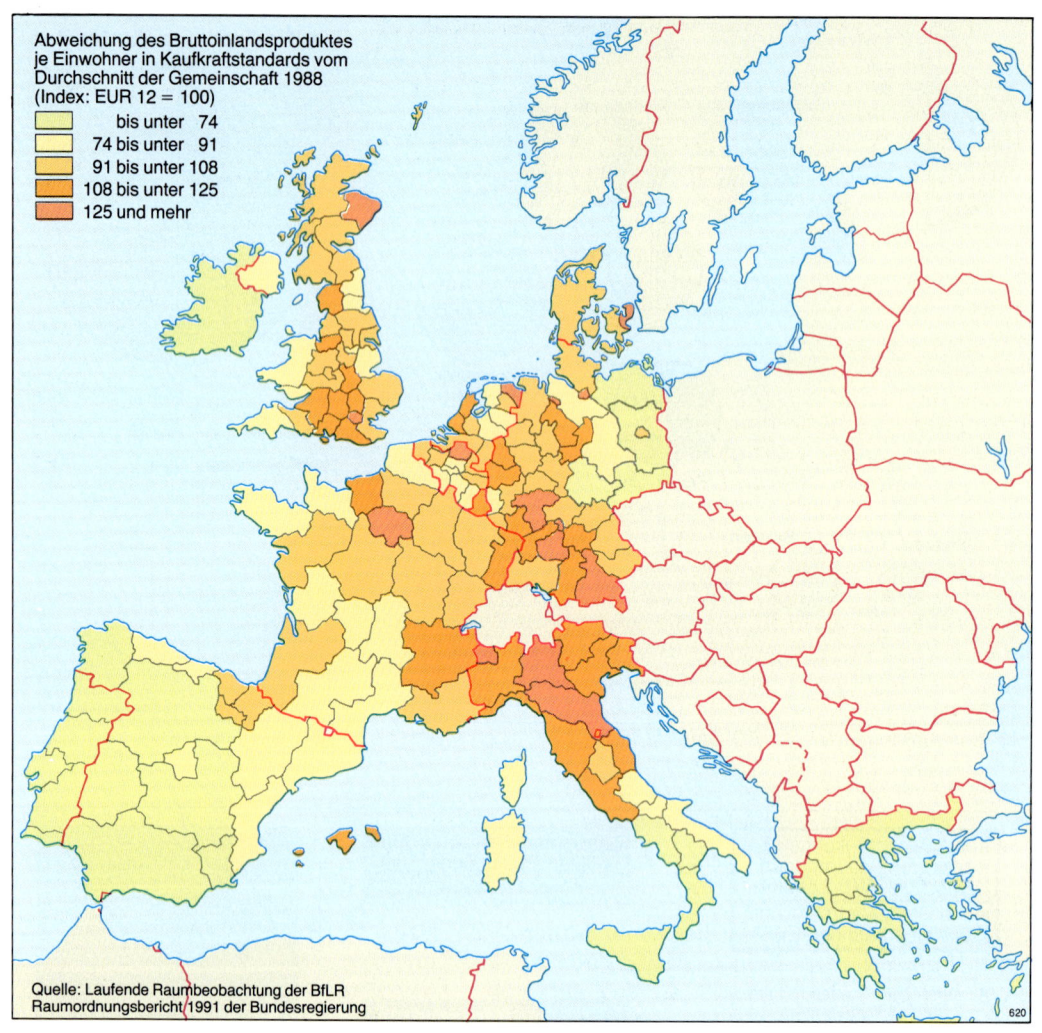

Abweichung des Bruttoinlandsproduktes je Einwohner in Kaufkraftstandards vom Durchschnitt der Gemeinschaft 1988 (Index: EUR 12 = 100)

- bis unter 74
- 74 bis unter 91
- 91 bis unter 108
- 108 bis unter 125
- 125 und mehr

Quelle: Laufende Raumbeobachtung der BfLR
Raumordnungsbericht 1991 der Bundesregierung

M1 Reiche und arme Regionen in der EG

M2: Kennzahlen der EG-Länder nach eurostat

	B	DK	D	GR	GB	E	F	IRL	I	L	NL	P	EG
Fläche in 1000 km^2	31	43	357	132	244	505	544	70	301	3	42	92	2362
Bevölkerung in Mio. (1992)[1]	10	5,2	80,2	10,3	57,6	39,1	57,2	3,5	57,8	0,4	15,1	9,9	346
Einwohner pro km^2 (1992)[1]	323	121	225	78	236	77	105	50	192	127	360	108	146
Beschäftigte in der Landwirtschaft in % (1989)	2,7	5,8	4,2[3] W: 3,5 O: 6,8	26,6	2,1	11,8	6,1	15,4	9,0	3,4	4,8	17,8	6,9
Beschäftigte in der Industrie in % (1989)	28,0	27,2	41[3] W: 40,6 O: 42,3	27,2	28,8	33,4	30,0	27,8	32,4	31,6	26,4	34,9	33,2
Arbeitslose in % (1992)[1]	7,5	8,9	W: 5,6 O: 14,1	6,2	10,5	16,4	9,6	17,0	11,0	1,7	10,1	4,4	9,2
BIP (Wirtschaftskraft^2 pro Einw. in DM (1991)[2]	36 760	39 250	34 670 W: 40 400 O: 11 510	18 750	36 350	28 500	39 150	25 130	37 460	46 320	37 530	19 460	

Anmerkungen: [1] Stand: 5/92   [2] Stand: 1991, OECD u. a.   [3] Stand: 1991, Mikrozensus des Statistischen Bundesamtes

5   Regionalpolitik – Unterschiede werden abgebaut

Die Europäische Gemeinschaft versteht sich auch als eine Solidargemeinschaft, und das heißt, zu ihren Aufgaben gehört es, dafür zu sorgen, daß die Stärkeren den Schwächeren helfen, daß ärmeren Regionen mehr Mittel zufließen als den reichen, mit dem Ziel, die bisher benachteiligten Gebiete wettbewerbsfähig zu machen und den Menschen dort zu einem Lebensstandard zu verhelfen, wie er in anderen Gebieten selbstverständlich ist.
(Grupp, Claus D.: Sechs – Neun – Zehn – Zwölf EG. Köln, 1986, S. 61 [gekürzt])

Die Wirtschaftskraft der EG ist noch auf verhältnismäßig kleine Räume konzentriert. Diese Wirtschaftszonen sind zusammen nur so groß wie Italien, hier lebt aber ein Drittel der Bevölkerung der EG und verdient mehr als die Hälfte des Gesamteinkommens. In den Randzonen von Irland über Portugal und Süditalien bis Griechenland lebt ein Viertel der EG-Bevölkerung und verdient ein Achtel des Gesamteinkommens. Aber mancherorts deutet sich schon ein Wandel an: Spanien hat seit seinem EG-Beitritt 1986 das höchste Wirtschaftswachstum unter allen Staaten der Gemeinschaft zu verzeichnen. Die Frage ist: Werden die starken Wirtschaftsräume einseitig Vorteile aus der Öffnung der Grenzen ziehen, während die wenig entwickelten Gebiete zurückbleiben? Diese Gefahr besteht. Man muß ihr rechtzeitig begegnen. Dazu ist langfristig eine Umverteilung der Mittel von Reich zu Arm nötig. Das erfolgt nicht von selbst, sondern bedarf der Steuerung. Diesem Zweck dient die Strukturpolitik der EG.

Die EG will verstärkt Regionen fördern, die bisher wirtschaftlich noch nicht so weit entwickelt sind, wie es dem heutigen Durchschnitt der EG entspricht. Hierzu zählen auch die neuen deutschen Bundesländer, die zu ihrer wirtschaftlichen Entwicklung von 1991 bis 1993 drei Milliarden ECU von der EG erhalten werden.
(Grupp, Claus D.: Europa 2000. Der Weg zur Europäischen Union. Bonn, 1991, S. 61, [gekürzt])

Förderung aus den Sturkturfonds der EG:
Brandenburg: Neubau eines Schlachthofes zur Schlachtung, Zerlegung und Gefrierlagerung; EG-Zuschuß 11,4 Mio. DM.
Vorpommern: Schulung von 40 Bau- und EDV-Fachlehrern sowie 125 Facharbeitern; EG-Zuschuß 1,6 Mio. DM.
Sachsen-Anhalt (Merseburg): Ausbau der Zentralkläranlage; EG-Zuschuß 5,4 Mio. DM.
Brandenburg (Spreewald): Förderung umweltverträglicher Landwirtschaft, Landschaftspflege; EG-Zuschuß: 7 Mio. DM.
Brandenburg (Potsdam): Einrichtung eines Zentrums zur Aus- und Weiterbildung von Arbeitslosen und von Arbeitslosigkeit Bedrohten; EG-Zuschuß 1,5 Mio. DM.
(Angaben der Kommission der EG 1992)

In schlechter entwickelten Regionen versucht die *Strukturpolitik*, die äußeren Bedingungen zur wirtschaftlichen Nutzung zu verbessern, das heißt die Strukturmängel zu beseitigen. Diese sind meist über Jahrzehnte oder Jahrhunderte entstanden (z. B. Infrastruktur: schlechte Verkehrserschließung, Agrarstruktur: Flurzersplitterung, Beschäftigtenstruktur: zu wenig Arbeitsplätze in der Industrie, Jugendarbeitslosigkeit). Die Gelder für die Strukturverbesserungen werden in den Strukturfonds der EG bereitgestellt.

5.1 Beschreibe die naturräumlichen Unterschiede innerhalb des Gebietes der EG. Achte dabei auf Klima, Relief und Vegetation (Atlas).
5.2 Man spricht auch von einem ‚Entwicklungsgefälle' innerhalb der EG. Begründe dies anhand von M1.
5.3 Zeige auf, in welchen Ländern es auch auf nationaler Ebene große Entwicklungsunterschiede gibt M1.
5.4 „Zwischen den zwölf Mitgliedsstaaten der EG gibt es große Unterschiede – aber auch Gemeinsamkeiten." Erläutere anhand M2.
5.5 Erläutere die Aufgaben der Strukturpolitik der EG anhand von zwei Beispielen aus Ostdeutschland.

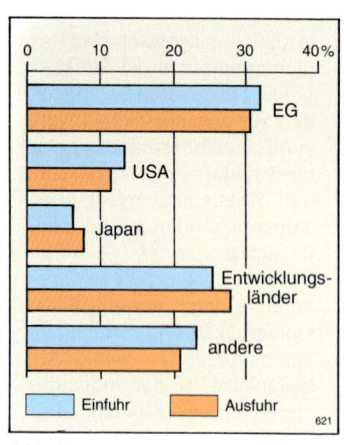

M1 Der Anteil der EG am Welthandel

6 Die Bedeutung der EG in der Welt

Die Integration innerhalb der Gemeinschaft ist in vielen Bereichen schon gut vorangekommen: Eine gemeinsame Verkehrspolitik ermöglicht schnelle internationale Bahnverbindungen, die Eurocity-Züge. Ein gemeinsames Stromverbundnetz erleichtert die Bewältigung von Energiekrisen oder Versorgungsengpässen einzelner Länder. Durch gemeinsame Forschung, etwa im Programm ESPRIT (Europäisches Forschungs- und Entwicklungsprogramm auf dem Gebiet der Informations-Technologien), und durch die technische Zusammenarbeit bleibt Europa gegenüber der internationalen Konkurrenz wettbewerbsfähig. Die Europarakete Ariane und das französisch-britisch-deutsche Flugzeug Airbus beweisen dies.

Mit einer gemeinsamen Agrar- und einer abgestimmten Wirtschafts- und Außenpolitik tritt die EG auch nach außen als eine Gemeinschaft auf. Vor der UNO werden Reden im Namen der EG gehalten, und über 130 Staaten sind durch einen eigenen Botschafter in Brüssel beim Hauptsitz der Gemeinschaft vertreten. So ist die EG nicht nur wirtschaftlich als der weltweit größte Handelspartner bedeutend, sondern von ihr gehen auch wichtige politische Impulse aus: Die Abkommen von Lomé sind beispielhaft für die entwicklungspolitische Zusammenarbeit von Industrie- und Entwicklungsländern. Hier wird einer Gruppe von 69 Staaten **A**frikas, der **K**aribik und des **P**azifiks (AKP-Staaten) das Recht eingeräumt, fast alle ihre Erzeugnisse zollfrei in die EG einzuführen. Dabei werden für die wichtigsten Ausfuhrgüter dieser Entwicklungsländer Mindestpreise garantiert.

6.1 Beschreibe die Position der EG im Welthandel (M1).
6.2 „Nur die Bündelung aller Forschungskapazitäten in der Gemeinschaft ... sichert Europa einen vorderen Platz im internationalen Wettbewerb" (aus einer EG-Veröffentlichung). Begründe diese Behauptung.
6.3 Informiere dich über die Projekte Airbus und Ariane. Wieso sind sie typische Beispiele für europäische Zusammenarbeit?
6.4 Weshalb werden die Abkommen von Lomé als ‚Meilensteine' in der Beziehung zwischen Industrie- und Entwicklungsländern beurteilt?
6.5 Welche Befürchtungen verbinden außereuropäische Wirtschaftsexperten mit der Bezeichnung „Festung Europa"?

Furcht vor der „Festung Europa"

Die anderen Länder verfolgen die zunehmende Integration Europas mit gemischten Gefühlen. Zwar ist man erfreut über die stabilen politischen Verhältnisse in diesem Raum, viele fürchten jedoch, daß sich die Mitglieder eines Binnenmarktes gegenüber anderen Ländern abschotten könnten. Dies würde den Verlust eines kaufkräftigen Marktes bedeuten.
Das war auch ein Grund, warum sich die EFTA-Staaten 1991 nach jahrelangen Verhandlungen entschlossen, der Bildung eines EG-Binnenmarktes nicht tatenlos zuzusehen, sondern zusammen mit der EG den EWR ins Leben zu rufen.
Aber auch viele andere Aktivitäten wurden entfaltet:
● Außereuropäische Firmen errichten Zweigbetriebe in einem der EG-Länder oder kaufen sich dort in Wirtschaftsbetriebe ein, um unmittelbaren Zugang zum Binnenmarkt und damit auch zum EWR zu haben.
● Osteuropäische Staaten, die bis 1991 im RGW (Rat für Gegenseitige Wirtschaftshilfe) zusammengeschlossen waren, verhandeln mit der EG über Assoziierungsabkommen, die ihnen Sonderrechte im Handel mit der EG sichern.
● Mehrere Länder (darunter auch Mitglieder der EFTA) haben den Beitritt zur EG beantragt, z. B. Malta, Österreich, Schweden, die Türkei und Zypern.

Die EG – Zwölf Staaten, eine Gemeinschaft

Schon in den fünfziger Jahren ist man in der Bundesrepublik Deutschland und in anderen Ländern Europas zu der Einsicht gelangt, daß es aus wirtschaftlichen Gründen sinnvoll ist, sich zu einer Gemeinschaft zusammenzuschließen. Die ‚Europäische Gemeinschaft' (EG), der heute zwölf Mitgliedsstaaten angehören, verfolgt neben dem Ziel der wirtschaftlichen Vereinigung auch das einer politischen Integration. Wichtige Bausteine der EG-Politik sind die Regionalpolitik, die gleiche Lebensbedingungen in allen Teilen der Gemeinschaft anstrebt, der Gemeinsame Markt und die Gemeinsame Agrarpolitik. Letztere ist jedoch durch die Überproduktion an landwirtschaftlichen Erzeugnissen auch zum größten Problem der Gemeinschaft geworden. Sowohl wirtschaftlich als auch politisch wird der EG in der Welt große Bedeutung beigemessen. Ihre Handelsabkommen mit Ländern der Dritten Welt sind auch für andere Staaten richtungweisend.

Europa – Vielfalt und Einheit

Es gibt eine Reihe von Versuchen, Europa entlang einer natürlichen Grenze von Asien zu trennen. Am bekanntesten ist die „Trennungslinie" vom Uralgebirge über den Uralfluß, das Kaspische Meer, den Nordrand des Kaukasus, das Schwarze Meer, Bosporus und Dardanellen bis zum Mittelmeer.
Europas Vielfalt zeigt sich in seinen Klimaten, die vom Mittelmeerklima bis zum Polarklima reichen. Während aber durch die Meeresnähe im Westen das Klima maritim ist, wird es nach Osten hin kontinentaler. Entsprechend vielfältig ist das Pflanzenkleid, Hochgebirge und Mittelgebirge, Ebenen, Hochländer und Tiefebenen, Grabenbrüche und Vulkane bestimmen das Landschaftsbild Europas.
Auch in kultureller Hinsicht ist Europa vielseitig: Gemeinsame sprachliche oder völkische Merkmale besitzen die Europäer nicht. Die Bevölkerung der Mittelmeerländer ist vorwiegend katholisch, die der nordeuropäischen Länder evangelisch.

Internationale Zusammenarbeit in Europa

Die wirtschaftliche Entwicklung mit grenzüberschreitenden Warenströmen, gemeinsame Entwicklungen im industriellen Bereich, der Austausch von Fachkräften sind eine Folge der zunehmenden Bereitschaft der Staaten Europas, auf vielen Gebieten gemeinsam zu wirken. Auch der steigende Tourismus macht internationale Abkommen notwendig.
Umwelt-, Verkehrs- und Energieprobleme erfordern eine enge internationale Zusammenarbeit, die innerhalb Europas teilweise bereits praktiziert wird.

Europa

Das Wichtigste kurzgefaßt

Ein ECU entspricht:
- 43 Luxemburgischen und Belgischen Francs
- 2,08 Deutschen Mark
- 2,34 Holländischen Gulden
- 0,68 Britischen Pfund Sterling
- 8,07 Dänischen Kronen
- 7,0 Französischen Francs
- 1491 Italienischen Lira
- 0,78 Irischen Pfund
- 179 Griechischen Drachmen
- 130 Spanischen Pesetas
- 173 Portugiesischen Escudos

(Stand: Sept. 1989)

Im Europäischen Währungssystem (EWS) sind nur Kursschwankungen von ± 2,5 % gegenüber der ECU möglich. Dadurch wird der internationale Handel erheblich erleichtert, Geschäfte können langfristig kalkuliert werden, ohne die Gefahr, daß sich durch Wechselkursschwankungen die Preise kurzfristig ändern.

Grundbegriffe

EG
NATO
Gemeinsamer Markt
ECU (European Currency Unit)
EG-Binnenmarkt
Europ. Wirtschaftsraum

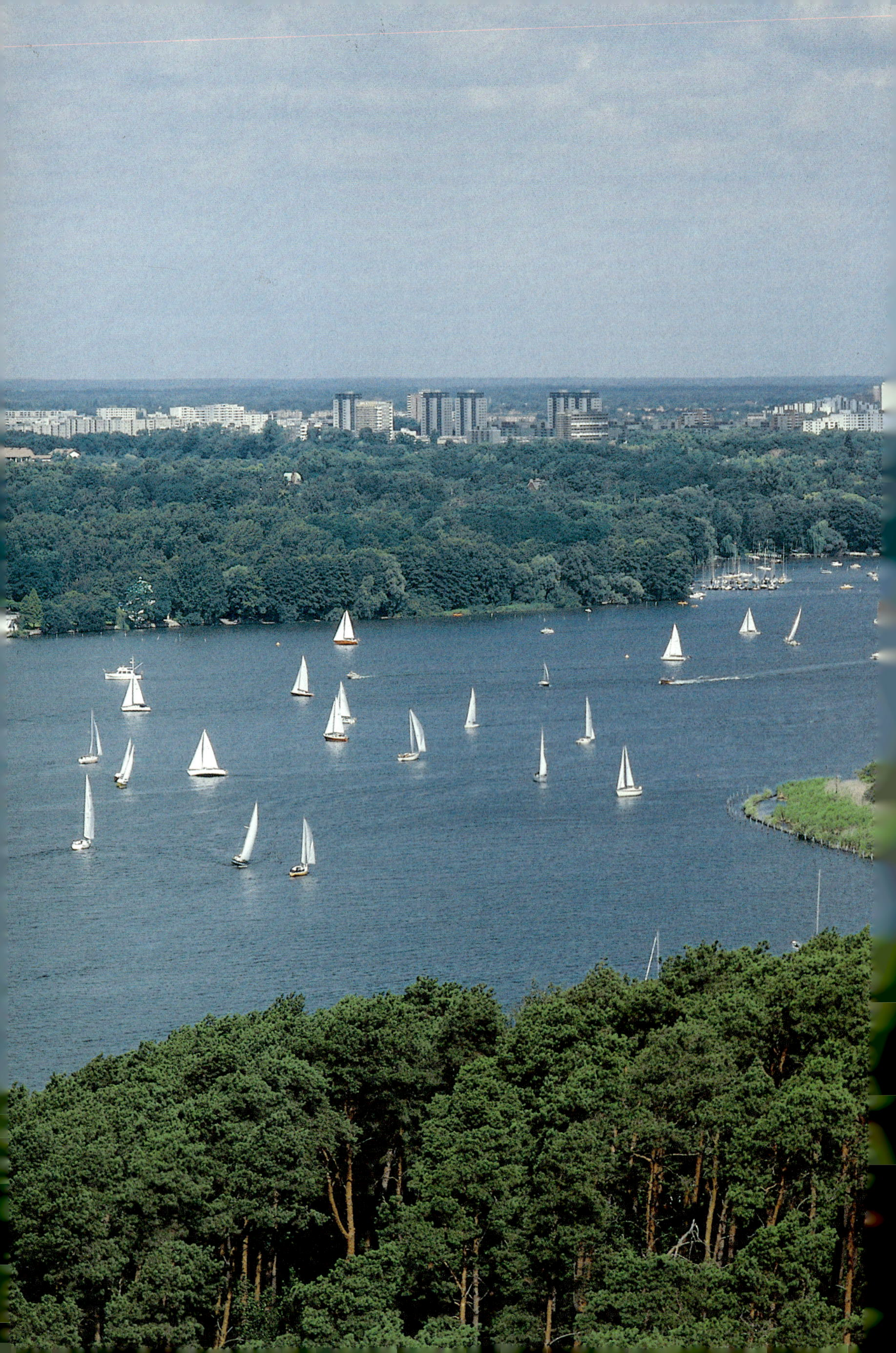

Berlin

Der Berliner Naturraum

◁ *Blick vom Grunewaldturm über die Havel in Richtung Spandau*

1.1 Bestimme die Lage Berlins im Gradnetz.
1.2 Beschreibe die Lage Berlins innerhalb des Tieflandes.
1.3 Gib einen Überblick über die landschaftliche Gliederung Brandenburgs, und ordne Berlin in diesen Rahmen ein. An welchen Landschaften hat Berlin Anteil?
1.4 Berlin liegt im Jungmoränenland. Welche Erkenntnisse verbinden sich mit dieser Aussage?

M1 Blick vom Grunewaldturm zum Teufelsberg

1 Gliederung des Naturraums

Von der Bundesstraße 1 zwischen Kaulsdorf und Mahlsdorf hat man einen guten Überblick über die Gliederung des Berliner Naturraums (M2). In südlicher Richtung fällt das Gelände vom Rande der Barnimhochfläche (Barnimplatte) sanft in das Berliner Urstromtal ab, das sich hier in einer Breite von etwa 10 km erstreckt und in dessen Mitte sich die Müggelberge wie eine Insel erheben. Sie deuten die Lage von Spree, Müggelsee und Dahme an. Jenseits des Urstromtals erblickt man die Hochhäuser der Gropiusstadt, die auf der Hochfläche des Teltows stehen, welche das Urstromtal im Süden begrenzt. Auch innerhalb der eng bebauten Stadt sind die Landschaftsgrenzen zwischen Urstromtal und den beiden **Platten** meist gut zu verfolgen (S. 103, M2).

M2 Blick von der B1 bei Kaulsdorf ins Urstromtal

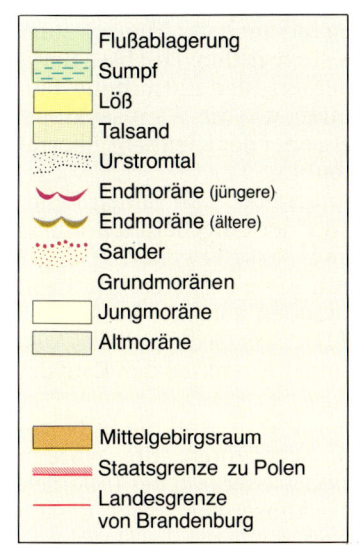

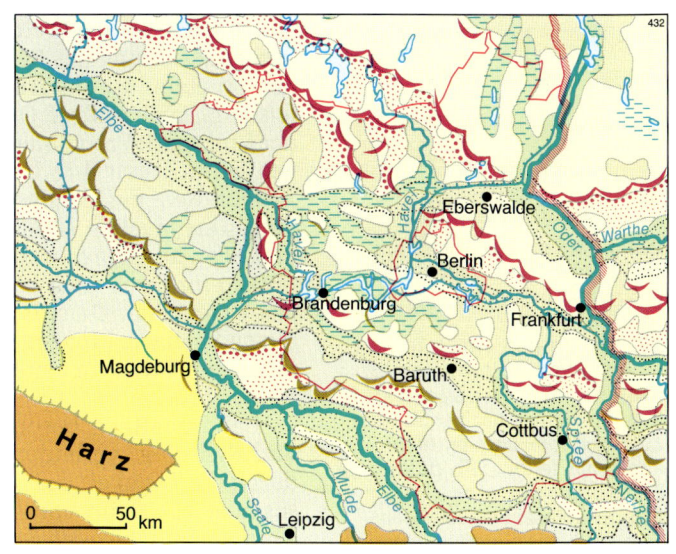

Legende:
- Flußablagerung
- Sumpf
- Löß
- Talsand
- Urstromtal
- Endmoräne (jüngere)
- Endmoräne (ältere)
- Sander
- Grundmoränen
- Jungmoräne
- Altmoräne
- Mittelgebirgsraum
- Staatsgrenze zu Polen
- Landesgrenze von Brandenburg

M3 Glaziale Oberflächenformen zwischen Elbe und Oder

2 Die Entstehung des Naturraums

Die Grundzüge des Naturraums wurden in der Weichselkaltzeit geprägt (M3). Bei seinem weitesten Vorstoß im Brandenburger **Stadium** lag der Rand des Inlandeises etwa 40 km südlich von Berlin am Nordrand des Baruther Urstromtals. Beim Abschmelzen des Eises blieben die Grundmoränenplatten des Barnims und Teltows zurück. (Zur Gliederung der Weichselkaltzeit vgl. S. 102, M1.)

Das Berliner Urstromtal entstand über Sand- und Kiesablagerungen älterer Kaltzeiten. Es wurde als Sammelader der aus dem Bereich der Endmoränen des Frankfurter Stadiums abfließenden Schmelzwässer angelegt und bei einer späteren Rückschmelzphase nochmals von Schmelzwasser durchströmt. Dadurch bildete sich im Urstromtal eine teilweise über 50 m mächtige sandig-kiesige Schichtenfolge.

Die zum Urstromtal abfließenden Schmelzwässer hinterließen auf dem Barnim zahlreiche Sanderschüttungen. Außerhalb Berlins kommt das im Landschaftsbild durch den Wechsel von Feldern (Geschiebelehm der Grundmoränen) und Kiefernwäldern (Sandböden) zum Ausdruck.

Die höchsten natürlichen Erhebungen werden von Endmoränen gebildet, die auf Eisstillstand während des Brandenburger Stadiums hinweisen. Beispiele dafür sind Müggelberge (115 m) und Grunewaldhöhen (Havelberg, 97 m) oder im dicht bebauten Stadtgebiet der Fichtenberg in Steglitz und der Kreuzberg am Rande des Teltow.

Beachtliche Höhen erreichen auch die am Ende der letzten Kaltzeit aufgewehten Dünen. So erheben sich die 69 m hohen Püttberge bei Wilhelmshagen rund 30 m über dem Boden des Urstromtals.

2.1 Beschreibe und begründe die Reliefgestaltung von Barnim und Teltow.

Die Hauptendmoränenlagen (Stadien) der Weichselkaltzeit und ihre Urstromtäler
Brandenburger Stadium
– Baruther Urstromtal
Frankfurter Stadium
– Berliner Urstromtal
Pommersches Stadium
– Eberswalder Urstromtal

Nach dem Zweiten Weltkrieg hat auch der Mensch stark in die Gestaltung des Reliefs eingegriffen. Höchste Berliner Erhebung ist ein Trümmerberg, der 120 m hohe Teufelsberg. Auch andere Deponien, wie die Wannseekippe, der Volkspark Prenzlauer Berg oder der Kienberg, überragen beträchtlich ihre Umgebung.

Den Reiz des Berliner Naturraums und seinen Erholungswert machen seine in Wälder eingebetteten Flüsse und Seen aus. Spree und die seenartig erweiterte Dahme nutzen für ihren Lauf seit dem Ende der letzten Kaltzeit das Urstromtal. Damals entstanden auch die beckenförmigen Seen wie Müggel- und Dämeritzsee durch das Austauen von **Toteis** im Untergrund und lenkten den Lauf der Spree.

Landschaftlich besonders attraktiv sind die in Nord-Süd-Richtung verlaufenden Seenrinnen. Sie wurden durch die Tätigkeit der Schmelzwässer und des Inlandeises angelegt, dann vom Toteis konserviert. Nach dessen Abtauen bildeten sich Seenrinnen wie die der Havelseen im Grunewald.

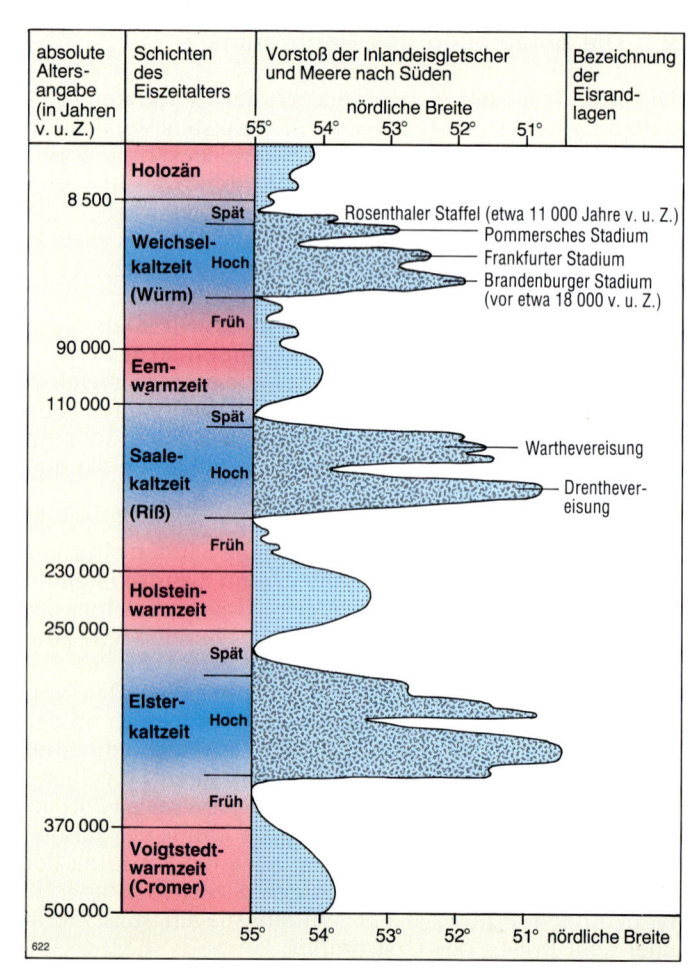

2.2 Erläutere die Entstehung von Barnim, Teltow und Berliner Urstromtal in ihrer zeitlichen Abfolge.

2.3 Nenne und erläutere wichtige Voraussetzungen für das Entstehen von Dünen.

2.4 Die Spree hat zahlreiche Zuflüsse vom Barnim, nicht aber vom Teltow. Gib dafür eine Erklärung.

2.5 Erläutere, welche Rolle Toteis für das Entstehen der Seen spielte.

M1 Die Gliederung des Quartärs (Eiszeit und Nacheiszeit)
Die Übersicht bezieht sich auf das Gebiet zwischen Ostsee und Erzgebirge

3.1 In welcher Landschaft steht deine Schule und das Rathaus deines Bezirks? Verläuft durch deinen Bezirk die Grenze zwischen zwei Landschaften? Beschreibe ihren Verlauf.

3.2 Nenne Straßen, die aus dem Urstromtal deutlich auf den Barnim oder Teltow ansteigen.

3.3 Erläutere Vorteile und Nachteile des Berliner Naturraums bei der Entwicklung städtischer Strukturen.

◁ *M2 Prenzlauer Allee – vom Barnim ins Urstromtal*

3 Naturraum und Entwicklung städtischer Strukturen

3.4 Ordne M3 in eine Karte ein. Beschreibe und erläutere.

Welche Bedeutung der Naturraum für die Entwicklung Berlins hat, wollen wir am Beispiel der Komponenten Relief, geologischer Bau und Wasser nachgehen.

Entscheidenden Einfluß auf die Gründung Berlins hatte das Relief. Nicht eine der Nachbarstädte Spandau oder Köpenick entwickelte sich zur zentralen Siedlung, sondern die Doppelstadt Berlin-Cölln. Hier war das Urstromtal, damals ein von häufigen Überschwemmungen geprägtes und weithin versumpftes Gebiet, am schmalsten und damit auf kürzestem Wege zu überwinden. Daher kreuzten sich an dieser Stelle zahlreiche Straßen, die die Entwicklung des Flußübergangs zum Marktflecken förderten. Die fossilen Dünen boten zudem einen sicheren Baugrund für die entstehenden Kirchen.

M3 Barnimrand am Bahnhof Wuhletal
▽

3.5 Begründe, warum der Grundwasserspiegel im Urstromtal heute wesentlich tiefer liegt als im Mittelalter.
3.6 Erkläre, was „unbedeckter Grundwasserleiter" bedeutet. Nenne Ursachen, die zur Verunreinigung des Grundwassers führen können.
3.7 Vergleiche die Böden (Bodentypen) der Grundmoränenplatten mit denen des Urstromtals.
Begründe die Unterschiede.

Das Relief begünstigte den Bau von Trassen für den Straßen- und Eisenbahnverkehr, besonders aber die Entwicklung des Wasserstraßennetzes, da es im Urstromtal mit relativ geringem Aufwand möglich ist, Kanäle als Verbindung zwischen den Flüssen anzulegen. Damit entstand ein wesentlicher Standortvorteil für die Industrie.

Der geologische Untergrund bietet der Industrie keine Rohstoffe an, wenn man von Sanden und Kiesen oder dem Muschelkalkvorkommen bei Rüdersdorf absieht. Viel bedeutsamer sind die mächtigen Sand- und Kiesschichten (s. Seite 154 f.) für die Wasserversorgung. Ohne diese günstigen hydrogeologischen Verhältnisse hätte eine Großstadt wie Berlin wohl kaum entstehen können. Allerdings ist die Gefahr der Grundwasserverschmutzung recht groß, da der Grundwasserleiter unbedeckt ist.

Die auf den Platten vorherrschenden Geschiebelehme bieten einen relativ standfesten Baugrund. Das trifft auch auf die Sande des Urstromtals zu, die allerdings nicht selten von organogenen Sedimenten (Torf, Faulschlamm) durchsetzt sind. Bauten auf solchem Grund haben einen unsicheren Bestand (alter Friedrichstadtpalast) oder sind mit hohen Kosten zur Sicherung des Baugrundes verbunden (Fernsehturm).

Auf den Platten des Teltows und Barnims entstanden Steglitz und Tempelhof, Marzahn und Kaulsdorf als Bauerndörfer auf gerodeten Flächen. Grundlage boten die fruchtbaren Böden, die sich auf dem Geschiebelehm der Grundmoränen entwickelten. Heute werden wir nur noch an wenigen Stellen an die einstige landwirtschaftliche Nutzung erinnert, etwa in Gatow, Lübars oder Wartenberg. Im Osten Berlins entstanden auf ackerbaulich genutzten Flächen die Großsiedlungen von Marzahn, Hohenschönhausen und Hellersdorf.

M1 Muschelkalkbruch Rüdersdorf

M2 Kiesabbau im Urstromtal (Mahlsdorf)

4 Aufgabe Landschaftsplanung

Jede Landschaft verändert ihr Gesicht auf natürliche Weise. Dieser Prozeß vollzieht sich zumeist in großen Zeiträumen. Gesellschaftliche Einflüsse führen dagegen häufig zu einer raschen Umwandlung des Landschaftsbildes. Das trifft in besonderem Maße auf Berlin zu. Heute besteht eine wesentliche Forderung darin, das charakteristische Bild der Berliner Landschaft zu bewahren oder – wenn möglich – wiederherzustellen. In Berlin (West) trat 1979 ein neues Naturschutzgesetz in Kraft, dem das Bundesnaturschutzgesetz zugrunde liegt und das die Landschaftspflege als neues Aufgabengebiet enthält. Die Landschaftsplanung wurde damit Grundlage für die Entwicklung, die Pflege und den Schutz von Natur und Landschaft. In der ehemaligen DDR wurden ähnliche Forderung im 1970 beschlossenen Landeskulturgesetz erhoben.

Allerdings kommt es nicht selten zu Nutzungskonflikten, weil z. B. Landschaftsschutz oder Erholungsfunktion in Konkurrenz zu anderen Nutzungsabsichten stehen. Ein Beispiel für solch konkurrierende Vorhaben ist nach der Vereinigung beider Stadthälften der Landstreifen entlang der einstigen Mauer.

Das Röhrichtschutzprogramm, für das der Senat 20 Millionen DM zur Verfügung stellte, ist ein gutes Beispiel für die Wiederherstellung eines typischen Landschaftsbildes. Es wurde 1985 für die Unterhavel beschlossen. Anlaß war die Reduzierung des Röhrichtbestandes in den letzten Jahrzehnten um rund 80 Prozent. Durchschnittlich 2,5 km Röhricht entlang der Havel wurden jährlich zerstört. Für den Rückgang des Röhrichtbestandes waren vielfältige Ursachen verantwortlich.

Text aus dem Bundesnaturschutzgesetz § 1
Natur und Landschaft sind im besiedelten und unbesiedelten Bereich so zu schützen, zu pflegen und zu entwickeln, daß
1. die Leistungsfähigkeit des Naturhaushalts,
2. die Nutzungsfähigkeit der Naturgüter,
3. die Pflanzen- und Tierwelt sowie
4. die Vielfalt, Eigenart und Schönheit von Natur und Landschaft als Lebensgrundlagen des Menschen und als Voraussetzung für seine Erholung in Natur und Landschaft nachhaltig gesichert sind.

4.1 Landschaftspflege ist eine Aufgabe für jeden. Welchen Beitrag kannst du leisten?
4.2 Nenne dir bekannte Nutzungskonflikte, und äußere dazu deine Meinung.
4.3 Imformiere dich über die Ursachen für den Rückgang des Röhrichtbestandes. Welche Maßnahmen wurden zur Wiederherstellung des Röhrichtgürtels getroffen?

M3 Röhrichtschutz an der Unterhavel

M1 Landschaft bei Woltersdorf: Kranichsberge und Berliner Urstromtal

5 Zum Abschluß eine Exkursion

Die Betrachtung der heimatlichen Landschaft sollte mit einer Exkursion abgeschlossen werden. Ein Gebiet, in dem man den Naturraum in seiner Vielfalt erleben kann, liegt am Stadtrand bei Woltersdorf.

Unser erster Beobachtungspunkt (1) ist der Eichberg. In östlicher Richtung blicken wir auf den Rand der Barnimplatte, der hier durch die Kranichsberge besonders markant ist, und das Berliner Urstromtal (M1, M2). Die Profillinie der vor uns liegenden Landschaft läßt uns vermuten, daß von Nord nach Süd Endmoräne, Sander und Urstromtal aufeinanderfolgen. Diese Vermutung muß im weiteren Exkursionsverlauf überprüft werden.

Der Eichberg selbst ist ein Moränenrest, der mit Flugsand (Dünenbildung) bedeckt ist (Aufgabe 2.3, S. 102). Der Nachweis kann durch Anlegen eines Bodenprofils und der Entnahme einer Bodenprobe erbracht werden. Untersucht den Sand nach Sortierung, Korngröße und Schichtung! Welche Merkmale weisen auf die Dünenbildung hin?

Zweiter Beobachtungspunkt ist an der Woltersdorfer Schleuse (2). Hier sollten die Fragen geklärt werden, die die Aufgaben 5.2 bis 5.4 beinhalten.

An unserem dritten Beobachtungspunkt (3) müssen wir entscheiden, in welchem Teil der glazialen Serie wir uns befinden. Ebenes Relief und Kiefernwald, die wir beobachten, lassen noch keine Entscheidung zu. Deshalb untersuchen wir das Bodensubstrat. Was könnt ihr über Korngröße und Sortierung des Sandes feststellen? In welchem Teil der glazialen Serie befinden wir uns also? (Beachtet! Legt mit dem Spaten einen Aufschluß an, und glättet eine Seitenwand mit einem Spachtel.)

5.1 Informiere dich, wie das Exkursionsgebiet von deiner Schule aus zu erreichen ist.
5.2 Informiere dich, in welchem Zusammenhang der Ort Woltersdorf entstand.
5.3 Welche Bedeutung hat der Wasserweg, den die Schleuse verbindet?

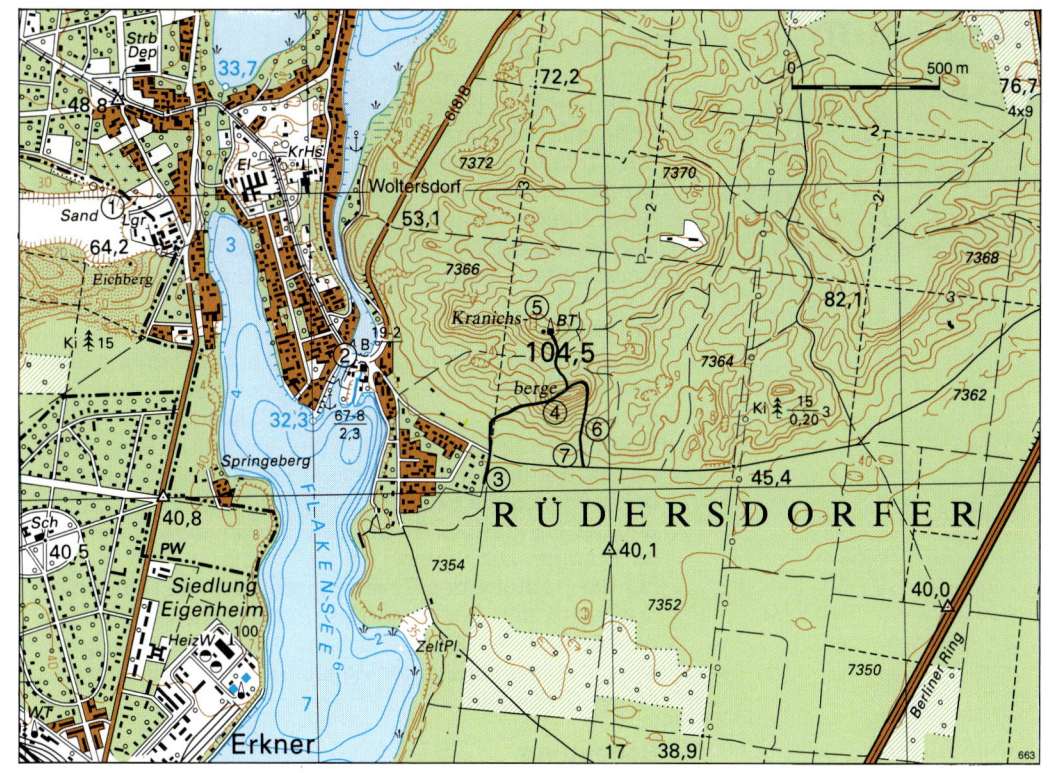

M2 Das Woltersdorfer Exkursionsgebiet

Beobachtungspunkt (4) liegt auf dem Anstieg zu den Kranichsbergen. Hier fällt uns der Nachweis leicht und ist eindeutig: Welche Merkmale des Reliefs, des Bodens und der Vegetation stellt ihr fest? Auf welches Glied der glazialen Serie treffen diese Merkmale zu?

Auf dem Aussichtsturm (5) fassen wir die Ergebnisse der Exkursion zusammen. Welche Abfolge der Glieder der glazialen Serie haben wir vorgefunden? Hat sich unsere eingangs formulierte Vermutung bestätigt? Erörtert mögliche Ursachen für festgestellte Abweichungen!

Den Rundblick vom Turm verbinden wir mit Karten- und Kompaßarbeit, um topographische Objekte zu bestimmen. Auch ökologische Probleme, auf die uns Industriebetriebe in der Umgebung hinweisen, können erörtert werden. Um welche Werke handelt es sich? Inwiefern belasten sie die Umwelt?

Vom Turm ist auch deutlich die Gliederung des Barnims in land- und forstwirtschaftlich genutzte Teile zu erkennen. Welche Erklärung gibt es dafür?

Auf dem Rückweg nutzen wir ein Trockental zum Abstieg von den Kranichsbergen (6), das an deren Fuße (Weg nach Woltersdorf) in einem Schwemmfächer (7) endet. Hier erörtern wir abschließend die Entstehung dieser im Vorland des Gletschers auftretenden Formen (Aufgabe 5.5).

5.4 Welchem Seetyp gehören Kalk- und Flakensee an?
5.5 Was bedeutet periglazial? Erläutere die Entstehung von Trockental und Schwemmfächer im Zusammenhang.

Naturraum Berlin

Das Wichtigste kurzgefaßt

Gliederung
Der Berliner Naturraum weist eine deutliche Gliederung in drei größere Landschaftseinheiten auf. Das Berliner Urstromtal wird im Norden und Süden von den Hochflächen (Platten) Barnim bzw. Teltow begrenzt. Die Landschaftsgrenzen sind auch innerhalb der bebauten Stadt zumeist deutlich zu verfolgen. Randlich haben im Südwesten die Nauener Platte und im Nordwesten die Havelniederung Anteil am Berliner Naturraum.

Entstehung
Berlin liegt im Jungmoränenland, d. h. die Formung des Reliefs erfolgte im wesentlichen in der Weichselkaltzeit durch das Inlandeis und dessen Schmelzwasser. Die Grundmoränenflächen der Platten wurden im Brandenburger Stadium bei den weitesten Eisvorstößen gebildet, während die Entstehung des Berliner Urstromtals und der Sanderflächen auf dem Barnim dem Frankfurter Stadium zuzuordnen ist.
Für die Formung des Reliefs waren auch die Dünenbildung und das Austauen des Toteises zu Beginn der Warmzeit (Seen, Flußnetz) bedeutsam. In der Gegenwart ist es besonders der Mensch, der das Relief mitgestaltet (Deponien).

Bedeutung
Von den Komponenten des Naturraums hatte besonders der geologische Bau große Bedeutung für die Entwicklung Berlins, weil durch die günstigen hydrogeologischen Bedingungen die Wasserversorgung der Stadt bis heute gesichert werden konnte. Er gewährleistet aber auch einen günstigen Baugrund und versorgt die Stadt bis in die Gegenwart mit Baustoffen.
Das Relief hatte große Bedeutung für die Entwicklung Berlins im Mittelalter. Es wurde aber auch ein wichtiger Faktor für die Anlage von Verkehrstrassen, insbesondere den Bau von Kanälen, was die Entwicklung der Industrie begünstigte.
Gewässer und Wälder in ihrer Einheit bilden den Erholungswert des Berliner Naturraums.

Aufgabe der Landschaftsplanung
muß es sein, das charakteristische Bild der heimatlichen Landschaft zu erhalten oder wiederherzustellen.

Exkursionen
sollten in jedem Falle Bestandteil des Unterrichts sein.

Grundbegriffe

Platte (Hochfläche)
Stadium
Toteis

Berlin und Cölln um 1400

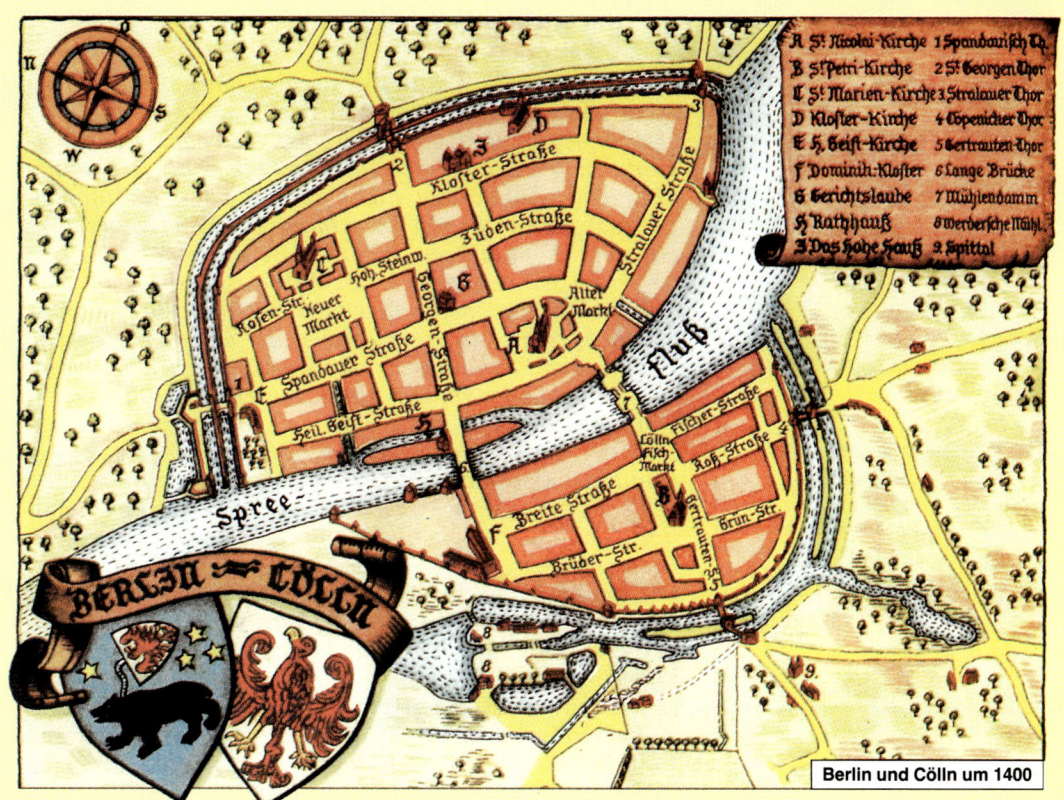

A St. Nicolai-Kirche	1 Spandauisch Th.
B St. Petri-Kirche	2 St. Georgen Thor
C St. Marien-Kirche	3 Stralauer Thor
D Kloster-Kirche	4 Cöpenicker Thor
E H. Geist-Kirche	5 Gertrauten-Thor
F Dominik. Kloster	6 Lange Brücke
G Gerichtslaube	7 Mühlendamm
H Rathhauß	8 Werdersche Mühl.
J Das Hohe Hauß	9 Spittal

Berlin
von den Ursprüngen bis heute

Berlin von den Ursprüngen bis heute

Zeittafel (1)

1237	Cölln erstmals urkundlich erwähnt
1244	Berlin erstmals urkundlich erwähnt
1307	Städteunion Berlin–Cölln
14./15. Jh.	Mitgliedschaft in der Hanse

1.1 Interpretiere das Zitat von Behrmann aus der Heimatchronik.
1.2 Nenne und erläutere die Faktoren, die vor mehr als 750 Jahren zur Gründung von Berlin/Cölln führten.
1.3 In welchen Etappen vollzog sich die Stadtentwicklung von der Gründung bis zur Gegenwart?

M1 Dahlemer Dorfkirche

1 Die Gründungsphase

In der Heimatchronik Berlin aus dem Jahre 1962 wird die Stadt wie folgt charakterisiert (S. 7):
„*Berlin, Hauptstadt der Deutschen, vielbeachteter Blickpunkt im Weltgeschehen unserer Zeit, zählt mit seinen höchstens 750 Jahren nicht zu den alten Metropolen Europas, kann sich mit Rom, Paris oder London in dieser Hinsicht nicht messen. Was aber Berlin seinen Reiz verleiht und seinen eigentlichen Wert ausmacht, was allen Mangel etwa an hervorragenden mittelalterlichen Bauten ausgleicht, das ist von jeher der jugendlich frische Geist seiner Bewohner. Er ist ein geographisches Phänomen – insofern nämlich, als er von einem klimatischen Optimum gespeist wird, von der Grenzlage zwischen atlantischen und kontinentalen Großräumen, die in ihrer Kontaktzone eben das erzeugen, was die „Berliner Luft" schlechthin ausmacht. Der Geograph Walter Behrmann hat auch die Möglichkeit einer „Selbststeigerung" in Betracht gezogen, die die Berliner aktiviert und selbst Ortsfremde alsbald erfaßt. Wie dem auch sein mag, Klima und Lagegunst haben dazu beigetragen, ein Stadtwesen hervorzurufen, das von ganz besonderer Art ist.*"
Lagegunst, das ist die schmalste Stelle des Spreetales zwischen den Hochflächen des Barnims und des Teltows, wo zu beiden Seiten einer Furt die Doppelstädte Berlin und Cölln angelegt wurden. Es waren Kaufmannssiedlungen in der Mitte des Weges zwischen den Burgen Spandau im Westen und Cöpenick im Osten. Diese Route gehörte zum Fernhandelsweg Magdeburg–Posen. Es wird vermutet, daß Cölln und Berlin bereits ca. 1180 unter der Regierung Kaiser Friedrich Barbarossas entstanden sind, urkundlich erwähnt wurde zuerst Cölln im Jahre 1237, Berlin 1244. Geographische Faktoren spielten somit eine entscheidende Rolle für die Gründung der Stadt.

Slawen aus der unmittelbaren Umgebung waren nur im geringen Maße an Gründung und Ausbau dieser Kaufmannssiedlung beteiligt; Sprachforscher haben festgestellt, daß die ersten Einwohner Cöllns und Berlins aus den Gebieten am Nordosthang des Harzes sowie vom Niederrhein kamen. Der Ursprung des Namens „Berlin" ist hingegen noch ungeklärt. Vermutet wird, daß er auf die slawischen Wortstämme „berl" oder „brl" für „Sumpf" oder „brljina" für „Pfütze" zurückgeht. Denkbar wäre auch die Übernahme eines alten Gewässer- oder Flurnamens. Jüngste Untersuchungen kamen zu dem Schluß, daß der Name der Stadt von einem alten Rittergeschlecht – etwa dem der Berling, Berlingen, Berlinger oder Berlichingen – übernommen wurde.

Fast gleichzeitig mit der Gründung der Doppelstadt entstanden in der Umgebung zahlreiche Anger- und Straßendörfer. Für die bäuerlichen Siedlungen und den Fernhandel wurden Berlin und Cölln zu zentralen Marktorten, die Haupthandelsgüter waren Roggen und Holz. Die wichtigste und einflußreichste Bevölkerungsgruppe in den beiden Städten bildeten die Kaufleute.

Die Doppelstadt ist eine typische Stadtgründung aus der Epoche der Ostsiedlung, aus dieser Zeit stammen die ältesten Kirchen im Stadtkern; die Nikolaikirche und die Marienkirche. Im Zuge des Stadtjubiläums 1987 entstand das Nikolaiviertel in Anknüpfung an traditionelle Bausubstanzen als „Milieu-Insel" neu; das geschah noch unter Regie der ehemaligen DDR.

Berlin und Cölln entwickelten sich schon bald zu führenden städtischen Zentren in der Mark Brandenburg; sie wurden wirtschaftlicher und politischer Mittelpunkt, zumal die markgräflichen Landesherren nach dem Aussterben des Geschlechts der Askanier 1320 äußerst schwach waren. 1307 verbanden sich beide Städte zu einer Union. Für knapp 100 Jahre waren sie seit Mitte des 14. Jahrhunderts auch Mitglied der Hanse, wenngleich sie sich in ihrer wirtschaftlichen Bedeutung niemals mit den großen Hansestädten an der Ostseeküste messen konnten. Sie blieben als Verkehrs- und Handelsknotenpunkt auf die Region beschränkt.

Siedlungsfunde aus der Vorzeit
- aus der Steinzeit (vor 5000 Jahren)
- aus der Bronzezeit (vor 3500 Jahren)
- aus der Eisenzeit (vor 3000 Jahren)

Slawische Besiedlung im 7. u. 8. Jahrhdt. n. Chr.
- slawische Siedlung
- slawischer Burgwall

Deutsche Besiedlung im 13. u. 14. Jahrhundert
- Dorfgründung
- mutmaßliche Waldverbreitung zur Slawenzeit
- Waldverbreitung nach der deutschen Besiedlung
- wichtige mittelalterliche Fernstraße

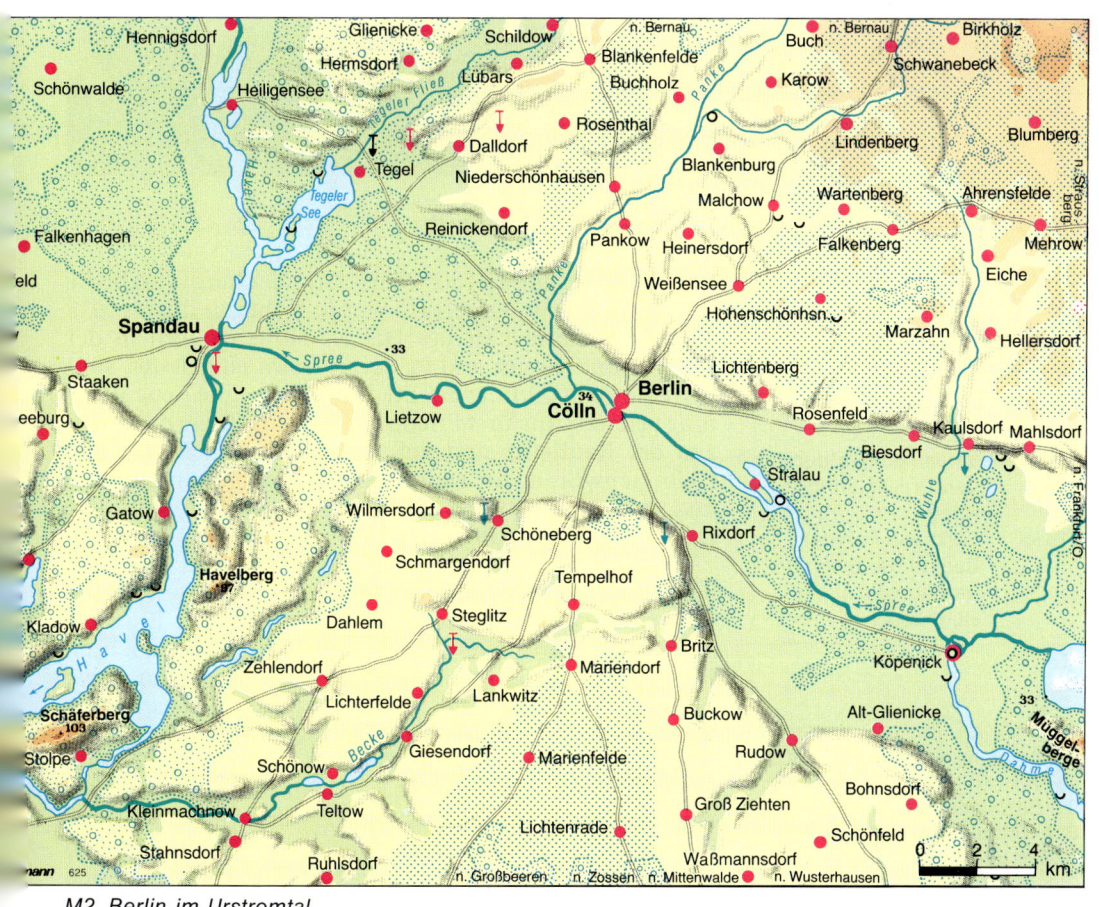

M2 Berlin im Urstromtal

M1 Berliner Stadtschloß – Residenz der Hohenzollern

Zeittafel (2)	
1443	Grundsteinlegung zum Schloß
1486	Berlin wird Residenzstadt
1618/48	Verwüstungen durch den Dreißigjährigen Krieg
1685	Edikt von Potsdam Beginn der Einwanderung von Hugenotten

2.1 Welche Bedeutung mißt du dem Edikt von Potsdam für die Entwicklung Berlins bei?
2.2 Erläutere anhand des Textes und M2 die Bevölkerungsentwicklung Berlins bis 1875.

2 Die Residenzstadt

Mit der Übernahme der Mark Brandenburg durch die Hohenzollern im Jahre 1415 wurde nicht nur die bis 1918 während Herrschaft des Hauses Hohenzollern in der Mark Brandenburg und in Berlin-Cölln eingeleitet, sondern die Entwicklung der Stadt wurde in eine neue Richtung gelenkt. Kurfürst Friedrich II. entmachtete das Patriziat der Kaufleute und ließ die Bürger von Berlin und Cölln schwören, für ewige Zeiten „willige, untertänige und gehorsame Bürger und Untergebene" zu sein. Die Doppelstadt hatte ihre Freiheiten verloren.

Sie wurde zur Residenz der Kurfürsten von Brandenburg, dokumentiert durch den Bau des Schlosses. Dieser Funktionswandel führte zu einem Anstieg der Einwohnerzahl, Regierung und Verwaltung bei Hofe brauchten Beamte. Zuwanderer kamen besonders aus Sachsen, Thüringen und Franken, vor den Stadttoren begann eine vorstädtische Bebauung. Der Dreißigjährige Krieg sowie mehrere Pestepidemien ließen die Einwohnerzahl von 12 000 auf 6000 sinken, über ein Drittel der Häuser waren verwüstet oder verlassen.

Mit der Regierungsübernahme des Großen Kurfürsten (1640) nahm die Entwicklung der Doppelstadt einen deutlichen Aufschwung; es entstanden neue Stadtgebiete –

Friedrichswerder, Dorotheenstadt und Friedrichstadt –, die eigene Stadtrechte erhielten. Der Wiederaufbau der durch den Krieg zerstörten Ländereien des Kurfürstentums wäre ohne Impulse für die Wirtschaft nicht möglich geworden. Der Kurfürst gründete in seiner Residenz Manufakturen, die den wichtigsten heimischen Rohstoff, die Wolle, verarbeiteten. Im Lustgarten, damals Küchengarten für den Hof, wurde 1649 die erste Kartoffelernte eingebracht. Eine der weitsichtigen Taten war der Bau des Oder-Spree-Kanals. Berlin war nunmehr auf dem Wasserwege, in jenen Jahrhunderten der wichtigste Verkehrsträger, mit Nord- und Ostsee verbunden. Die Wirtschaft Brandenburgs wurde auch durch gezielte Anwerbung von Kolonisten aus westeuropäischen Regionen angekurbelt. Nach Berlin kamen aus Wien vertriebene Juden und – als Folge des **Edikts von Potsdam** 1685 – etwa 6000 französische Glaubensflüchtlinge (Hugenotten, s. S. 121 f.), die in der Folge das Leben der Stadt entscheidend prägen sollten. Auf sie geht u. a. das bis heute gesprochene berlinisierte Französisch zurück: die Budike, die Bulette, das Kotelett, der Muckefuck (für mocca faux), Kinkerlitzchen (quincailleries), blümerant (bleu mourant) oder krakehlen (von querelle).

14. Jh.	rd.	4 000 Einwohner
1618	rd.	12 000 Einwohner
1648	rd.	6 000 Einwohner
1709		61 000 Einwohner
1800		170 000 Einwohner
1815		190 000 Einwohner
1850		420 000 Einwohner
1870		825 000 Einwohner
1875		970 000 Einwohner

M2 Bevölkerungsentwicklung Berlins bis 1875

2.3 Erfasse den Datensatz aus M2 in einer anschaulichen graphischen Darstellung.

3 Die Hauptstadt Preußens

1701 wurde Kurfürst Friedrich III. als Friedrich I. König in Preußen. Diese Tatsache hatte entscheidende Folgen. Die Städte Berlin, Cölln, Friedrichswerder, Dorotheenstadt und Friedrichstadt wurden 1709 zur Residenzstadt Berlin und Hauptstadt des Königreiches Preußen vereinigt. Die Einwohnerzahl stieg immens, 1800 war Berlin nach Wien mit Abstand die zweitgrößte Stadt Mitteleuropas, es entwickelte sich eine neue Stadtbevölkerung, die sich immer deutlicher von der der umgebenden Mark Brandenburg zu unterscheiden begann.

Die Festungsanlagen, mit denen der Große Kurfürst die Residenzstädte umgeben hatte, wurden abgerissen und 1736 durch eine 6 m hohe Zollmauer mit 15 Stadttoren ersetzt. Das berühmteste ist das Brandenburger Tor an der Nahtstelle zwischen dem alten Zentrum und dem Erholungsgebiet Tiergarten. In seiner heutigen Gestalt wurde es von 1789–1791 von dem berühmten Architekten Langhans errichtet, einem der Wegbereiter des preußischen Klassizismus.

Friedrich der Große gilt als Schöpfer der Pracht- und Repräsentationsstraße „Unter den Linden", die in 1,5 km Länge von der Schloßbrücke zum Brandenburger Tor führt. Bedeutende Baumeister und Bildhauer haben im 18. und in der ersten Hälfte des 19. Jahrhunderts das Bild der preußischen Hauptstadt geprägt: Schinkel, Knobelsdorff, Schlüter, Rauch und andere. Zeugnisse, die die Wirren des Zweiten Weltkrieges überstanden haben, sind z. B. die Staatsoper, das ehemalige Zeughaus, die Hum-

M3 Wappen der 1709 vereinigten Magistrate von Berlin, Cölln, Friedrichswerder, Dorotheenstadt und Friedrichstadt, verliehen am 6. 2. 1710

113

Stadtgebiet

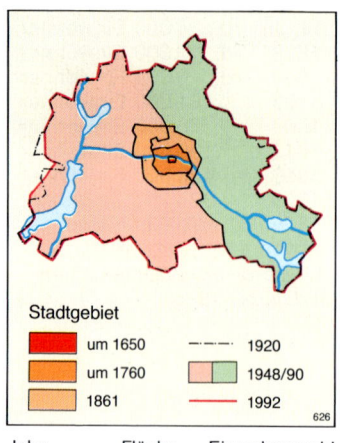

■	um 1650	----	1920
■	um 1760	■	1948/90
■	1861	—	1992

Jahr	Fläche in km²	Einwohnerzahl pro km²
um 1650	0,8	8 750
um 1760	13,3	9 020
1861	59,2	9 240
1919	65,9	28 940
1939	883,6	4 910
1986 insges.	883,2	3 530
Berlin (W.)	480,1	3 910
Berlin (O.)	403,1	3 070
1990	883,4	3 860

M1 Stadtentwicklung zwischen 1650 und 1990, Fläche und Bevölkerungsdichte

3.1 Untersuche den Einfluß der industriellen Revolution im 19. Jahrhundert auf die Stadtentwicklung Berlins.

Zeittafel (3)

1709	Zusammenlegung der fünf Residenzstädte zur Gesamtgemeinde Berlin
1730	Ansiedlung böhmischer Glaubensflüchtlinge
1792	Anlage der ersten Chaussee Potsdam–Berlin
1837	Maschinenbauanstalt Borsig gegründet
1838	Eisenbahn Potsdam–Berlin
1868	Abriß der Stadtmauer beendet

boldt-Universität oder das Reiterdenkmal Friedrichs des Großen.

Das 18. Jahrhundert, Zeit des preußischen Absolutismus, waren Jahrzehnte staatlicher Wirtschaftsförderung. Die Bedürfnisse des Militärs bildeten einen wichtigen Motor für das Wirtschaftswachstum. Auch hier wurde Berlin zum Zentrum in Preußen. Das Manufakturwesen erlebte einen starken Aufschwung; die gewerbliche Produktion von Textilien, Metallwaren, Waffen und Porzellan lieferte die Haupterzeugnisse. In der zweiten Hälfte des 18. Jahrhunderts wurde Berlin zur größten deutschen Textilstadt mit damals schon 20 000 Manufakturarbeitern. 1763 wurde die bis heute existierende „Königliche Porzellan-Manufaktur" (KPM) gegründet.

Das 19. Jahrhundert ist auch das Jahrhundert der industriellen Revolution in Deutschland und Europa. Berlin entwickelte sich zum Zentrum von Technik und Industrie und wurde zur größten europäischen Industriestadt. Entscheidend dafür war die Entwicklung des Verkehrssystems, da die Stadt über keine eigenen Rohstoffe verfügte und verfügt. Kanalverbindungen zu Elbe und Oder bestanden bereits. Berlin wurde zum zweitgrößten Binnenschiffahrtshafen in Europa. 1838 wurde die erste Eisenbahnlinie von Berlin nach Potsdam eröffnet.

Textilindustrie, Eisenverarbeitung, Maschinenbau, Nahrungs- und Genußmittelindustrie sowie später Elektroindustrie waren die führenden Produktionszweige; Namen wie Borsig, Orenstein und Koppel, Siemens und Halske erhielten Weltgeltung. Hunderte von Fabriken und Banken entstanden.

Es war vor allem diese wirtschaftliche Entwicklung, die in besonderem Maße Menschen nach Berlin zog. Die Folge war ein sprunghafter Anstieg der Einwohnerzahl. 1861 wurde das Stadtgebiet durch Eingemeindungen von Wedding, Gesundbrunnen, Moabit sowie die nördlichen Teile Schönebergs und Tempelhofs beträchtlich vergrößert, wobei der gesamte Berliner Raum einem starken Verstädterungsprozeß unterlag. Es entstand der sogenannte **Wilhelminische Ring**.

4 Hauptstadt des Deutschen Reiches

Mit der Gründung des Deutschen Reiches wurde Berlin Reichshauptstadt, nach der Einwohnerzahl war sie bereits die größte deutsche Stadt. Einher ging ein gewaltiger Wirtschaftsaufschwung, der durch die Reparationszahlungen Frankreichs nach dem Krieg 1870/71 begünstigt wurde. Es war der berühmte Wirtschaftsboom der „Gründerjahre". Das hatte weitere Bevölkerungszunahmen zur Folge, die engen Grenzen der Stadt wurden immer schneller überschritten, die Produktionsstätten der Berliner Großindustrie wanderten an die Ränder der Stadt, wobei die Standorte häufig an Spree, Havel und den Kanälen lagen (s. S. 140 ff.).

Am Ende des 19. Jahrhunderts wurde längst von Berlin und seinen Vororten gesprochen oder gar von Groß-Berlin. Gemeint waren damit die Gemeinden rund um die Hauptstadt, die politisch selbständig, aber wirtschaftlich eng mit ihr verbunden waren. So galt z. B. die damalige Stadt Charlottenburg, heute Berliner Citybezirk, als reichste preußische Stadt.

Trotz jahrzehntelanger Versuche und Bemühungen – z. B. 1911 die Gründung eines Zweckverbandes Groß-Berlin – konnte erst im April 1920 mit knapper Mehrheit vom preußischen Landtag ein „Gesetz über die Bildung einer neuen Stadtgemeinde Berlin" verabschiedet werden. 7 Städte, 59 Landgemeinden und 27 Gutsbezirke wurden eingemeindet. Auf einer Gesamtfläche von 878 km² ist die im wesentlichen bis heute bestehende Gestalt der Stadt Berlin entstanden, die damals in 20 Stadtbezirke eingeteilt wurde. Städtebaulich prägend wurden nach dem Ersten Weltkrieg **Großwohnsiedlungen**, die bis heute gültige Grundsätze zeitgemäßen Wohnens – wie „Licht, Luft und Sonne" – umsetzten: die Hufeisensiedlung in Britz, „Onkel Toms Hütte" in Zehlendorf, Siemensstadt, die Carl-Legien-Siedlung im Bezirk Prenzlauer Berg oder Weiße Stadt in Reinickendorf.

Die Nationalsozialisten wollten Berlin zur Hauptstadt ihres Imperiums umgestalten, die 1936 glanzvoll ausgerichteten Olympischen Spiele sollten über den wahren Charakter der NS-Herrschaft hinwegtäuschen.

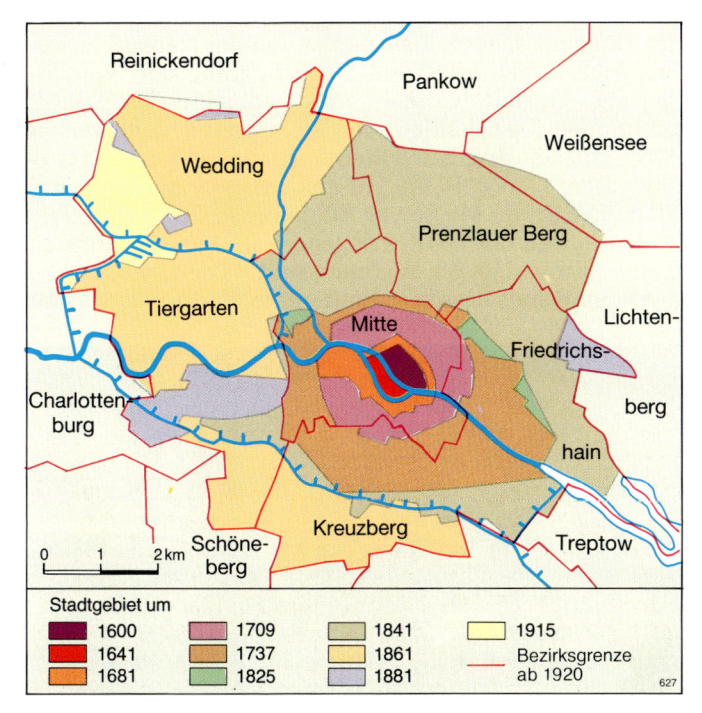

Zeittafel (4)	
1871	Berlin wird Hauptstadt des Deutschen Reiches
1871	Ringbahn in Betrieb
1802	Eröffnung der Stadtbahn
1902	Erste U-Bahn-Linie
1920	Bildung Groß-Berlins
1936	XI. Olympische Sommerspiele in Berlin
1945	(2. 5.) Kapitulation Berlins vor der Roten Armee

M1 Entwicklung des alten Berlins bis zur Bildung von Groß-Berlin (1920), mit neuer Bezirksbezeichnung

4.1 Erläutere, wie sich die Übernahme von Hauptstadtfunktionen für das Deutsche Reich auf die Stadtentwicklung Berlins auswirkte.

4.2 Bestimme im Zusammenhang mit der Beantwortung von 4.1 den Begriff „Groß-Berlin".

1900:	2 700 000 Einwohner
1920:	3 860 000 Einwohner
1939:	4 340 000 Einwohner
1945:	2 800 000 Einwohner
1946:	3 188 000 Einwohner
1950:	3 340 000 Einwohner
1960:	3 280 000 Einwohner
1970:	3 200 000 Einwohner
1980:	2 040 000 Einwohner
1990:	3 410 000 Einwohner

darin enthalten:
Berlin (West)
1950:	2 150 000 Einwohner
1960:	2 200 000 Einwohner
1970:	2 115 000 Einwohner
1980:	1 900 000 Einwohner
1989:	1 850 000 Einwohner

Berlin (Ost)
1950:	1 190 000 Einwohner
1960:	1 080 000 Einwohner
1970:	1 090 000 Einwohner
1980:	1 140 000 Einwohner
1989:	1 280 000 Einwohner

M1 Bevölkerungsentwicklung Berlins 1900–1990

5.1 Erläutere die Bevölkerungsentwicklung Berlins im 20. Jahrhundert. Gehe dabei besonders auf das unterschiedliche Wachstum in der Zeit der Teilung ein.

5.2 Informiere dich! Seit 1990 wird der Wiederaufbau des Berliner Stadtschlosses diskutiert. Es wurde im Zweiten Weltkrieg teilweise zerstört und später gesprengt. Heute steht hier der Palast der Republik. Welche Argumente werden von Gegnern und Befürwortern des Wiederaufbaus angeführt? Nimm Stellung zu dieser Diskussion.

5 Berlin nach 1945

Am Ende des Zweiten Weltkrieges im Mai 1945 war Berlin das größte zusammenhängende Ruinengebiet Europas. Nahezu die gesamte Infrastruktur sowie die industriellen Produktionsstätten waren zerstört, noch intakte Anlagen wurden von der Roten Armee demontiert. Die Versorgung der Bevölkerung war vollständig zusammengebrochen. Zehntausende von Flüchtlingen und Vertriebenen aus den Ostprovinzen Deutschlands strömten in die Stadt. Eine sehr zögernd einsetzende Normalisierung des Lebens, die mit großen Enttrümmerungsarbeiten beginnen mußte, stand bereits unter dem Vorzeichen des beginnenden Ost-West-Konfliktes zwischen den vier Siegermächten, die Deutschland und Berlin besetzt hatten.

Mit der Spaltung der Stadt 1948/49 und der Gründung der beiden deutschen Staaten 1949 nahm die Entwicklung der beiden Stadthälften bis zum Ende der DDR und der Vereinigung Deutschlands am 3. 10. 1990 getrennte Richtungen. Berlin (Ost) wurde von der kommunistischen Führung von Anbeginn als Hauptstadt der DDR geplant und wiederaufgebaut. Man folgte in der ersten Phase sowjetischen Vorbildern aus der Stalin-Ära.

Die Innenstadt von der Schloßbrücke bis zum Brandenburger Tor sollte ihr historisches Gesicht wieder erhalten, gleichzeitig aber Dienstleistungen anbieten. Dazu gehörten moderne Hotels, große Warenhäuser, als Attraktion der Fernsehturm sowie die Rekonstruktion der Staatsoper, des Schauspielhauses, der Neuaufbau des Friedrichstadtpalastes und Neuerrichtung des Nikolaiviertels. Gezielt wurden Prestigeobjekte in Angriff genommen. Dazu zählen auch Restaurierungsarbeiten an Altstadtbeständen in den Stadtbezirken Mitte und Prenzlauer Berg – so z. B. die Husemannstraße am Kollwitz-Platz. Die große Masse des Altbaubestandes verfiel aber in den Jahren der DDR, dringend benötigter Wohnraum ging verloren. Um die Wohnungsnot zu beheben, konzipierte man statt dessen – nicht nur in Berlin (Ost) – den

M2 Das Nikolaiviertel im Bezirk Mitte, rekonstruiert nach historischen Vorlagen Mitte der achtziger Jahre.

Bau von geschlossenen Neubaugebieten für Zehntausende von Einwohnern am Rande der Stadt.

Die Entwicklung von Berlin (West) wurde seit Beginn der Teilung durch die Insellage bestimmt. Nachdem ab 1952 begonnen wurde, die Stadthälfte vom Umland abzusperren, brachte der 13. August 1961 die endgültige Einkreisung. Berlin (West) glich einer Insel inmitten des Herrschaftsgebietes der DDR. Das hatte gravierende Folgen. Die 480 km² große Fläche war nicht zu vergrößern. Bedingt durch die gewaltmäßige Trennung mußten in Berlin (West) viele kommunale Einrichtungen und Dienste neu aufgebaut werden, da die zentralen Verwaltungen im Gebiet von Berlin (Ost) lagen. Wohnungsbau im Westteil der Stadt hatte die Schwerpunkte Wiederaufbau, Wiederherstellung und Neubau. Bekannte Neubaugebiete sind das Märkische Viertel im Norden und die Gropiusstadt im Süden. Hier bietet sich ein Vergleich mit den Trabantenstädten im Ostteil an.

Berlin (West) hatte in der Zeit der Teilung nicht die Funktion einer Hauptstadt der Bundesrepublik Deutschland, diese übt sie erst wieder seit dem 20. 6. 1991 aus. Regierung und Parlament werden etappenweise in den nächsten Jahren nach Berlin übersiedeln.

Nach der Vereinigung Deutschlands und Berlins muß Berlin als ein altes und neues Bundesland zugleich charakterisiert werden. In diesem Ballungsraum konzentrieren sich die Probleme der deutschen Vereinigung hautnah: Angleichung der Lebensverhältnisse für die Menschen, Erneuerung der gesamten Infrastruktur, einschließlich der Wohnverhältnisse im Ostteil der Stadt. Das bedeutet, daß Berlin als Ganzes erst jetzt die Entwicklungen im Ausbau der Stadt einleiten kann, die die Ballungszentren in den alten Bundesländern bereits zu Beginn der fünfziger Jahre anfingen. Das Selbstverständnis der Stadt wird zunehmend geprägt durch die Hauptstadtfunktion sowie durch die Rolle als europäische Metropole, zugleich sehen sich die Berliner auch als Märker oder Brandenburger.

Zeittafel (5)

1948	Spaltung der Stadtverwaltung
1948/49	Blockade/Luftbrücke
1952	West-Berliner dürfen nicht mehr in die Umgebung der DDR einreisen
1961	(13. 8.) Bau der Mauer
3.10.1990	Wiedervereinigung
1991	(20. 6.) Hauptstadt und Regierungssitz

5.3 Welche Bedeutung besitzt die Tatsache, daß die deutsch-polnische Grenze nur ca. 100 km östlich Berlins verläuft?
5.4 Nenne aus persönlicher Anschauung typische Beispiele des Städtebaus in beiden Teilen Berlins.
5.5 Beschreibe mit Hilfe des Atlasses den Verlauf der Mauer z. Zt. der Teilung. Gehe auf Nutzungsmöglichkeiten für den ehemaligen Grenzstreifen ein.
5.6 Informiere dich über die Standortwahl einzelner Regierungsstellen in Berlin. Dokumentiere die Ergebnisse in einem Plan.

M3 Das Reichstagsgebäude am Spreeufer – Sitz des Deutschen Bundestages

BERLIN
von den Ursprüngen bis heute

Das Wichtigste kurzgefaßt

Die Entwicklung Berlins zur Weltstadt und Hauptstadt der Bundesrepublik Deutschland vollzog sich in mehreren Etappen:

Stadtgründung und Standortfaktoren
Zunächst wuchs die auf einer Flußinsel gegründete Doppelstadt nur langsam. Im Vergleich zu den Burgen Cöpenick und Spandau, die in der Region zunächst dominierten, war Berlin-Cölln jedoch räumlich weniger beengt als jene. Die im Berliner Urstromtal vorhandenen Ausdehnungsmöglichkeiten wurden genutzt. Die Markgrafen von Brandenburg bauten die Doppelstadt aus politischen Gründen zum wichtigsten Spreeübergang aus und verliehen der Stadt eine Reihe von Rechten und Privilegien. Die Stadtentwicklung profitierte vor allem davon, daß die Hohenzollern Berlin-Cölln zu ihrer ständigen Residenz machten. Das Herrscherhaus sorgte dafür, daß immer umfangreichere Flächen im Umland wirtschaftlich genutzt und besiedelt wurden. So erlebte Berlin-Cölln mehrere Schübe des Flächen- und Bevölkerungswachstums. 1709 wurden die entstandenen Vorstädte mit Berlin-Cölln zu einer Stadt vereint.

Die zentrale Lage der Stadt im märkischen Wasserstraßennetz bot günstige Voraussetzungen für den Handel. Der Bau von Kanälen sorgte zudem für die Anbindung an Elbe und Oder. Auf diese Weise konnte Berlin sich gegenüber anderen brandenburgischen Städten eine Schlüsselposition im Fernhandel sichern.

Wachstum und Funktionswandel
Die politische Bedeutung Berlins wuchs mit dem Aufstieg Preußens zu einer europäischen Militärmacht. Mit der Reichsgründung unter preußischer Vorherrschaft (1871) und der Übernahme der Hauptstadtfunktionen wurden zugleich wichtige Bedingungen für die Entwicklung Berlins zu einer Metropole europäischen Ranges geschaffen. Das 1920 beschlossene „Gesetz über die Bildung einer neuen Stadtgemeinde Berlin" führte dazu, daß die Fläche Berlins mit einem Schlage auf das 13fache wuchs. Das Flächenwachstum der Stadt kam damit zu einem vorläufigen Abschluß.

Nachdem die Zeit der Teilung (1948–1990) überwunden ist und Berlin erneut die Funktionen der deutschen Hauptstadt übertragen wurden, steht Berlin vor neuen Herausforderungen. Die Wiedervereinigung beider Stadthälften bringt aber auch viele Probleme mit sich. Dennoch eröffnen sich neue Perspektiven der Stadtentwicklung und Möglichkeiten für die Berliner, die Zukunft ihrer Stadt zu gestalten.

Grundbegriffe
Edikt von Potsdam
Wilhelminischer Ring
Großwohnsiedlung

Gesichter einer Weltstadt

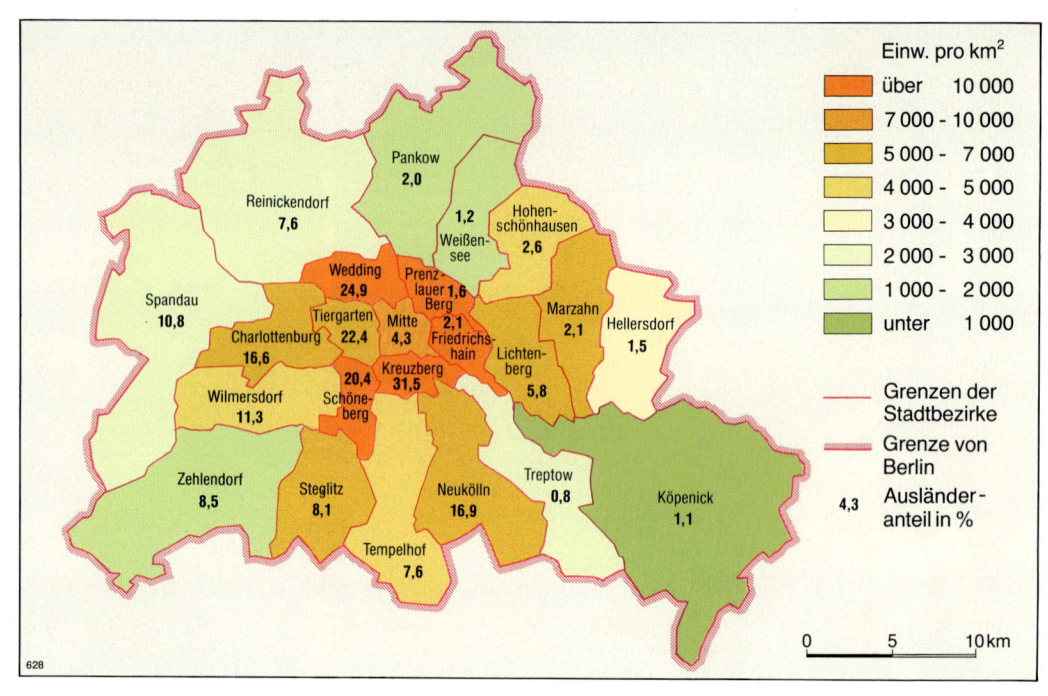

M1 Bevölkerungsdichte und Ausländeranteile der Berliner Bezirke

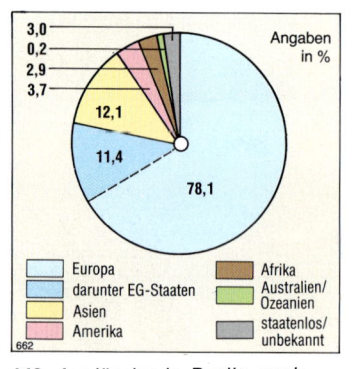

M2 Ausländer in Berlin nach Herkunftsgebieten

1.1 Vergleiche die Verteilung der Ausländer auf die Bezirke, und begründe, weshalb die Zahlen für die Ostbezirke so niedrig sind (M1).

1 Die Stadt und ihre Menschen

Eine Stadt wird stets durch die Menschen geprägt, die in ihr leben. Einheimische, Zuwanderer, Durchreisende – sie alle sind an diesem Prozeß beteiligt. Dies galt und gilt auch für Berlin und begründet seinen Facettenreichtum.

Über Jahrhunderte hinweg haben Ausländer immer wieder und sehr nachhaltig die Entwicklung Berlins beeinflußt; sie sind auch heute aus dem Stadtbild nicht mehr wegzudenken. Am Jahresende 1991 lebten rund 355 000 Ausländer in Berlin, davon rund 325 000 im Westteil der Stadt. Viele Ausländer leben hier bereits seit mehreren Generationen. Verstärkt waren sie nach Berlin (West) in den sechziger Jahren gerufen worden, weil der Arbeitsmarkt sie dringend benötigte. Ihre Integration verlief nicht immer problemlos, und es zeigt sich immer wieder, daß der Weg zur wechselseitigen Toleranz in einer **multikulturellen Gesellschaft** lang ist. Dabei sollte nicht vergessen werden, daß Berlin im Vergleich zu anderen Großstädten hinsichtlich des Ausländeranteils nicht an der Spitze steht.

Auch die Alliierten haben das Stadtbild der früheren Vier-Sektoren-Stadt mitgestaltet, wie das Quartier Napoléon im Bezirk Reinickendorf zeigt. Auch in Spandau oder in Zehlendorf muß über die Nutzung alliierter Einrichtungen (u. a. Wohnungen, Schulen) entschieden werden.

2 Woher kommen die Berliner?

Über die Jahrhunderte hinweg hat Berlin auf Zuwanderer wie ein Magnet gewirkt – ein Prozeß, der vielfältige Spuren hinterlassen hat. Manchmal aber ist er kaum mehr wahrnehmbar; dies gilt auch in bezug auf die russische Gemeinde, die Ende 1924 mehr als 300 000 Landsleute zählte. Sie lebten im Wohnviertel um den Prager Platz und, vor allem die Ostjuden, im Scheunenviertel nahe dem Alexanderplatz. Die ältesten Spuren jüdischer Bewohner führen nach Spandau in das Jahr 1307. In den folgenden Jahrhunderten haben Wirtschaft und Wissenschaft, Kunst und Kultur von der Anwesenheit jüdischer Mitbürger profitiert. Die jüdische Gemeinde zu Berlin wurde die größte in Deutschland (1933: rund 160 000 Mitglieder). Sie ist es auch heute wieder.

Nicht weniger bedeutend war der Einfluß der Hugenotten, der **Refugiés**. Sie waren Glaubensflüchtlinge, die der Große Kurfürst mit dem Edikt von Potsdam (8.11.1685) ins Land holte. In Berlin entwickelte sich die größte Französische Kolonie, an die noch heute der Französische Dom oder das Französische Gymnasium erinnern (s. S. 113).

2.1 Die folgenden Zahlen (gerundet) dokumentieren die Entwicklung der jüdischen Gemeinde zu Berlin. Interpretiere diese Angaben.
1860:   18 900 Juden
1880:   54 000 Juden
1925:   173 000 Juden
1933:   160 000 Juden
1939:   75 000 Juden
1945:   5 000 Juden
1992:   8 500 Juden

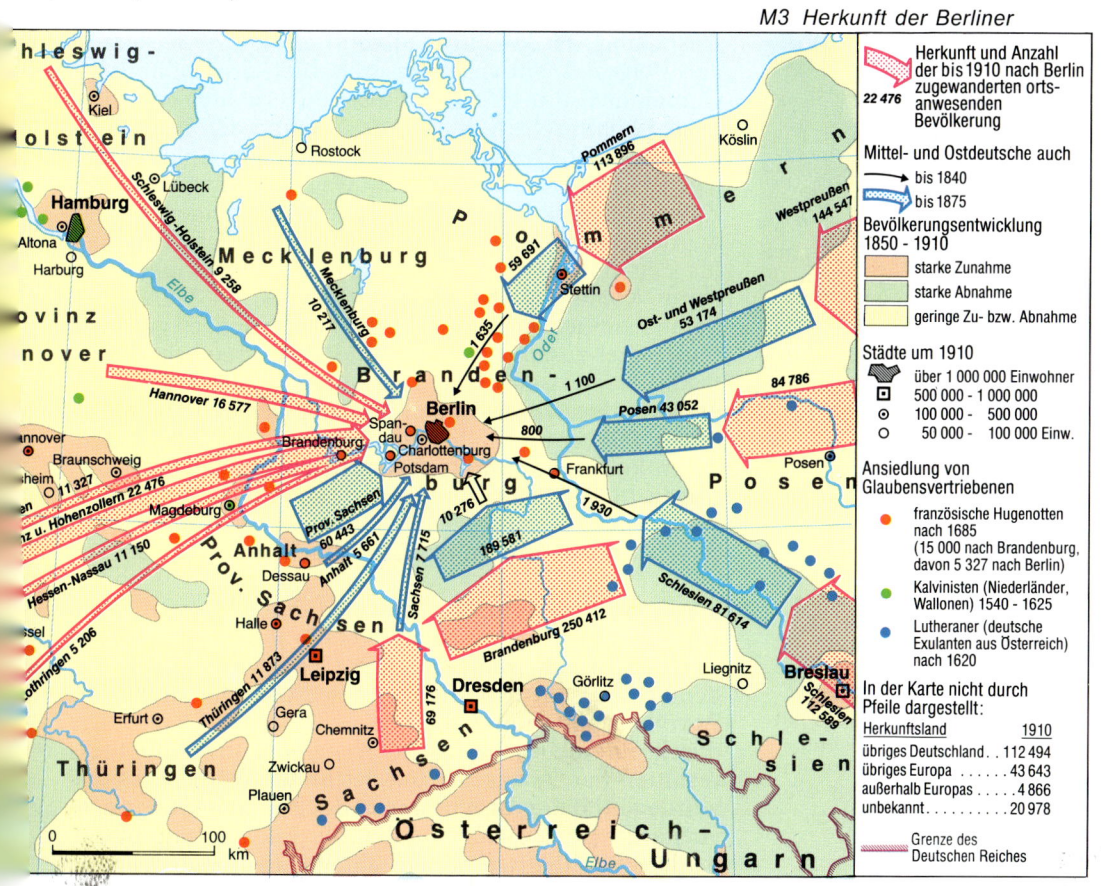

M3 Herkunft der Berliner

M1 Lage Rixdorfs

M2 Comenius-Gedenkstein in Berlin-Rixdorf

M3 Denkmal Friedrich Wilhelms I. mit Reliefplatte

2.2 Erkundungsauftrag: Interpretiere die Aussage der Reliefplatte am Denkmal Friedrich Wilhelm I. in Rixdorf.
2.3 Fertige eine Bildleiste mit Abbildungen von Moscheen, Synagogen, Märkten, Straßenszenen u. a. m., die zeigt, wie das Stadtbild Berlins durch ausländische Einwohner geprägt wird.

Religion und Sprache waren auch andernorts prägende Elemente – in der böhmischen **Brüdergemeinde**, die noch heute im Bezirk Neukölln besteht. 1732 hatte Friedrich Wilhelm I. die ersten Böhmen aufgenommen; ihre Ansiedlung im damaligen Rixdorf erfolgte 1737, und in der Folgezeit entwickelten sich hier drei böhmische Gemeinden, die 1751 ihren eigenen Friedhof erhielten. Dieser böhmische Gottesacker wird von den Nachkommen bis in die Gegenwart genutzt. Eine Reliefplatte (M3) legt Zeugnis von dem langen Weg der Integration der Zuwanderer ab. Wie lebendig die Vergangenheit ist, wurde spürbar anläßlich der Aufstellung des Denkmals für den böhmischen Pädagogen und Philosophen Jan Ámos Komenský (latinisiert Comenius) im März 1992. Seine Familie war eng mit Berlin verbunden; so gründete sein Enkel zusammen mit Leibnitz die Preußische Akademie der Wissenschaften (11. 7. 1700). Außer den Böhmen und Franzosen kamen im Laufe der Zeit auch Wallonen, Pfälzer und viele andere Zuwanderer aus Europa, deren kulturelle Einflüsse zum Reichtum der Stadt beitrugen (S. 121, M3).

3 „Junge" und „alte" Stadtbezirke

Die Vielfalt der Ausdrucksformen einer Metropole hat zahlreiche Ursachen. Neben dem Wachstumsprozeß in Zeit und Raum spielen für die Gegenwart soziale und demographische Faktoren eine wesentliche Rolle. Die Bevölkerungsstruktur Berlins ist seit 1945 vor allem durch eine deutliche Überalterung gekennzeichnet. Sie resultiert bereits aus der Zeit des Ersten Weltkrieges und wurde durch die Auswirkungen des Zweiten Weltkrieges verstärkt. Nach 1948/49 nahm die Entwicklung in den beiden Stadthälften einen unterschiedlichen Verlauf.

Besonders seit den sechziger Jahren ging die Bevölkerungszahl von Berlin (West) stetig zurück. Viele junge Berliner wanderten ab. Auf diese Weise mußte die **Geburtenrate** hinter der **Sterberate** zurückbleiben. Berlin (West) entwickelte sich zur deutschen Großstadt mit dem höchsten Geburtendefizit. Daran änderte sich auch durch die höhere Geburtenrate bei den ausländischen Bürgern nichts.

Seit der Vereinigung zeichnen sich Veränderungen in der Altersstruktur ab, denn Berlin (Ost) hatte eine insgesamt jüngere Bevölkerung. Dort befindet sich auch der jüngste Bezirk, Hellersdorf. 127 000 Menschen leben in diesem Neubaugebiet, ihr Durchschnittsalter liegt bei 24 Jahren (1992, Hellersdorf-Hönow). Die Bezirke unterscheiden sich weiterhin hinsichtlich ihrer Bevölkerungsdichte und ihrer Sozialstruktur. In 22 von 23 Bezirken lebten 1990 mehr Frauen als Männer; nur in Kreuzberg lag der Anteil der männlichen Bevölkerung bei 50,6 %.

3.1 Erläutere mit Hilfe der Karte M4 die Bevölkerungsstruktur Berlins.
3.2 Benenne Bezirke mit einer überdurchschnittlich jungen und solche mit einer überdurchschnittlich alten Bevölkerung. Begründe die Unterschiede.

Bevölkerungsstand nach Bezirken, 1992

Mitte	80 777	Spandau	222 971	Köpenick	107 958	Hellersdorf	127 365
Tiergarten	94 520	Wilmersdorf	146 068	Lichtenberg	168 144	Treptow	104 291
Prenzl. Berg	145 092	Zehlendorf	97 278	Weißensee	51 458		
Friedrichshain	106 464	Schöneberg	156 557	Pankow	107 157		
Kreuzberg	155 697	Steglitz	190 766	Reinickendorf	249 307		
Charlottenburg	184 690	Tempelhof	188 245	Marzahn	165 074		
Wedding	167 609	Neukölln	303 468	Hohenschönhsn.	118 854		

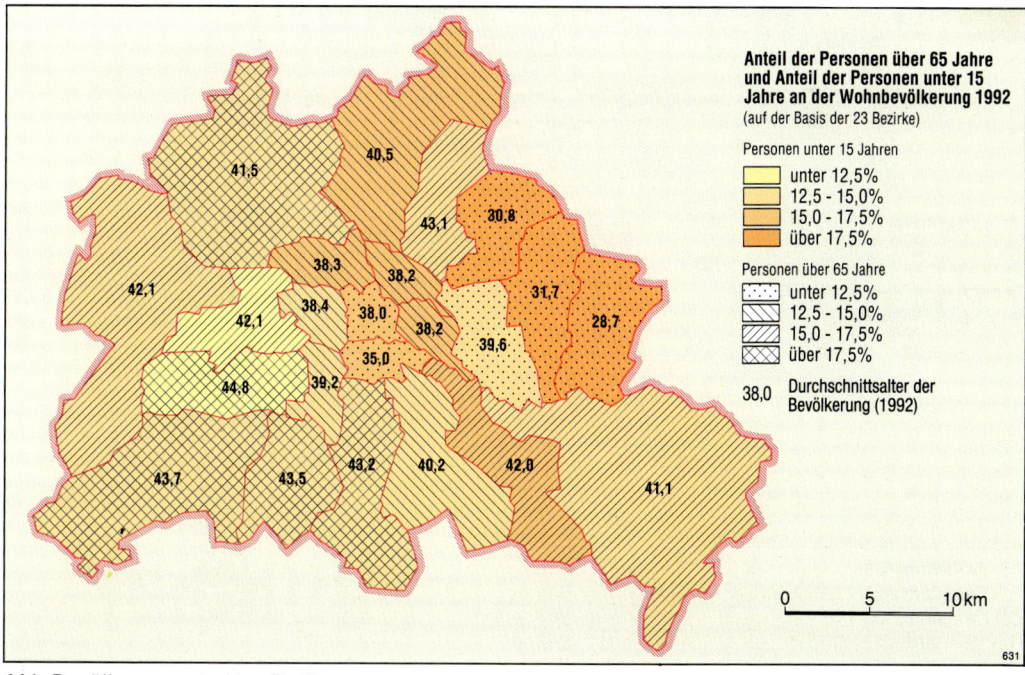

M4 Bevölkerungsstruktur Berlins

4.1 Beschreibe mit Hilfe von M1 die Berliner Stadtentwicklung.
4.2 Erläutere an einem Beispiel, wie ursprüngliche Siedlungen im heutigen Stadtbild bewahrt bleiben.
4.3 Was meint das Wort vom „Kiezgefühl"?

4 Dörfer, Kieze und Stadtkerne

Nahezu überall zeigt sich, daß das heutige Berlin keine Metropole ist, die auf dem Reißbrett entstand. Vielmehr wird ihre Vielfalt bestimmt durch eine Fülle an dezentralen Zentren (S. 128, M1), **Kiezen** und Dorfkernen inmitten großstädtischen Lebens, um die sich, Wachstumsringen vergleichbar, moderne **Stadtlandschaften** herausgebildet haben. Dieser Kontrast macht auch den Reiz der Großstadt Berlin aus. Vielerorts sind diese ursprünglichen Siedlungsformen der Dörfer noch erkennbar, z. B. anhand der Dorfauen in Schöneberg, Wilmersdorf oder Kaulsdorf. Oft vorzüglich erhaltene Dorfkirchen (S. 110, M1), nicht selten noch heute von einem dörflichen Ensemble umgeben, verweisen auf historische Strukturen, die auch in der modernen Großstadt ihre Bedeutung haben. Als Beispiele seien Alt-Blankenburg, Britz, Lübars, Alt-Gatow, Mahlsdorf, Marienfeld oder Alt-Lietzow genannt.

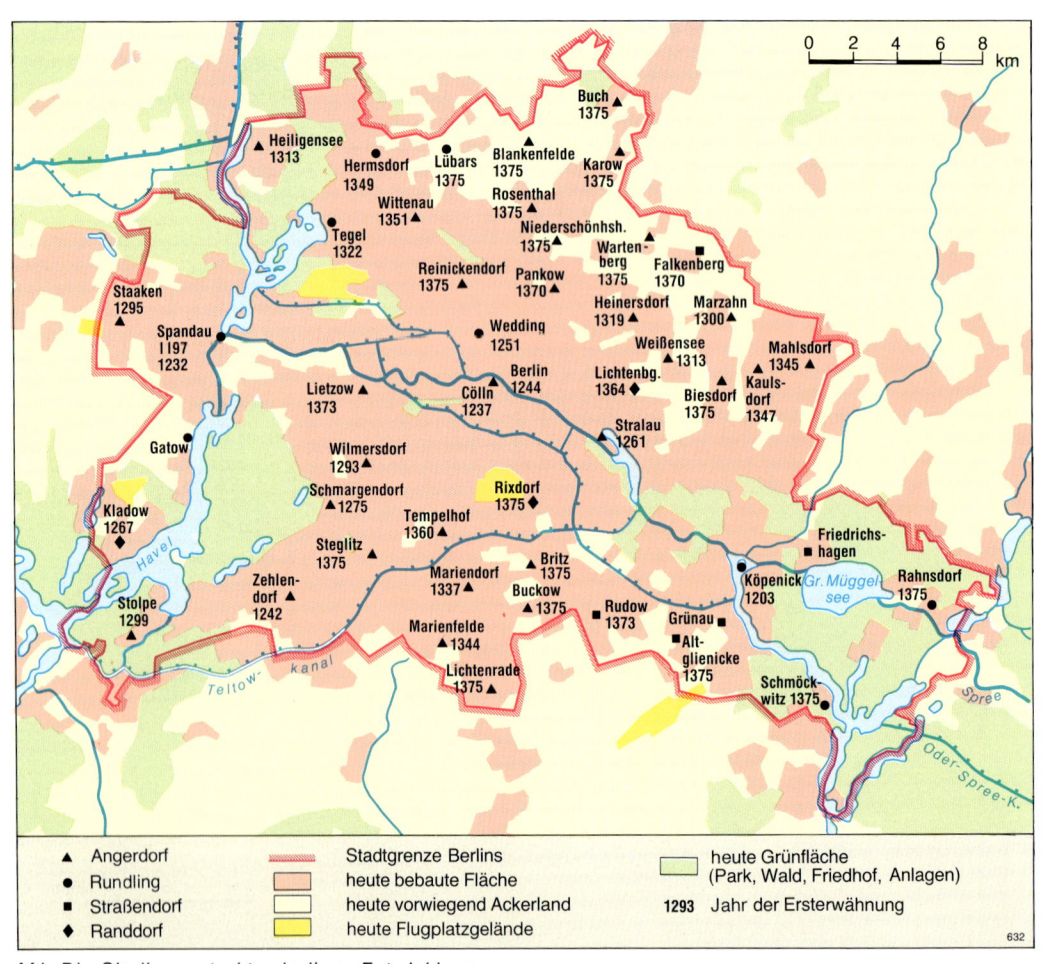

M1 Die Siedlungsstruktur in ihrer Entwicklung

5 Zwei Stadthälften wachsen zusammen

Seit Oktober 1990 steht Berlin vor der Aufgabe, zwei Stadthälften, die sich in vierzig Jahren in ihrer Entwicklung wahrnehmbar von einander entfernt haben, wieder zusammenzuführen. Hierzu sind vor allem Maßnahmen in den Bereichen Wirtschaft, Wohnungsbau, Sanierung der Bausubstanz und Verbesserung der Infrastruktur erforderlich. Die Schaffung neuer Industriestandorte gehört ebenso dazu wie die sorgfältige Bewahrung der Kieze oder die Ausgestaltung des Citybereichs. So ist ein die City-Ost und die City-West verbindendes Kultur- oder **Cityband** (s. S. 162 f.) geplant, in dessen Mittelpunkt der Potsdamer Platz liegen wird. Nicht zuletzt dient die Pflege der ‚grünen Lungen' in der Innenstadt der Verbesserung der Lebensqualität; auch die Gestaltung der Stadtrandlagen bedarf der Aufmerksamkeit. In den genannten Bereichen wird sich das Zusammenwachsen der Stadthälften ablesen lassen.

5.1 New York wird häufig als „Salad Bowl" oder „Melting Pot" bezeichnet. Interpretiere diese Bilder in bezug auf Berlin.

M2 Potsdamer Platz mit ehemaligen Grenzstreifen

Gesichter einer Weltstadt

Das Wichtigste kurzgefaßt

Gesichter einer Weltstadt

Im Laufe der Zeit haben zahlreiche Zuwanderer die Entwicklung Berlins mitgeprägt, u. a. Hugenotten, Böhmen, Juden. Auch heute sind Ausländer aus dem Stadtbild nicht mehr wegzudenken. Sie kamen insbesondere nach dem 13. 8. 1961, weil die Stadt dringend Arbeitskräfte benötigte (Gastarbeiter). Ihre Verteilung auf die beiden Stadthälften ist noch 1992 deutlich verschieden. Regionale Unterschiede zeigen sich auch bei einer Betrachtung der 23 Verwaltungsbezirke. Hinsichtlich der Altersstruktur, der Bevölkerungsdichte und der infrastrukturellen Qualität weisen die Bezirke z. T. erhebliche Unterschiede auf. Die insgesamt ungünstige Altersstruktur Berlins wird erst allmählich ausgeglichen werden. Die Vielfalt der Gesichter der Weltstadt Berlin läßt sich schließlich erkennen in den unterschiedlichen Stadtlandschaften. Das Zusammenwachsen der beiden Stadthälften muß behutsam geschehen, dafür werden noch viele Jahre benötigt werden.

Grundbegriffe

multikulturelle Gesellschaft
Refugiés
Brüdergemeinde
Geburtenrate
Sterberate
Kiez
Stadtlandschaft
Cityband

S. 127 Wohnviertel am Kreuzberger Mehringplatz ▷

Wohnen und Bauen

Wohnen und Bauen

1 Die städtebauliche Situation seit dem 3.10.1990

Seit der Vereinigung Deutschlands ist auch Berlin wieder ein Ganzes, eine Einheit aber ist die Stadt noch nicht, denn die beiden Stadthälften sind recht unterschiedliche Wege gegangen. Im Mittelpunkt des Zusammenwachsens muß eine gleichermaßen zukunftsorientierte wie sozialverträgliche Stadtplanung stehen. Sie hat folgende Schwerpunkte:
– Verbesserung der aktuellen Wohnraumsituation in beiden Stadthälften,
– Erhaltung des Stadt-Innenraumes mit seinem historischen **Mietskasernengürtel**,
– Gestaltung bestehender Freiflächen im Stadtgebiet, um die Zersiedelung des Umlandes zu vermeiden,
– Erschließung von Brachgebieten mit dem Ziel der Verdichtung innerhalb der Stadt und der Naturerhaltung außerhalb,
– Entwicklung vorhandener und Planung neuer Stadtteilzentren bzw. neuer Teilstädte unter Berücksichtigung stadtstruktureller und ökologischer Gesichtspunkte,
– Ausbau Berlins zu einem modernen Regierungs- und Verwaltungszentrum, wobei Monostrukturen vermieden werden müssen.

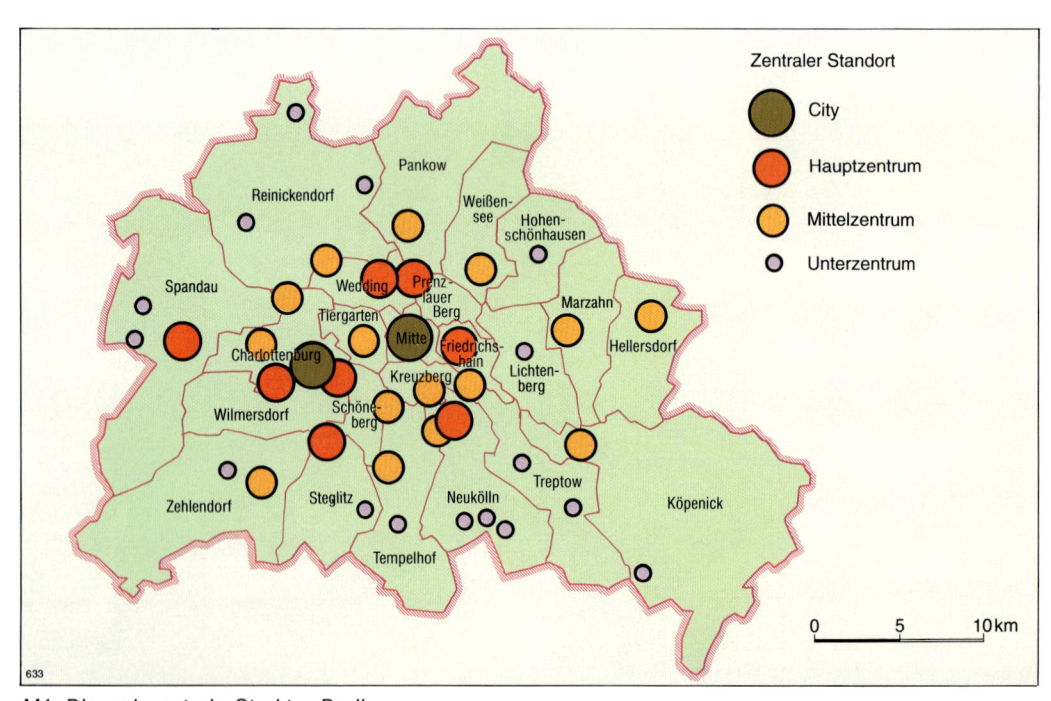

M1 Die polyzentrale Struktur Berlins

Für die in der Stadt lebenden Menschen ist die Beseitigung der Wohnraumnot besonders dringlich. Der anhaltende Verfall der Altbausubstanz (besonders in der östlichen Stadthälfte) verschärft die Situation zusätzlich. Die vorhandenen Wohnflächen reichen nicht aus; oft entsprechen sie weder dem Standard noch dem Bedarf. Die Entwicklung der Mieten, vor allem im Innenstadtbereich, belastet die Menschen sehr. Neben der behutsamen **Sanierung** der Altbausubstanz – die Kahlschlagsanierung der sechziger Jahre soll sich nicht wiederholen – steht die Erstellung neuer Wohneinheiten. Fachleute haben errechnet, daß im Ballungsraum Berlin bis zum Jahr 2010 ein Bedarf von rund 400 000 Wohneinheiten entstehen wird. Zu dem bestehenden ‚Eigenbedarf' von 250 000 Einheiten kommen weitere 150 000 aufgrund der steigenden Bevölkerungszahlen.

Die Konzepte von Städteplanern und Architekten beschäftigen sich also ebenso mit der ‚Revitalisierung' der Innenstadt und ihrer Sanierung wie mit der Gestaltung der äußeren Stadt, wobei die polyzentrale Struktur Berlins erhalten bleiben soll. Bei allen derartigen Planungen steht die ‚stadtstrukturelle Verträglichkeit' im Vordergrund; damit sind sowohl ökologische wie städtebauliche Faktoren gemeint.

In Berlin treffen nämlich sehr unterschiedliche städtebauliche Elemente aufeinander: die Wohnbebauung im Innenstadt- oder Kernstadtbereich, dörfliche Kerne (s. S. 124), Großwohnsiedlungen, die mit Gartenstädten kontrastieren. Diese gewachsenen Strukturen finden bei den Stadtplanern ebenso Berücksichtigung wie **Flächennutzungspläne**, Umweltschutz und **Bürgerbeteiligung**.

Historische Kontinuität und abrupte Brüche zeigen sich gleichermaßen im Stadtbild beider Teile Berlins. Die Bebauung spiegelt immer auch den Zeitgeist ihrer Entstehungsepoche wider. Zum Teil wurden einzelne Baustile nach wenigen Jahrzehnten wieder verworfen, ohne daß die so entstandenen Bauten umgehend durch zeitgemäßere ersetzt wurden. Eine befriedigende städtebauliche Gesamtlösung wird auch heute nur dann möglich sein, wenn die Geschichte der Stadt angenommen und bewußt mit ihr umgegangen wird.

1.1 Erkläre, was mit „Revitalisierung des Stadt-Innenraums" gemeint ist.
1.2 Wie stellt sich die aktuelle Wohnraumsituation dar? Verfolge entsprechende Zeitungsmeldungen.
1.3 Erläutere, was unter Stadtökologie zu verstehen ist.

2   Städtebaulicher Rückblick: 1470–1990

1470–1920: Seit Berlin-Cölln Residenzstadt ist, wächst die Stadt unaufhaltsam. 1701 rückt Berlin in die Reihe der europäischen Hauptstädte auf. In der Folgezeit entstehen zahlreiche Repräsentationsbauten. Mit ihnen sind Namen wie Schlüter, Knobelsdorff oder Schinkel verbunden. Neben Theatern, Museen, Kirchen wurden Industriebauten errichtet, aber die Wohnbebauung konnte mit dem Tempo, mit dem die Bevölkerung wuchs, nicht Schritt halten. So entstand in einer bisher nicht dagewesenen Verdichtung ein Gewerbe- und Wohnungsgürtel,

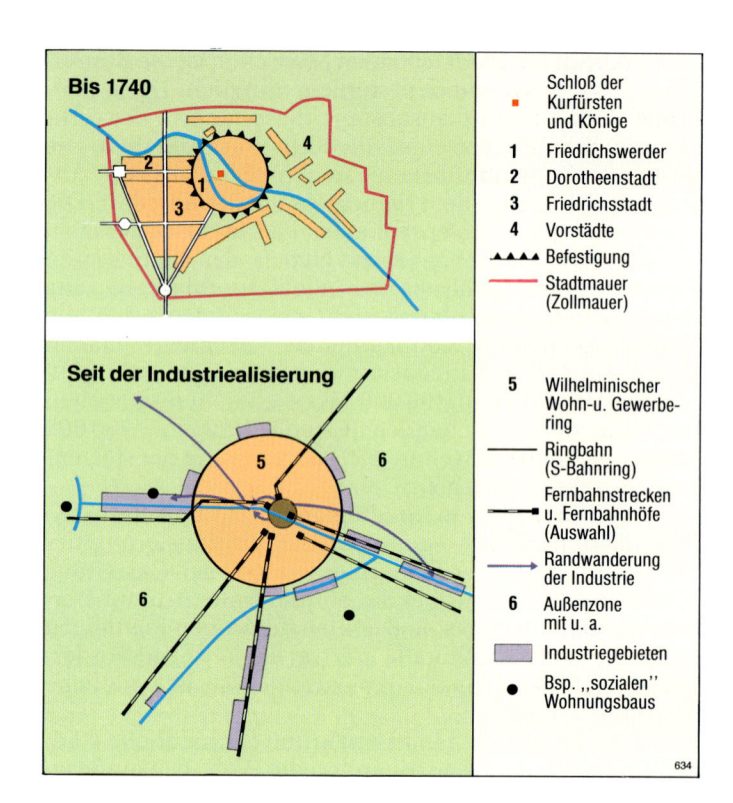

M1 Entwicklungsetappen der Stadtstruktur

Bis 1740
- Schloß der Kurfürsten und Könige
1. Friedrichswerder
2. Dorotheenstadt
3. Friedrichstadt
4. Vorstädte
- Befestigung
- Stadtmauer (Zollmauer)

Seit der Industrialisierung
5. Wilhelminischer Wohn- u. Gewerbering
- Ringbahn (S-Bahnring)
- Fernbahnstrecken u. Fernbahnhöfe (Auswahl)
- Randwanderung der Industrie
6. Außenzone mit u. a. Industriegebieten
- Bsp. „sozialen" Wohnungsbaus

2.1 Verfolge auf der Karte die Straßenführung bzw. Begrenzung des Wilhelminischen Rings – ordne die entsprechenden Bezirke zu, um die Ausdehnung des Gebiets zu erfassen.
2.2 Welche Merkmale weisen die Großwohnsiedlungen der Weimarer Zeit hinsichtlich architektonischer Gestaltung, Wohnqualität und Lage auf?

der sogenannte Wilhelminische Ring (s. S. 114). Auf der Grundlage der Berliner Bauordnung, die von 1853 bis 1887 galt, entstanden die bekannten Mietskasernen, zumeist fünfstöckige Mietshäuser, parallel gebaut und durch Quergebäude verbunden. Die dunklen Innenhöfe maßen oft nur 5,34 m^2, Platz genug für den Spritzenwagen der Feuerwehr. Bis zu sechs Innenhöfe waren keine Seltenheit. In einer solchen ‚**Gebäudestaffel**' lebten häufig eintausend und mehr Menschen. Berlin galt als die größte Mietskasernenstadt der Welt.

Mit der Verkehrsentwicklung bildeten sich dezentral unterschiedlich geprägte Viertel heraus. Es entstanden Geschäfts- und Verwaltungsviertel wie in der Friedrichstadt, Industriestandorte wie in Siemensstadt und neue, bessere Wohnviertel im Westen Berlins, „Westend" im Bezirk Charlottenburg belegt dies noch heute. Es entstanden, z. B. auch in Wilmersdorf oder Zehlendorf, Landhausviertel, Gartenstädte und Villenkolonien. Berlin galt bereits um die Jahrhundertwende als ‚grünste Millionenstadt' des Kontinents; die Bevölkerung war zwischen 1871 und 1900 von ca. 900 000 auf mehr als 2,7 Mill. Einwohner angestiegen. Unaufhaltsam wuchs die Stadt über ihre bisherigen Grenzen, sie bedrängte die Dörfer im Umland, das die Bauern nur zu gern verkauften. Der Begriff der „Millionenbauern" markiert diese Entwicklung; Villen dieser sogenannten Millionenbauern sind noch heute in der Innenstadt zu finden (Beispiel: Schöneberg).

1920 bis 1945: Mit der Erweiterung des Stadtgebiets auf 883 km² bot das Berlin der zwanziger und dreißiger Jahre Raum für zahlreiche eigenwillige, z. T. avantgardistische Bauvorhaben. Mit ihnen waren Namen von so berühmten Architekten verbunden wie Bruno Taut, Walter Gropius, Mies van der Rohe oder Ludwig Hoffmann, der in Berlin zwischen 1896 und 1924 Stadtbaurat war. Berlin galt in dieser Zeit als ein Zentrum moderner Architektur. Zahlreiche Großwohnsiedlungen wurden als vorbildlich empfunden, waren sie doch konstruiert nach dem Prinzip „Licht, Luft und Sonne". Eine solche Siedlung umfaßte mindestens 800 und bis zu 2000 Wohnungseinheiten, die durchschnittlich mit jeweils fünf Menschen belegt wurden. Eine Großwohnsiedlung zählte daher zwischen 4000 und 10 000 Einwohner. Insgesamt entstanden in der Weimarer Zeit 18 Großwohnsiedlungen (M4). Die Finanzierung erfolgte zum Teil aus öffentlichen Mitteln, außerdem stellte die Stadt einen Teil des Baulandes zur Verfügung. Die Misere der innerstädtischen Massenquartiere in den Wohnblockvierteln wurde jedoch dadurch keineswegs gemildert.

M2/3 Großwohnsiedlungen der Weimarer Zeit in Neukölln (Hufeisensiedlung Britz) und Spandau (Zeppelinstraße)

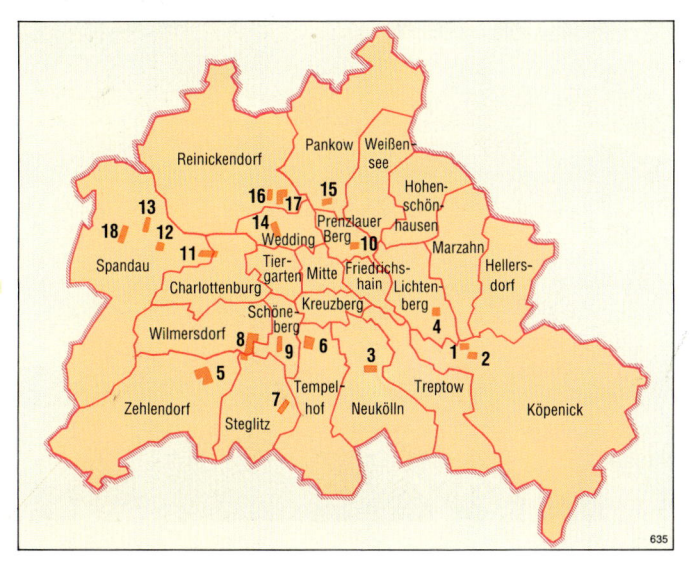

Großwohnsiedlungen der Weimarer Zeit

1. Dammfeld
2. Dammvorstadt
3. Hufeisensiedlung Britz
4. Siedlung Friedrichsfelde
5. Waldsiedlung Zehlendorf
6. Siedlung Tempelhofer Feld
7. Wohnsiedlung Lankwitz
8. Wohnsiedlung Südwestkorso-Breitenbachplatz
9. Wohnanlage Grazer Damm
10. Wohnstadt Carl Legien
11. Siedlung Siemensstadt
12. Reichsforschungssiedlung Haselhorst
13. Großsiedlung Hakenfelde
14. Friedrich-Ebert-Siedlung
15. Wohnanlage Kissingenstraße
16. Siedlung Wittenau
17. Weiße Stadt
18. Siedlung Zeppelinstraße

Die Zeit des Nationalsozialismus prägte in den dreißiger Jahren das Stadtbild auf ihre Weise. So spiegeln die Bauten am Fehrbelliner Platz (1935/1936), der Zentralflughafen Tempelhof (1936–41, M1) oder das Reichsluftfahrtministerium in der Leipziger Straße (1935/36) den unseligen Zeitgeist ebenso wider wie die ehemalige „SS-Kameradschaftssiedlung" im Bezirk Zehlendorf, die die Bewohner noch heute belastet und beschäftigt.

Als größtes Projekt dieser Zeit gilt die Schaffung der sogenannten *Ost-West-Achse*. Sie erstreckte sich vom Berliner Stadtschloß über die Straße Unter den Linden bis zum Reichskanzler-Platz (heute Theodor-Heuß-Platz) und weiter über die Heerstraße nach Spandau. Das Brandenburger Tor und die in die Mitte des Großen Sterns versetzte Siegessäule wurden in diese Achse integriert.

Bei Kriegsende glich Berlin einer großen Trümmerlandschaft. Von den rund 245 000 Gebäuden der Stadt waren mehr als 11 % gänzlich zerstört – und damit ein Drittel aller Wohnungen. Fast 50 % der Häuser waren beschädigt; sie konnten in den Folgejahren weitgehend wiederaufgebaut werden. Der Anteil der zerstörten Wohnungen in der Innenstadt lag im Bezirk Mitte bei knapp 54 %, in

M1 Flughafen Tempelhof

Friedrichshain und Tiergarten bei rund 50 %, in Kreuzberg bei fast 42 %. Die entstandenen Lücken und Freiflächen wurden später nach Prinzipien einer aufgelokkerten, „entmischten" Stadtbebauung geschlossen.

1949–1989: Auch im Städte- und Wohnungsbau manifestierte sich die Teilung der Stadt. Der Ostteil orientierte sich vorrangig am sowjetischen Vorbild, so z. B. in der Wohnbebauung der Karl-Marx- bzw. Frankfurter Allee. Während die neuen Staatsgebäude vor allem den Repräsentationsansprüchen genügten, entstanden im Wohnungsbau zur schnellen Linderung der Wohnungsnot zahlreiche Wohnviertel in der bekannten Plattenbauweise, so z. B. am Alexanderplatz, in der Nähe des Flughafens Schönefeld oder in Köpenick das Salvador-Allende-Viertel.

Mit der 750-Jahr-Feier gewann eine neue Dimension an Bedeutung; ein neues Geschichtsbewußtsein prägte auch die Stadtplanung in Berlin (Ost). Im Zuge der Wiederentdeckung historischer Werte und ihrer Bewahrung entstand das Nikolaiviertel auf einem Areal von rund 40 000 m^2 im historischen Kerngebiet Berlins. Dieses ‚Ensemble', teils renoviert, teils rekonstruiert, bezieht historische Gebäude geschickt mit ein, so das Ephraim-Palais, Bürgerhäuser aus drei Jahrhunderten oder auch die historisch detailgetreu rekonstruierte Gerichtslaube. Weitere Schwerpunkte waren die Punkthochhäuser im Fischerkiez, die **Rekonstruktion** der Friedrichstadt, die Gestaltung der Friedrichstraße. Überall, auch bei den Instandsetzungsbemühungen im Bezirk Prenzlauer Berg oder im Bezirk Mitte, wurde einem steigenden Bedarf nach Urbanität entsprochen. Während jedoch andere Wohnviertel innerhalb des Wilhelminischen Ringes verfielen, entstanden seit den siebziger Jahren am Stadtrand drei Großwohnsiedlungen: Marzahn (1979) mit fast 52 000 Wohnungen für rund 170 000 Menschen, Hohenschönhausen (1984) mit 31 000 Wohnungen für rund 90 000 Bewohner und Hellersdorf (1986, s. S. 123 ff.).

Der Wohnungsbau im Westteil Berlins ist nach der Teilung (1948/49) durch drei Etappen charakterisiert.

In der *ersten Phase* (bis 1960) ging es vorrangig um die Wiederherstellung von Wohnraum; es entstanden gleichzeitig die ersten Wohnsiedlungen in Wedding und Charlottenburg. Internationale Teilnahme erfuhr der Wiederaufbau des südlichen Hansaviertels im Rahmen eines Wettbewerbs, an dem international bekannte Architekten wie Gropius oder Le Corbusier teilnahmen. Das Ergebnis wurde während der Internationalen Bauausstellung (INTERBAU) 1957 präsentiert. Es sollte neben neuen städtebaulichen Impulsen auch eine Antwort sein auf das „Nationale Aufbauprogramm" (Ost). Zugleich kam diesem Viertel wegen seiner Lage zwischen den beiden Stadtzentren besondere Bedeutung zu; es sollte in eine spätere Cityband-Planung einbezogen werden.

Das Nikolaiviertel

1980 - 87 unter Leitung von G. Stahn neu errichtet mit Rückgriff auf wenige erhaltene Gebäude. Im Mittelpunkt steht die älteste und bedeutendste Kirche Berlins, die Nikolaikirche (A). Erstbau um 1230.
Das 1935 abgerissene Ephraimpalais wurde am Rande des Viertels wieder aufgebaut (B). Es gilt als schönstes Bürgerhaus der Stadt.

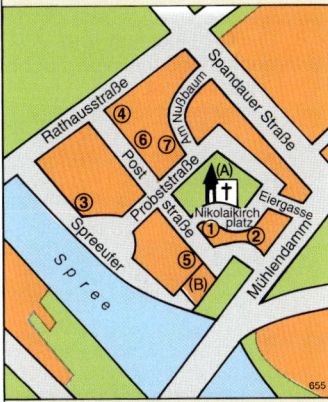

Lageplan der erhaltenen Häuser
① Knoblauchsches Haus (1759)
② kleine Häuser der Nikolaistraße (17. Jh.)
③ Kurfürstenhaus (1895)
④ schmales Haus (1907)
⑤ ehemaliges BEMAG-Gebäude (1935)
⑥ Gerichtslaube (Kernbau um 1300, hierher umgesetzt)
⑦ Giebelhaus „Zum Nußbaum"(1571, hierher umgesetzt)

2.3 Die Gropiusstadt und Hohenschönhausen: Vergleiche beide Wohnviertel.

In der *zweiten Phase* (1961 bis etwa 1984) entstanden die Großwohnsiedlungen Märkisches Viertel, die Gropiusstadt und das Falkenhagener Feld. Sie umfassen zwischen 10 000 und 17 000 Wohneinheiten. Viele Bewohner aus den von einer Totalsanierung betroffenen Innenstadtbereichen fanden hier neuen Wohnraum. 56 000 Wohnungen, in denen rund 140 000 Menschen lebten, und zugleich rund 58 000 gewerbliche Arbeitsplätze waren für den Totalabriß und die generelle Trennung der Bereiche Wohnen und Arbeiten vorgesehen; es entstand der Begriff der „Kahlschlagsanierung".

Das städteplanerische Umdenken setzte nach den negativen Erfahrungen der „Kahlschlagsanierung" verstärkt seit 1978, also in der *dritten Phase,* ein. Nunmehr trat die „Stadtreparatur" an die erste Stelle, und die Modernisierung wurde wichtiger als die Erneuerung. Die umfangreichen Programme mündeten in die Projekte der Internationalen Bauausstellung 1984/87 (IBA). Sie illustrieren, z. B. mit den Vorhaben Südlicher Tiergarten, Kreuzberg – SO 36, ebenso aber auch in Schöneberg und Tegel, daß in den Mittelpunkt eine neue Überlegung getreten war; sie wurde beschrieben mit dem Wort von der „Innenstadt als Wohnort". Die hier gewonnenen Erfahrungen, die gelungene Verbindung von Architektur,

M1 Gropiusstadt in Berlin-Neukölln

M2 Neubauten in Hohenschönhausen

M3 IBA-Projekt Ballerbau am Kreuzberger Fraenkelufer

Umweltverträglichkeit und intensiver Bürgerbeteiligung bilden eine Grundlage auch für die Planungen für die Hauptstadt Berlin bis ins nächste Jahrtausend hinein.

Zugleich wird an die vorhandene Struktur der dezentralen Wirtschaftsstandorte, bezirklichen Verwaltungen und regionalen Dienstleistungen städteplanerisch angeknüpft. Diese mehrstufige „Zentrenhierarchie" entlang der Radialen wie Schloßstraße (Steglitz) oder Karl-Marx-Straße (Neukölln) wird z. B. auch bei der Entwicklung von Friedrichstraße (Mitte) oder Schönhauser Allee (Prenzlauer Berg) einbezogen. Dabei spielt auch eine Rolle, daß kurze innerstädtische Wege sich positiv auf Berufspendler wie Geschäftsverkehr auswirken. Diese und vielfältige sonstige Erfahrungen, unter anderem auch im Hinblick auf den günstigen Anteil von Grün- und Erholungsflächen in der Stadt, bilden die Ausgangslage für die weitreichenden Stadtplanungsvorhaben, die seit der Vereinigung entwickelt werden.

2.4 Eine schwere Aufgabe: Vergleiche die Ergebnisse der INTERBAU '57 mit denjenigen der IBA 1987.

M4 Wiederherstellung der Fassade (Meinekestraße 5)

M5 Verfallene Fassade

3   Entwicklungsperspektiven Berlins

Bei allen Vorhaben steht die Gewinnung von Lebensqualität im Vordergrund. Ihre Grundlage wird in der „Berliner Mischung" gesehen, also der Verbindung der Bereiche Wohnstadt, Gewerbegebiet, Kulturzentrum und Freizeiteinrichtung. Vor allem sollen Wohnen und Arbeiten räumlich möglichst miteinander verknüpft sein. Nur wenn Monostrukturen vermieden werden, gelingt die Zusammenführung der beiden Stadthälften bzw. Halbstädte. Dies ist eine vorrangige Aufgabe. Dabei müssen vorhandene Flächen im Stadtgebiet intensiv genutzt werden, weil nur so die Zersiedlung des Umlandes vermieden wird. Die vorhandenen Brachgebiete werden in die Planung einbezogen, und es gilt das Prinzip „Verdichtung innerhalb der Stadt, Naturerhaltung außerhalb". Solche Überlegungen bilden die Grundlage für die Schwerpunkte, die sich bereits herauskristallisieren. Drei Bereiche lassen sich bereits benennen. Es ist dies der eingangs erwähnte Wohnungsbau. Das größte Projekt liegt im Nordosten Berlins, wo in Weißensee/Karow rund 25 000 Wohnungen bis 1995 entstehen sollen. Der zweite Schwerpunkt ist die Entwicklung der Kernstadt. Die zukünftige Gestalt der ‚Mitte', das sind der Potsdamer und der Leipziger Platz, wird in internationalen Wettbewerben ermittelt. Zwei dieser Wettbewerbe wurden bereits im Sommer 1992 entschieden. Sie wurden von den Konzernen Sony und Daimler Benz ausgeschrieben, die zuvor das Bauland am Potsdamer Platz erworben hatten. Für Sony soll nun der deutsch-amerikanische Architekt Helmut Jahn eine gewaltige runde „Piazza" bauen, die mit vier „passagenartigen Fangarmen" (*Die Zeit*) das rund 30 000 m^2 große Grundstück nördlich der neuen Potsdamer Straße beherrschen soll. Die künstlerische Oberleitung für die Bebauung des mehr als doppelt so großen Grundstücks von Daimler Benz wurde dessen Wettbewerbssieger Renzo Piano übertragen. Dieser italienische Architekt hat sich bereits mit dem Bau des Centre Pompidou in Paris einen Namen gemacht. Er projektierte für das dem Sony-Projekt gegenüberliegende Areal ein modernes Gebäudeensemble, das sich in die Anschlußbebauung im Westen anpassen soll.

Die vorhandene Innenstadt-Struktur, vor allem der Charakter der klassischen Arbeiterbezirke wie Wedding oder Kreuzberg, soll erhalten bzw. verbessert werden. Hierbei spielt der Begriff der ‚städtischen Identität' eine wichtige Rolle. Teil der städtebaulichen Überlegungen ist auch die Entwicklung des Citybandes und eines urbanen Stadtbereichs, der beide Stadtzentren verbindet. Der dritte Schwerpunkt schließlich liegt in der Planung des Regierungsviertels. Berlin als Hauptstadt und Regierungssitz kann seiner Aufgabe nur gerecht werden, wenn es sich zugleich zu einem Verwaltungs- und Dienstleistungszentrum von europäischer Bedeutung entwickelt.

3.1 Miß auf der Karte die Entfernung der geplanten Teilstädte zum Zentrum Berlins, und überlege, woran bei solchen Planungen gedacht werden muß.
3.2 Ermittle den aktuellen Sachstand für die Planung des Potsdamer Platzes und des Regierungsviertels.
3.3 Erarbeite anhand von Beispielen den Begriff der „Städtischen Identität".
3.4 Wie werden im nebenstehenden Zeitungsabschnitt die Planungen und Perspektiven der neuen Berliner City bewertet?
3.5 Prüfe die im Zeitungstext angeführten Argumente und Gegenargumente. Verfolge den Stand der Planungs- und Bauarbeiten sowie die aktuelle Diskussion darüber. – Triff eine eigene Wertung zur Gestaltung der Berliner City.

Vor dem Infarkt

Zwischen Reichstag und Potsdamer Platz droht die weltgrößte Baustelle. Das Leben in der City steht jahrelang still.

Als am Potsdamer Platz die Mauer fiel, jubelte der damalige Halbstadt-Bürgermeister Walter Momper: „Das Herz Berlins hat wieder zu schlagen begonnen." Aber bevor in der heutigen Wüste das Leben wieder richtig pulsieren kann, vollführt Berlin eine Riesenoperation am offenen Herzen der Stadt. Es droht, und das bis ins nächste Jahrtausend, eine neue Berliner Mauer: Das Brachland zwischen der westlichen und östlichen City, ein Terrain von drei Kilometern Länge und mehreren hundert Metern Breite, wird zu großen Teilen abgesperrt, umgewühlt und für rund 20 Milliarden Mark neu aus dem Boden gestampft.

Wo heute noch die Ost-West-Wunde so schmerzlich klafft wie nirgends sonst, soll übermorgen die neue Mitte glänzen: – Am Potsdamer Platz eine Million Quadratmeter Büros, Läden, Kulturbetriebe und Wohnungen – die doppelte Fläche des New Yorker World Trade Center. Soeben kürten Daimler und Sony ihre Architekten.
– Rund um den Reichstag etwa 500 000 Quadratmeter für Bundestag und Bundesregierung nebst ihrem Troß, von den Journalisten bis zu den Lobbyisten.
– Zunächst aber werden unter dem Potsdamer Platz, dem künftigen Regierungsviertel und dem dazwischen gelegenen Tiergarten sieben Tunnelröhren gebuddelt – für Intercitys und Autos, S- und U-Bahnen.
– In zwei gigantischen Baugruben entstehen neue Bahnhöfe, in denen alle bis zu fünf ober- und unterirdischen Etagen Nah- und Fernzüge, Straßenbahnen und Fußgänger verkehren.

Schon im Jahr 2000 soll das neue Herz schlagen. Aber noch ist es mit dem Monsterprojekt bestellt wie mit einem Teil des Baugrunds, auf dem es einmal ruhen soll: Boden „von weicher, breiiger Konsistenz", so ein Ingenieurgutachten, „stark setzungsempfindlich und nur wenig tragfähig".

Sicher ist nur das Chaos. Der Stadtplaner Achim Sichter, der bei der Beratungsfirma BSM die Senatspläne für den Potsdamer Platz koordiniert, kennt bereits den Termin: „Wenn alles nach Plan geht, kommt die Katastrophe im Jahr 1996."

Dann nämlich wollen am Potsdamer Platz alle zugleich loslegen – Daimler und Sony, Gas- und Elektrizitätswerke, Bundes- und U-Bahn. Dort wuseln dann zwanzig- oder dreißigtausend Bauarbeiter zugleich, so viele Menschen wie bei einem gut besuchten Bundesligaspiel. Im heute schon dichten Berliner Berufsverkehr werden sie Verhältnisse schaffen wie beim Zuschaueransturm aufs Stadion – nur eben Tag für Tag zweimal.

Der Transport von Menschen ist aber nur ein Klacks gegen den von Material. 15 Millionen Tonnen Boden, genug für eine Lastzugschlange von Berlin bis Südafrika, sind aus dem Gelände abzufahren – noch ist nicht klar, wohin. In der Gegenrichtung kommen 14 Millionen Tonnen Zement, Kies, Sand und Stahl, das Feinzeug für den Ausbau noch nicht mitgerechnet. An Spitzentagen würden dafür 5000 Lastwagen zur Baustelle streben. Heute durchqueren das Gebiet täglich nur 1000, doch schon das reicht für Staus von früh bis nachts.

Also hat Roesgen in einem Forschungsprojekt „Baulogistik Berlin" über Alternativen im Transport grübeln lassen. Im Prinzip ist die Lösung genial einfach: Man tue alles auf Schiff und Bahn. Zwei Wasserwege tangieren das Areal, je ein Güterbahnhof liegt an seinen Rändern.

Doch teuflisch sind die Lösungen im Detail: Kanäle und Schleusen sind schon heute überlastet. Berlins Schiffahrtswege werden allesamt in den nächsten Jahren selbst zu engen Baustellen.

Und die Bahn steht sich selbst im Weg. Am Lehrter Güterbahnhof im Norden kann sie nicht umladen, denn da baut sie Berlins neue Zentralstation. Auf der Südseite, am Potsdamer Güterbahnhof, tritt der viergleisige Intercity-Tunnel zutage. Rolf Wedell, Güterverkehrsexperte der Deutschen Reichsbahn: „Das paßt alles noch nicht zusammen."

Am umstrittensten ist der Straßentunnel – persönlicher Wunsch von Bundeskanzler Helmut Kohl, der seinem Nachfolger abgas- und ampelfreie Spaziergänge zum Reichstag wünscht. Bezahlen aber will Bonn den 600-Millionen-Mark-Tunnel nicht. Berlins Senat, der sich auf den Bonner Bauwunsch beruft, will jedoch erst recht nicht. So steht der Tunnel laut Heinrich Liman, Geschäftsführer der Planungsfirma BSM, „auf tönernen Füßen". Und mit ihm die Bahnröhren, denn die werden im Regierungsviertel mit der Straße gemeinsam geplant und gebaut.

aus: Wirtschaftswoche vom 18.9.1992

Wohnen und Bauen

Das Wichtigste kurzgefaßt

Wohnen und Bauen in Berlin
Die städtebauliche Situation Berlins seit dem 3.10.1990 ist dadurch gekennzeichnet, daß Berlin die unterschiedliche Entwicklung der beiden Stadthälften in den letzten Jahrzehnten überwinden muß. Gleichzeitig steht die Stadt vor der Herausforderung, ihren Aufgaben als Hauptstadt, Regierungssitz und Metropole gerecht zu werden. Dazu gehört eine Stadtplanung, die gleichermaßen zukunftsorientiert und sozialverträglich ist. Sie kann auf historische Erfahrungen zurückgreifen, wenn es beispielsweise darum geht, Monostrukturen zu vermeiden, Fehler bei der Errichtung von Satellitenstädten nicht zu wiederholen oder die polyzentralen Strukturen, die sich über Jahrhunderte herausgebildet haben, zu erhalten und weiterzuentwickeln. Auch die Erfahrungen großer internationaler Bauwettbewerbe und -ausstellungen fließen hier ein, insbesondere bei der Berücksichtigung von behutsamer ‚Stadtreparatur' und Sanierung, von Umweltschutz und Bürgerbeteiligung. Nur so kann die ‚städtische Identität' geschaffen und gefördert werden. Diese Prinzipien liegen allen zentralen Projekten zugrunde. Dazu gehören das Regierungsviertel, der Bereich Potsdamer – Leipziger Platz, neue Teilstädte, das Cityband, die Entwicklung Berlins zu einem Dienstleistungszentrum von europäischer Bedeutung.

Grundbegriffe

Mietskasernengürtel
Sanierung
Großwohnsiedlung
Flächennutzungsplan
Bürgerbeteiligung
Gebäudestaffel
Rekonstruktion

S. 139 o. Wirtschaft und Verkehr in der Berliner Innenstadt ▷
S. 139 u. Blick über das Industriegebiet an der Müllerstraße in Wedding ▷

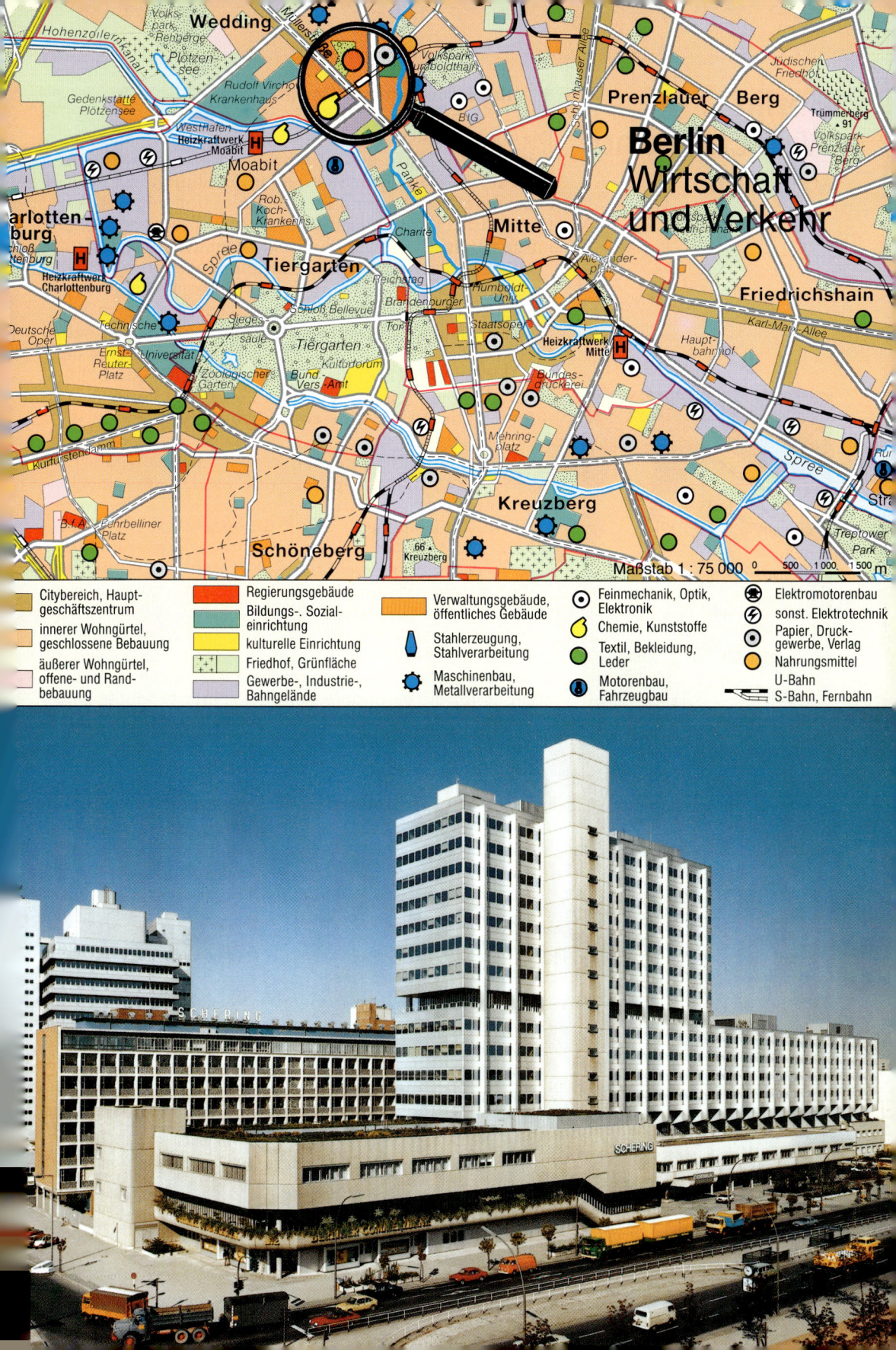

Berlin
Wirtschaft und Verkehr

Maßstab 1 : 75 000

Citybereich, Hauptgeschäftszentrum	Regierungsgebäude	Verwaltungsgebäude, öffentliches Gebäude	Feinmechanik, Optik, Elektronik	Elektromotorenbau
innerer Wohngürtel, geschlossene Bebauung	Bildungs-, Sozialeinrichtung	Stahlerzeugung, Stahlverarbeitung	Chemie, Kunststoffe	sonst. Elektrotechnik
äußerer Wohngürtel, offene- und Randbebauung	kulturelle Einrichtung		Textil, Bekleidung, Leder	Papier, Druckgewerbe, Verlag
	Friedhof, Grünfläche	Maschinenbau, Metallverarbeitung	Motorenbau, Fahrzeugbau	Nahrungsmittel
	Gewerbe-, Industrie-, Bahngelände			U-Bahn
				S-Bahn, Fernbahn

Berlin
Wirtschaft und Verkehr

1 Industriestandort Berlin

Die starke industrielle Prägung des Berliner Raumes begann in der Mitte des 19. Jahrhunderts. Diese Epoche wird als die Zeit der industriellen Revolution in Europa bezeichnet. Schwerpunkte der Produktion wurden Textilindustrie, Eisenindustrie und Maschinenbau, Chemische Industrie sowie die Elektrotechnische Industrie.

Voraussetzung für die Entfaltung des Wirtschaftslebens in der Stadt waren auf den jeweiligen Gebieten Pioniertaten von Erfindern und Ingenieuren; Namen wie Siemens, Halske, Borsig oder Schering gewannen bald Weltgeltung. Mit der Entwicklung der Industrie ging die des Verkehrswesens einher. 1838 wurde die erste Bahnverbindung in Preußen zwischen Berlin und Potsdam eröffnet. Führend im Bau von Lokomotiven wurde die Firma Borsig.

Erste Standorte der sich entwickelnden Industrie lagen im Zentrum des heutigen Berlin. Das Stammhaus des Betriebes von Borsig – gegründet 1837 – ist heute noch in der Chausseestraße 13 im Stadtbezirk Mitte zu sehen. Die Ingenieure Siemens und Halske eröffneten 1847 in der Schöneberger Straße 19, nahe dem Anhalter Bahnhof, eine kleine „Telegraphenbau-Anstalt", in der 10 Arbeiter an drei Drehbänken arbeiteten, und Ernst Schering erwarb 1851 in der Chausseestraße 17 seine „Grüne Apotheke", wo er mit der Herstellung eigener Chemikalien begann. Als er 1855 auf der Pariser Weltausstellung für die besondere Reinheit seiner Produkte eine Ehrenmedaille erhielt, beschloß er, sein Apothekerlaboratorium zu einer Fabrik für chemisch-pharmazeutische Präparate auszubauen. 1864 erhielt Schering die Konzession zur Errichtung einer chemischen Fabrik auf dem Gelände des heutigen Werkes im Stadtbezirk Wedding. Die Produktion wurde schrittweise von der Chausseestraße in das neue Werk verlegt. Seitdem hat Schering sich zu einem weltweiten Konzern mit Produktions-

M1 Scheringzentrale, 1992

M2 Schering-Stammhaus, um 1900

M3 Grüne Apotheke, 1851

stätten in Europa, den USA, Lateinamerika, Australien und Afrika entwickelt. Die Produktionspalette umfaßt Pharmazeutika und Pflanzenschutzmittel. Die Geschäftsbereiche Galvanotechnik, Industrie-Chemikalien und Naturstoffe wurden Ende 1992 verkauft. Der Konzernumsatz betrug 1991 6,4 Milliarden DM, die Zahl der Mitarbeiter in der gesamten Schering-Gruppe 26 339.

Standortverlagerungen in der zweiten Hälfte des 19. Jahrhunderts sind charakteristisch für die Entwicklung der Berliner Industrie. Die Produktionsstätten im Stadtkern wurden zu klein, und der Wohnungsbau benötigte alle Areale. Es begannen Wanderungen an die Ränder der Stadt zu Standorten, die auch heute noch bestehen. Beispiele dafür sind Oberschöneweide, Siemensstadt oder Borsigwalde. Dabei war die Lage an Wasserstraße und Eisenbahn von erheblicher Bedeutung.

Generell wird von einer ersten und zweiten **Randwanderung** gesprochen. Stellvertretend sei die Entwicklung der Eisengießerei und Lokomotivbauanstalt Borsig genannt. Bereits in den 40er Jahren des 19. Jahrhunderts wurde das Gelände in der Chausseestraße zu klein; Borsig baute ein neues Werk in Moabit. Von 1894 bis 1898 verlagerten die Söhne den Betrieb nach Tegel-Borsigwalde mit eigenem Hafen und Anschluß an die Eisenbahn (2. Randwanderung). Darüber hinaus entwickelten sich im unmittelbaren Umland Berlins großflächige Industriekonzentrationen in den Regionen Hennigsdorf-Velten, Babelsberg-Drewitz, Ludwigsfelde, Teltow und Rüdersdorf, deren Bedeutung durch die Nachbarschaft zur Großstadt wuchs. Auf der Grundlage des Kalkabbaus bei Rüdersdorf siedelte sich dort die Zementindustrie an. Ludwigsfelde entwickelte sich zum Standort der LKW-Produktion, während in Hennigsdorf Triebwagen und E-Loks produziert wurden.

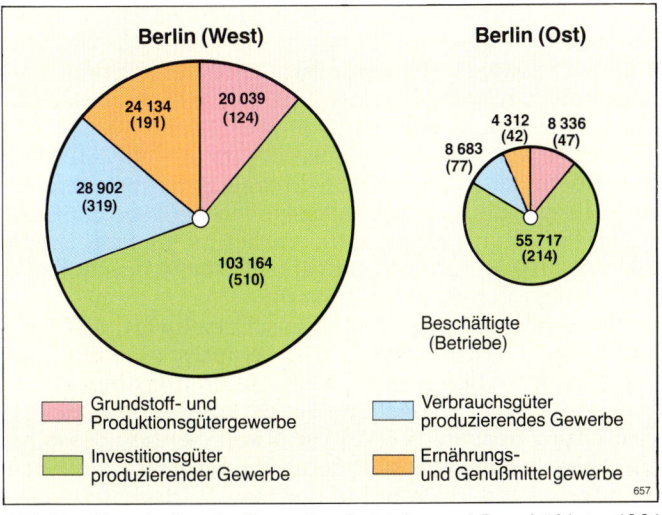

1891: Gründung der Offenen Handelsgesellschaft „Siegmund Bergmann & Co."
1897: Gründung der „Bergmann-Elektromotoren- und Dynamowerke"
1900: Vereinigung beider Gesellschaften zur „Bergmann-Elektrizitätswerke-AG"
1909: Beginn der Fabrikation von Dampfturbinen in Wilhelmsruh
1927–1933: Sowjetische Großaufträge zum Bau von Turbinen für die Industrialisierung der UdSSR
1945: Die Anlagen in Wilhelmsruh sind zu 75 % zerstört
1951: Wiederaufnahme der Produktion von Turbinen
1960–1969: Intensivste Periode des DDR-Turbinenbaus. Bergmann-Borsig wurde der führende Betrieb
1979–1989: Fertigung von wärmetechnischen Anlagen für die großen Braunkohlekraftwerke der DDR; Leitbetrieb im zentralen „Kombinat Kraftwerksanlagenbau"
1991: Übernahme von Bergmann-Borsig in den deutschen „Asea Brown Boveri Konzern Mannheim" (ABB-Gruppe), im Weltmaßstab führend in den Bereichen Elektrotechnik, Verkehrstechnik und Umwelttechnologie.

M4 Entwicklung der Firma Bergmann-Borsig (im Ostteil der Stadt angesiedelter Betriebsteil)

M5 Das Verarbeitende Gewerbe, Betriebe und Beschäftigte, 1991

Die Treuhandanstalt betreute in Berlin (Ost) 994 Unternehmen, davon wurden bis Juni 1992 581 privatisiert.
(Aus: Treuhand Informationen)

Die Schwerpunktbildung der Berliner Industrie mit der Dominanz der Elektroindustrie sowie der Ernährungsindustrie, der Tabakverarbeitung, des Maschinenbaus und der Chemie hat sich im Ost- und Westteil der Stadt trotz der Teilung bis heute erhalten. Das belegt auch das Beispiel „Bergmann-Borsig" (S. 141, M4).

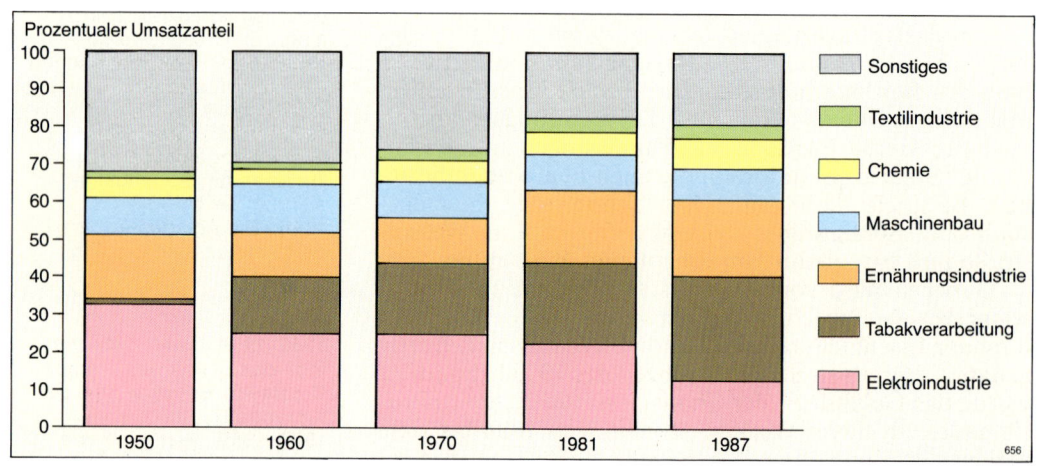

M1 Entwicklung ausgesuchter Wirtschaftszweige im prozentualen Verhältnis zueinander 1950–1987 (Berlin-West).

1.1 Bestimme anhand einer thematischen Atlaskarte und der Karte S. 139 Standorte und Produktionsprofile der Berliner Industrie.
1.2 Nenne bekannte Namen von Unternehmen, die in Berlin produzieren; ordne sie in die jeweilige Branche ein.
1.3 Begründe die Randwanderungen der Berliner Industrie.
1.4 Nenne Industriebauten aus dem 19. Jahrhundert, und beschreibe sie aus eigener Anschauung.
1.5 Versuche herauszufinden, wo auf ehemaligen Standorten der Industrie in den östlichen Stadtbezirken sich heute neue Produktionen bzw. Wirtschaftszweige ansiedeln, erkläre, wie du an diese Aufgabe herangehst.

Die Berliner Wirtschaft war vor 1945 stets geprägt von einem hohen Anteil kleiner und mittlerer Unternehmen. Im Ostteil der Stadt ging die Zahl dieser Unternehmen während der DDR-Zeit als Folge staatlicher Eingriffe zurück. Seit Öffnung der Mauer steigt die Zahl der kleinen und mittleren Unternehmen in den östlichen Stadtbezirken bei hohen Zuwachsraten an.

Mit der Beendigung der Teilung Berlins änderten sich die Rahmenbedingungen für die Entwicklung von Wirtschaft, Handel und Dienstleistungen in der Stadt. Die Beziehungen zum Hinterland werden neu belebt. Berlins und Brandenburgs Wirtschaft arbeiten bereits auf der Ebene der Wirtschaftsverbände und der Industrie- und Handelskammern eng zusammen, und der künftige Einzugsbereich des Großraumes Berlin wird bis in die westlichen Teile Polens reichen.

Der gesamte Wirtschaftsbereich im östlichen Teil der Stadt befindet sich in einem Prozeß der Umstrukturierung. Es gilt, die ehemals volkseigenen Betriebe der DDR zu privatisieren und zu sanieren bei möglichem Erhalt der Arbeitsplätze. Diese Aufgabe, die 1994 beendet sein soll, obliegt der **Treuhandanstalt**.

Die Privatisierung wird dadurch erschwert, daß viele ehemalige DDR-Betriebe nicht rentabel arbeiten, und daß ihre Hauptabsatzgebiete im früheren Ostblock, insbesondere in der ehemaligen Sowjetunion, entfallen. Privatisierung bedeutet Verkauf an Interessenten; das kann zur Folge haben, daß sich dann auf den ursprünglichen Standorten andere Produktionen bzw. Wirtschaftszweige ansiedeln.

Berlin-Chemie wird künftig expandieren

Ende Mai hat der Vorstand der Treuhandanstalt der Privatisierung des letzten noch in ihrer Obhut befindlichen großen Pharma-Unternehmens, der Berlin-Chemie AG mit Sitz in Berlin Adlershof zugestimmt. Erwerber ist der führende italienische Pharma-Hersteller, Menarini Industrie Farmaceutiche Riunite s.r.l., Florenz.

Die Berlin-Chemie AG war neben dem Arzneimittelwerk Dresden und der Jenapharm Hauptproduzentin von Pharmazeutika des ehemaligen GERMED-Kombinates. Das Produktsortiment von Berlin-Chemie reicht von Chemotherapeutika, Analgetika, Antirheumatika und Hormontherapeutika bis hin zu Herz-Kreislauf-Mitteln. Diese Produkte konnten alle ihre gute Position auf dem ostdeutschen Pharmamarkt halten.

Die Hauptproduktionsstätte der Berlin-Chemie befindet sich in Berlin-Adlershof. Hier sowie in den Betriebsteilen Johannisthal und Rheinsberg wurde mit einem diversifizierten Produktsortiment in 1991 ein Umsatz von 366 Mio. DM erzielt. Dieses gute Ergebnis übertraf nicht nur die Erwartungen um knapp die Hälfte, sondern befähigte das Unternehmen, aus eigener Kraft heraus über 43 Mio. DM für die Sanierung und Rekonstruktion von veralteten Anlagen zu investieren.

Ähnlich wie viele andere Unternehmen der ehemaligen DDR ist auch die Berlin-Chemie stark vom Export in die GUS-Staaten abhängig, mit denen etwa die Hälfte des Umsatzes abgewickelt wurde.

Die Privatisierung war Ergebnis eines weltweiten Bieterwettbewerbes, den die internationale Investmentbank Goldman Sachs im Auftrag der Treuhand durchgeführt hatte und an dem sich mehr als 23 nationale und internationale Investoren beteiligt hatten. Letztlich überzeugte das Unternehmenskonzept Menarinis.

Der italienische Konzern Menarini gilt als das führende südeuropäische Pharma-Unternehmen mit einem Gruppenumsatz von mehr als 1,7 Milliarden DM. Die im Privatbesitz befindliche Gesellschaft war bislang vor allem in den Mittelmeerländern aktiv. Die ideale Positionierung der Berlin-Chemie AG auf dem ostdeutschen und osteuropäischen Markt bezieht Menarini in seine mittelfristigen Expansionsbestrebungen ein und wird das Berliner Chemie Unternehmen als Zentrale für das nord- und osteuropäische Geschäft etablieren.

Menarini übernimmt die zur Zeit bei Berlin-Chemie tätigen 1550 Arbeitnehmer, wobei im Durchschitt der nächsten drei Jahre deutlich über 1000 Arbeitsplätze dauerhaft garantiert werden.

Zusätzlich baut Menarini im Westteil Berlins neue Produktionskapazitäten auf. Vor wenigen Tagen hat Berlin-Chemie im Westberliner Stadtteil Britz, am Tempelhofer Damm, eine neue Produktionsstätte eingeweiht. Hier sollen rund 100 Mitarbeiter, die aus anderen Berliner Betriebsteilen gewonnen wurden, den Hauptteil des Tabletten- und Dragee-Sortiments des Unternehmens produzieren und verpacken.

Zur Geschichte der Berlin-Chemie AG – Am heutigen Hauptstandort des Unternehmens in Berlin-Adlershof begann **1872** die Fa. Kahlbaum mit der Produktion von chemischen Erzeugnissen. Diese Firma fusionierte 1927 mit Schering. Der Standort ging dann bis zur Enteignung nach dem Zweiten Weltkrieg in den alleinigen Besitz von Schering über. **1945** wurde das Werk Adlershof in VEB Schering und 1956 dann in VEB Berlin-Chemie umbenannt. Als Betrieb des Kombinates GERMED entwickelte sich Berlin-Chemie zu einem der drei größten Pharma-Hersteller der ehemaligen DDR, der u. a. auch Pflanzenschutzmittel und chemisch-technische Erzeugnisse herstellte. 1989 erzielten 2700 Mitarbeiter einen Umsatz von über einer Milliarde DDR-Mark. Nach der politischen Wende stellte sich das Unternehmen auf marktwirtschaftliche Verhältnisse um und konzentrierte sich auf das Kerngeschäft Pharmazie. **Im Juni 1990** wurde die Berlin-Chemie AG gegründet und in Treuhand-Obhut überführt.

Aus: Treuhand Informationen, Juni 1992

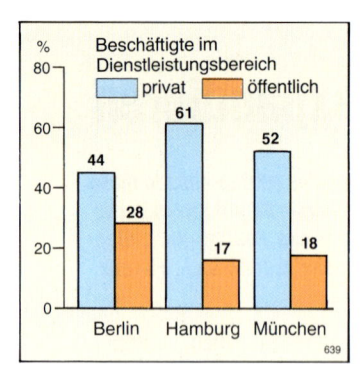

M1 Anteil der im privaten und öffentlichen Dienstleistungsbereich Beschäftigten an der Zahl der insgesamt Beschäftigten (Berlin, Hamburg, München im Vergleich)

2.1 Wo siedeln sich im Großraum Berlin Gewerbeparks an; verfolge ihre Entwicklung.
2.2 Nenne Voraussetzungen für die Entwicklung der Dienstleistungsmetropole Berlin.
2.3 Wie wird sich nach deiner Meinung die Tatsache auf die Entwicklung der Stadt auswirken, daß Bundesregierung und Bundestag künftig ihren Sitz in Berlin haben werden?
2.4 Welche bekannten Messestädte gibt es neben Berlin in Deutschland?

2 Das Dienstleistungszentrum Berlin

Ende 1990 war rund die Hälfte aller Erwerbstätigen im Dienstleistungsbereich beschäftigt. Es muß unterschieden werden zwischen den öffentlichen Diensten und den produktionsorientierten Diensten. Zu den öffentlichen Diensten zählen z. B. der „Öffentliche Personennahverkehr" (ÖPNV), die Müllabfuhr (BSR), Schulen und Bildung, Gesundheitsdienste, soziale Dienste; produktionsorientierte Dienste sind Finanzdienstleistungen, Unternehmensberatung, Ingenieurleistungen, Werbung. Ein Beispiel dafür wird das große High-Tech-Zentrum im Südosten Berlins, die Entwicklungsgesellschaft Adlershof (EGA). Auf rund 1,6 Millionen m^2 wird eine integrierte Landschaft aus Forschungs-, Entwicklungs- und Wirtschaftseinrichtungen geschaffen (M2). Es ist das Gelände der früheren Akademie der Wissenschaften der DDR. In verstärktem Maße werden in den östlichen Stadtbezirken Gewerbeparks und Gewerbehöfe geplant und errichtet. Sie bieten Nutzflächen für Handel, Produktion, Dienstleistung und Gewerbe. Bevorzugt werden dafür Lagen am Stadtrand.

Die Vereinigung Deutschlands und Berlins künftige Funktion als Regierungssitz lassen auch den Banken- und Börsenplatz Berlin expandieren. Für die neuen Bundesländer wird die Stadt als „Regionalbörse" fungieren.

Die überregionale Bedeutung Berlins als Dienstleistungszentrum kommt im Messe-, Ausstellungs- und Tagungsbereich zum Ausdruck. Das Messegelände am Funkturm, das Internationale Congress Center (ICC), die Kongresshalle am Alexanderplatz und im Tiergarten sind die bekanntesten Orte. Die „Grüne Woche", die Dritte-Welt-Messe „Partner des Fortschritts", die Tourismus-Börse, die Funkausstellung sind weltweit bekannte Veranstaltungen.

Zu den in Deutschland einmaligen Standortvorteilen gehört das große universitäre und außeruniversitäre Forschungspotential der Stadt. In Berlin sind allein drei Universitäten beheimatet, Fachhochschulen aller Disziplinen und rund 250 außeruniversitäre Forschungs- und Entwicklungseinrichtungen.

Ein „Markenzeichen" Berlins sind seine vielen Gaststätten und Kneipen. Der Berliner hat ein geflügeltes Wort geprägt „vier Ecken, vier Kneipen" – und in der Tat, in den Kiezen von Moabit, Kreuzberg, Wedding oder Neukölln kann das noch angetroffen werden. Bunter, reichhaltiger und vielfältiger ist die Gastronomie durch die vielen ausländischen Restaurants geworden. Hier dominieren Italiener, Jugoslawen, Chinesen und Türken.

Die Rolle der Stadt als Dienstleistungsmetropole setzt ein ausreichendes Angebot an Hotels voraus. Die internationalen Hotels befinden sich im Bereich entlang des neu entstehenden Citybandes vom Zoo bis zum Alexanderplatz.

Technologiepotential Adlershof				
Chemie	**Physik**	**Informations- und Kommunikationstechnik**	**Ingenieurwissenschaften**	
• Analytik • Anorganische und Organische Polymere • Festkörperchemie • Katalyse • Kolloid- und Grenzflächenchemie • Laserchemie • Luftchemie • Organische Synthese • Plasmachemie • Radiochemie	• Elektronenphysik • Fernerkundung • Halbleiterphysik • Kristallzüchtung • Laserphysik • Optik • Photovoltaik • Plasmaphysik • Polymerenphysik • Weltraumerkundung	• Echtzeitsignalverarbeitung • Grafische Datenverarbeitung • Hochfrequenztechnik • Kommunikationssysteme • Prozeßsteuerung • Simulation und Modellierung • Softwareengineering • Systemarchitekturen	• Altlastenerkundung • Analytische Meßtechnik • Medizintechnik • Präzisionsfeinmechanik • Röntgentechnik • Umwelttechnik • Werkstoffentwicklung • Wissenschaftlicher Gerätebau	Der Standort Adlershof befindet sich im Südosten Berlins. Zum Flugplatz Schönefeld beträgt die Entfernung acht Kilometer. Mit dem Fahrzeug ist die Autobahn bequem in 15 Minuten zu erreichen. Ebenso mühelos gelangt man mit der Bahn zum Flughafen oder in die City, denn Berlin-Adlershof verfügt über einen eigenen S-Bahnanschluß. Zur Attraktivität des Standortes trägt die räumliche Nähe zum benachbarten Stadtbezirk Köpenick bei. Hier laden die historische Altstadt und der Park des Barockschlosses zum Verweilen ein. Umliegende Wälder und weitflächige Seen bieten reizvolle Möglichkeiten für Ruhe und aktive Erholung.

M2 Integrierte Landschaft aus Wirtschaft und Wissenschaft (Auszug)

3 Landwirtschaft im Ballungsraum

Die Landwirtschaft in Berlin hat für die Versorgung der Stadt mit Nahrungsmitteln eine vergleichsweise geringe Bedeutung. Neben der Nahrungsgüterproduktion ist der Landwirtschaft eine zusätzliche Aufgabe zugewachsen: die Bewirtschaftung größerer Freiflächen am Stadtrand, um diese Flächen als Kultur- und Erholungslandschaft für die städtische Bevölkerung zu erhalten. Auf dem Gebiet des ehemaligen Berlin (West) arbeiteten 1989 57 flächenbewirtschaftende Betriebe, die landwirtschaftliche Nutzfläche im früheren Berlin (Ost) wurde durch LPG's bewirtschaftet. Nach deren Auflösung entwickeln sich neue Besitzstrukturen wie z. B. Genossenschaften, die intensiven Gemüseanbau für die nahen Märkte betreiben. Weiterhin werden die ehemaligen Besitzstände der Berliner Stadtgüter, von denen ein erheblicher Teil in Brandenburg liegt, wieder hergestellt. Die zahlreichen Wälder innerhalb des Stadtgebietes besitzen eindeutig landeskulturelle und ökologische Funktionen sowie Freizeit- und Erholungswert für die Bevölkerung.

3.1 Nenne Gebiete in Berlin, wo Landwirtschaft betrieben wird; ist das nach deiner Ansicht sinnvoll?
3.2 Begründe, warum die Berliner Landwirtschaft auf intensiven Gemüseanbau spezialisiert ist.

M3 Erntearbeiten am Märkischen Viertel

M1 Reisezeiten von Berlin

Reisedauer von Berlin nach in Stunden	Post- kut- sche um 1800	Eisenbahn um 1900		1991	Flug- zeug 1992
Dresden	23	3	2½	2	¾
Frankf./M.	64	9	8	6½	1¼
Hamburg	36	5	4	3¾	¾
Hannover	40	5	4	3¾	¾
Köln	82	10	8	7	1
München	81	11	9	8¾	1¼

4.1 Berechne die Entfernung Berlins zu europäischen Hauptstädten mit Hilfe der Atlaskarte.
4.2 Stelle mit Hilfe von M2 wichtige Verkehrsverbindungen und ihren Verlauf fest. Vergleiche mit M4, und beschreibe die Veränderungen.

M2 Verkehrsanbindung Berlins um 1930, historische Karte

4 Das Verkehrsnetz und seine Entwicklung

Der Ausbau der Verkehrswege von und nach Berlin erfolgte über Jahrhunderte, beschleunigt wurde dieser Prozeß im 19. Jahrhundert mit dem Einsetzen der Industriellen Revolution. Durch die damit verbundene Entwicklung neuer Verkehrsträger und Verkehrsmittel konnte eine Verkürzung der Reisezeiten erreicht werden (M1). Die Warentransporte verlagerten sich zunehmend vom Wasserweg auf die Schiene und während der ersten Hälfte des 20. Jahrhunderts auf die Straße bzw. auf die Autobahn. In dieser Zeit gewann auch der Luftverkehr an Bedeutung. Das auf die Hauptstadt ausgerichtete Verkehrswegesystem bildete einen wichtigen Standortvorteil für die Berliner Industrie. Mit der Teilung Deutschlands nach dem Zweiten Weltkrieg verschlechterten sich die Standortbedingungen Berlins.

Berlin (West) geriet in eine **Insellage**. Die Verkehrsanbindungen an den westdeutschen Wirtschaftsraum waren durch Grenzkontrollen und lange Anfahrtswege belastet und sehr kostspielig. Der Transit-Verkehr verlief über festgelegte Verkehrswege, die in verschiedenen

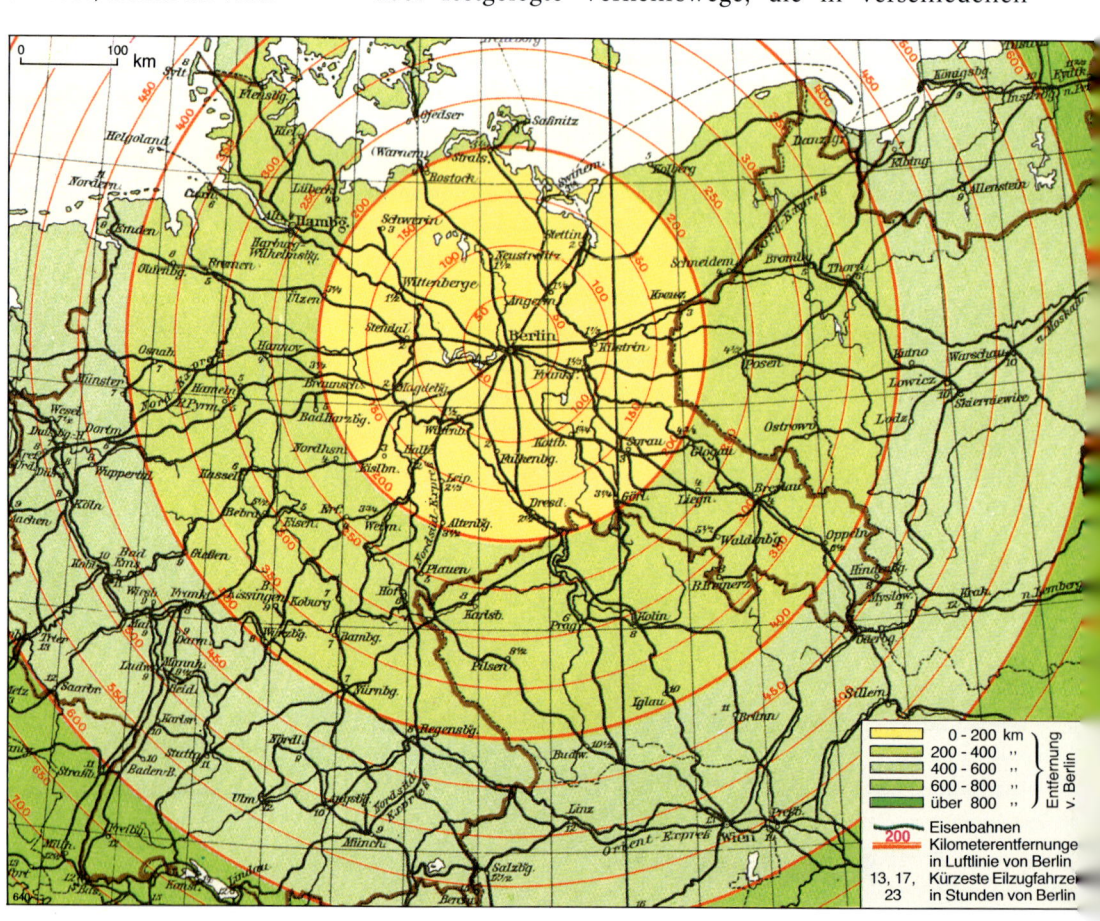

Abkommen von den Alliierten garantiert wurden. Berlin (Ost) hingegen büßte seine verkehrsgünstige Lage kaum ein. Mit der Übernahme der Hauptstadtfunktion für die DDR war der Weg für die Verkehrsplanung gewiesen. Danach erfolgte insbesondere die Erweiterung der Nord-Süd-Verkehrstrassen, wobei diese Eisenbahnstrecken schrittweise elektrifiziert wurden. Der Autobahnring um Berlin und der Reichsbahnaußenring wurden geschlossen. In Berlin-Schönefeld entstand der größte Flughafen der DDR. Die Binnenschiffahrt auf der Havel mußte über den Havelkanal um Berlin (West) herumgeführt werden.

Die Vereinigung Deutschlands schuf erneut eine veränderte Verkehrssituation für Berlin. Als problematisch erweist sich insbesondere das gewachsene Verkehrsaufkommen. Daraus ergeben sich neue Aufgaben für die Verkehrsplanung, die sich mit folgenden Stichpunkten kurz umreißen lassen:
– Ausbau des IC/EC-Netzes, Anschluß an das ICE-Netz;
– Neu- oder Ausbau eines Großflughafens im Süden Berlins; Erweiterung der Stadtautobahnen;
– Ausbau der Wasserstraßen.

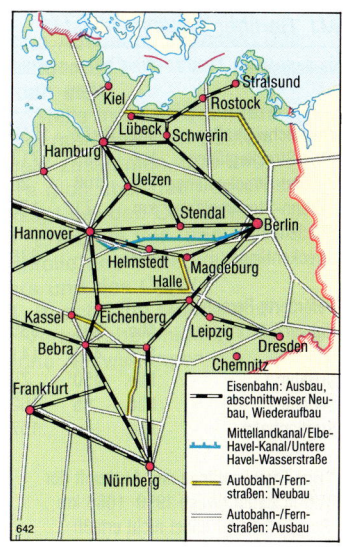

M3 Geplanter Ausbau der Verkehrstrassen

M4 Verkehrsanbindung Berlins (West), 1949–1989/90

Berlin – Wirtschaft und Verkehr

Das Wichtigste kurzgefaßt

Wirtschaft

Berlin ist seit der industriellen Revolution Industriestandort.

Die Industrieproduktion hat folgende Schwerpunkte: Elektroindustrie, Chemische Industrie, Nachrichtentechnik, Maschinenbau, Textilindustrie, Nahrungs- und Genußmittelindustrie.

Neben den Großfirmen ist eine Säule der Produktion in Berlin der Mittelstand.

Berlin ist ein Dienstleistungszentrum von europäischem Rang; Messen, Kongresse sowie der Verbund zwischen Forschung und Produktion besitzen Spitzenpositionen.

Landwirtschaft im Ballungsraum ist vornehmlich Teil ökologischer Stadtpolitik.

Die neuen politischen Rahmenbedingungen wirken sich auf die Wirtschaftsentwicklung aus: Ende der Teilung, Vereinigung Deutschlands, Hauptstadt und Regierungssitz, Brücke zwischen West- und Ost-Europa.

Verkehr

Berlins zentrale Lage in Europa ist ein Standortvorteil. Ausbau der Verkehrswege und Modernisierung der Verkehrsträger führten zu einem Verkehrswegenetz, das die deutsche Hauptstadt national und international in eine günstige Position brachte. Die Entwicklung nach 1945 zerschnitt die gewachsenen Verbindungen, die traditionellen Ost-West-Verkehrslinien durch Deutschland. Aufgaben der Verkehrsplanung nach 1990 sind Überwinden der deutschen Teilung und Umrüsten der Verkehrsträger nach den Ansprüchen einer zeitgemäßen Bewältigung des wachsenden Verkehrsaufkommens. Besonders wichtig ist für den innerstädtischen Verkehr ein integriertes Verkehrskonzept, um die Stadt vor einem Verkehrskollaps zu bewahren.

Die Verkehrsprobleme von heute sind eine Folge der Verstädterungs- und Industrialisierungsprozesse. Die Entwicklung der Verkehrsmittel hat den Bewegungskreis des einzelnen deutlich erweitert. Für den Bürger ist nicht nur die Auswahl des Verkehrsmittels, sondern auch die Wegezeit ein entscheidender Faktor bei den regelmäßig zu überwindenden Entfernungen. Die gewünschte oder erzwungene Mobilität führt heute in Ballungsräumen oft zu Stop-and-go-Verkehr in der rush-hour.

Verkehrsfragen und Problemlösungen können nicht losgelöst von der Stadtplanung, dem Siedlungs- und Wirtschaftsgefüge gesehen werden. Sie müssen als Bausteine in ein Gesamtkonzept eingepaßt werden. Durchgangs- und innerstädtischer Verkehr bedürfen guter Lenkungssysteme. Wirtschafts-, Geschäfts- und Versorgungsverkehr müssen leistungsfähig bleiben.

Grundbegriffe

Randwanderung
Treuhandanstalt
Insellage
Öffentlicher Personennahverkehr

S. 151 Kraftwerk Reuter ▷

Versorgung und Entsorgung

Versorgung und Entsorgung

1 Versorgung mit Elektroenergie

In Berlin erzeugen 12 Heizkraftwerke Elektroenergie und mit Ausnahme des Kraftwerkes Oberhavel auch Fernwärme auf der Grundlage der Kraft-Wärme-Kopplung.

Eindrucksvoll war die Entwicklung der Energieerzeugung in Berlin (West). Die Stromproduktion stieg von 324 GWh im Jahre 1948 auf ca. 11 000 GWh 1991 (1 Gigawattstunde = 1 Mrd. Wh). Grundlage dafür war die umfassende Erneuerung der nach den Demontagen durch die Sowjetunion verbliebenen unwirtschaftlichen Anlagen sowie der Neubau moderner Kraftwerke (Reuter-West, Lichterfelde). Kontinuierlich wurde die Kraftwerksleistung dem Strombedarf angepaßt.

Besondere Würdigung verdient der Wiederaufbau des Kraftwerkes West während der 13 Monate dauernden Blockade Berlins (West). Etwa 1500 t Maschinenteile und Ausrüstungen mußten eingeflogen werden. Ende 1949 übergab der Regierende Bürgermeister Reuter, dessen Namen das Werk heute trägt, die erste Ausbaustufe.

In den neun der BEWAG [Berliner Kraft- und Licht (Bewag)-AG] unterstehenden Kraftwerken in Berlin (West) wurden im Zusammenhang mit dem 1983 be-

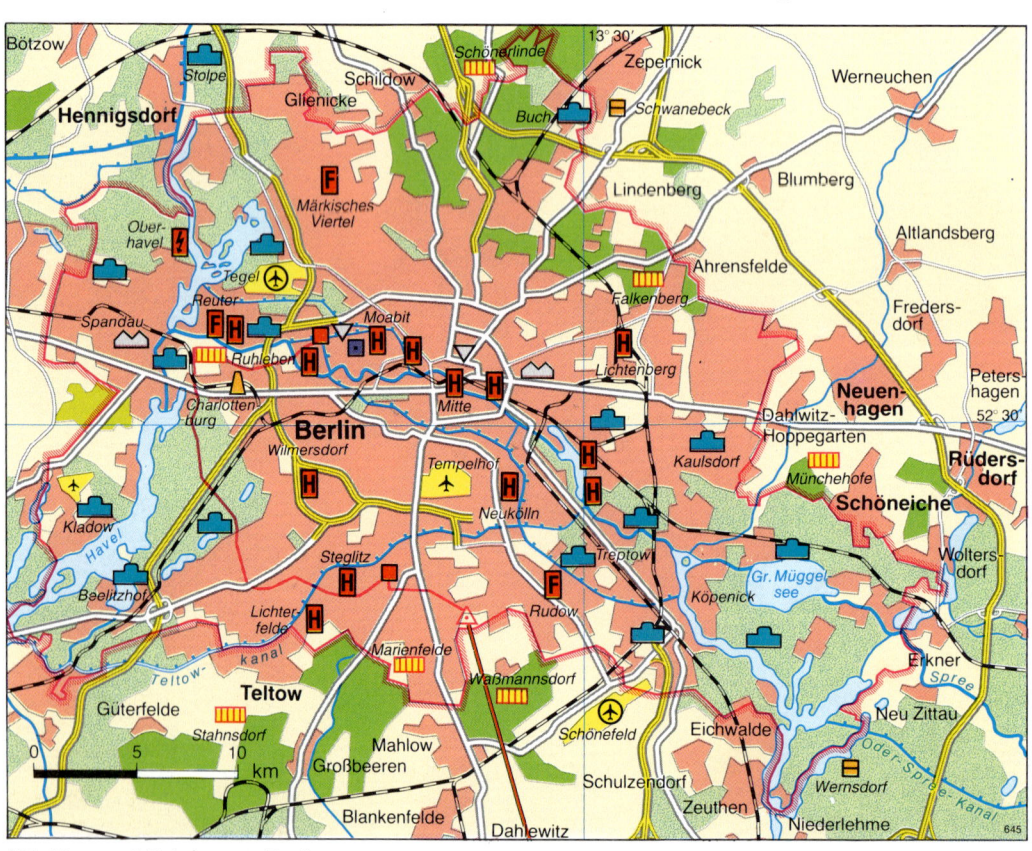

Legende:
- Kraftwerk
- Heizkraftwerk
- großes Fernheizwerk
- Erdgasfernleitung mit Übernahmestation
- Gaswerk
- Wasserwerk
- Großmarkt
- Schlachthof
- Klärwerk
- Rieselfeld in Betrieb
- Rieselfeld stillgelegt
- Mülldeponie
- Verbrennungsanlage
- Sonderabfallverladestelle für Schiffstransporte

M1 Ver- und Entsorgung Berlins

schlossenen Modernisierungsprogramm ca. 3 Mrd. DM für den Umweltschutz ausgegeben. Seit 1981 wurden dadurch innerhalb von zehn Jahren die Emissionen (s. S. 82) an SO_2 über 85%, an Stickoxiden um 22% und der Staubauswurf um 95% gesenkt. Die Emissionen an Stickoxiden sollen nach Inbetriebnahme aller Katalysatoren weiter vermindert werden. Dadurch ging der Kraftwerksanteil an der Immissionsbelastung von Berlin (West), der z. B. bei SO_2 1983 noch bei 10% lag, bis 1989 auf 2,6% zurück.

Die drei Heizkraftwerke im Ostteil Berlins unterstehen gegenwärtig noch der EBAG (Energieversorgung Berlin AG). Da Berlin (Ost) mit dem Verbundnetz der DDR verknüpft war, bestand kein Anlaß, größere Kraftwerke für die Stromversorgung zu errichten.

Vor der Energieerzeugung Berlins stehen gegenwärtig zwei Hauptaufgaben:

Erstens muß ein einheitliches Stromversorgungsnetz für die gesamte Stadt hergestellt werden. Das soll durch eine 380-KV-Leitung geschehen, die vom BEWAG-Umspannungswerk Mitte in den Ostteil führen wird. Dafür ist aber die Einbindung des Westberliner Netzes in den westeuropäischen Stromverbund Voraussetzung, die nicht vor 1994/95 geschaffen werden kann. Ursprünglich war der Anschluß für Ende 1992 vorgesehen. Eine 330-KV-Freileitung von Helmstedt bis zur Stadtgrenze ist fertiggestellt, die aber aus Gründen des Umweltschutzes nicht über Berliner Gebiet geführt werden darf. Deshalb muß eine zeit- und kostenaufwendigere unterirdische Verkabelung erfolgen. Um Leistungsengpässe im Westteil Berlins zu vermeiden, wird zunächst eine 110-KV-Notverbindung errichtet. Als Voraussetzung dafür wird das ehemalige DDR-Netz vom osteuropäischen Netz abgekoppelt und mit dem westeuropäischen verknüpft.

Die zweite Aufgabe besteht darin, nach erfolgter Vereinigung beider Energiebetriebe unter dem traditionellen Namen BEWAG (1. Januar 1993), diese zu einem homogenen, leistungsfähigen und ökologiebewußten Unternehmen zu entwickeln. Um diese Aufgabe erfüllen zu können, sollen bis 1997/98 allein in das Netz im Ostteil der Stadt 3,5 Milliarden Mark investiert werden.

1.1 Beschreibe die Lage der Kraftwerke, und begründe die Standortwahl.
1.2 Durch die Teilung der Stadt wurde Berlin (West) zur Strominsel. Erläutere Aufgaben und Probleme, die sich daraus ergeben.
1.3 Informiere dich, durch welche Maßnahmen die BEWAG die Emissionswerte ihrer Kraftwerke reduzierte.
1.4 Erläutere die Vorteile, die der Verbundbetrieb für den Westteil Berlins bringt.

Die Berliner Kraftwerke verbrauchten:

	1000 t SKE	Anteil %
Kohle	2830	71,5
Heizöl	829	20,9
schwer	479	
leicht	350	
Erdgas	300	7,6

(SKE = Steinkohleneinheit, es entspricht 1 kg SKE dem Steinkohlenwärmeäquivalent von 7000 kcal/kg = 29,3 MJ/kg = 8,141 kWh.)

M2 Brennstoffverbrauch, 1991

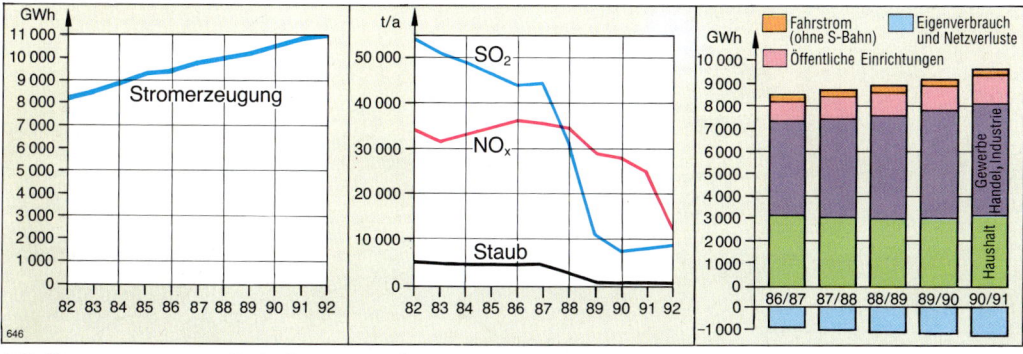

M3 Stromerzeugung, Emissionen und Stromabnehmer

2.1 Erläutere die hydrogeologischen Verhältnisse Berlins, und begründe, warum für die Trinkwasserversorgung günstige Voraussetzungen bestehen.

2.2 Beschreibe die Lage der Berliner Wasserwerke und begründe sie.

2.3 Informiere dich über die Geschichte der Berliner Wasserversorgung und Abwasserentsorgung, und berichte darüber.

2.4 Im Ostteil Berlins lag die Förderleistung 1990 um 30,3 Mill. m³ unter der des Vorjahres. Nenne Ursachen.

2 Trinkwasserversorgung und Abwasserentsorgung

Die hydrogeologischen Verhältnisse Berlins bilden eine ausgezeichnete Grundlage für die Trinkwasserversorgung (s. S. 104).

Allerdings reichen bei dem heute benötigten Wasserbedarf die Versickerung der Niederschläge und die **Uferfiltration** aus Flüssen und Seen nicht mehr aus, um die Wasserentnahme auszugleichen. Deshalb wird in mehreren Wasserwerken das Grundwasser aus vorher gereinigtem Oberflächenwasser angereichert, das in flachen Becken zum Versickern gebracht wird.

Im Bereich der Wasserwerke existieren Wasserschutzgebiete, um das Grundwasser vor nachteiligen Einwirkungen zu schützen. In ihnen sind bestimmte Handlungen und Nutzungen eingeschränkt oder verboten. Insgesamt gilt, daß der Schutz des Trinkwassers Vorrang vor der Siedlungsentwicklung haben muß.

Für die Versorgung Berlins mit Trinkwasser und die Abwasserreinigung sind die Berliner Wasser-Betriebe, ein Eigenbetrieb der Stadt, der 1993 voraussichtlich Aktiengesellschaft wird, zuständig. Sie sind nach der am 31.12.1991 erfolgten Fusion mit dem Schwesterbetrieb aus dem Ostteil das größte deutsche Wasserversorgungs- und Abwasserentsorgungsunternehmen.

In den 15 Wasserwerken liefern über 1200 Tiefbrunnen stündlich je 40 bis 400 m³ Wasser aus 26 bis 170 m Tiefe. Außerdem fördern drei Horizontalbrunnen stündlich je bis zu 1600 m³ Wasser. Diese Werke, die eine sehr unterschiedliche Kapazität haben (S. 152, M1), beliefern jeweils bestimmte Versorgungsgebiete. Die durchschnittliche Tagesförderung aller Wasserwerke betrug 1990 rund

M1 Klärwerk Ruhleben

900 000 m³, wovon 500 000 m³ auf den West- und 400 000 m³ auf den Ostteil entfielen. Das entsprach einer Jahresförderung von rund 330 Mio. m³, wovon 18,1 Mio. m³ aus Oberflächenwasser des Müggelsees gewonnen wurden. Mitte 1991 konnte allerdings die Trinkwassergewinnung aus dem Müggelsee eingestellt werden.

Im Gegensatz zu anderen Versorgungs- und Entsorgungsbetrieben gab es während der Zeit der Teilung Berlins ein einheitliches Abwassersystem. Die historisch entstandenen unterirdischen Abwasserkanäle konnten nicht getrennt werden, und so wurde auch während dieser Zeit ein beträchtlicher Teil der Abwässer Berlins (West), etwa 28 %, ins Umland entsorgt.

Alle Klärwerke in der Stadt und im Umland (S. 152, M1) unterstehen den Berliner Wasser-Betrieben.

Die einst 24 000 ha große **Rieselfeld**fläche Berlins konnte durch den Bau von Klärwerken anderen Nutzungen überlassen werden. Dieser Prozeß begann bereits in den 20er Jahren. Nur auf dem Rieselfeld Karolinenhöhe werden noch 1,6 Mio. m³/a Abwasser entsorgt.

Eine besondere Bedeutung haben die Phosphateliminationsanlagen in Tegel und Beelitzhof. Phosphate fördern das Algenwachstum und mindern die Wasserqualität. Durch diese Anlagen wurde die Phosphatkonzentration des Tegeler Sees bzw. der Grunewaldseen erheblich gesenkt. 1980 wurde zum Beispiel mit dem vom Wannsee in die Grunewaldseen übergeleiteten Wasser noch 1400 kg Phosphor in den Schlachtensee eingetragen. Jetzt sind es nur noch 40 kg im Jahr.

In allen Fragen der Versorgung und Entsorgung muß ein partnerschaftlicher Interessenausgleich zwischen Berlin und seinem Umland angestrebt werden. Dem Land

Für den Zeitraum 1991 bis 1995 geplante Investitionen der Berliner Wasser-Betriebe

(in Mill. DM)

– Klärwerke	1915
– Kanäle	1141
– Rohrnetz	766
– Wasserwerke	499
– Abwasserpumpwerke	265
– Regenbecken	87
– Sonstiges	497
davon im	
● Westteil	2340
● Ostteil	2830

2.5 Besteht ein Zusammenhang zwischen diesen Investitionen und dem Umweltschutz?
2.6 Begründe, warum die Beseitigung der Rieselfelder eine wichtige Maßnahme im Sinne des Umweltschutzes war. Wie werden Flächen ehemaliger Rieselfelder heute genutzt?

M2 Petershagen wird an das Berliner Abwassernetz angeschlossen

3.1 Erläutere Möglichkeiten, wie du zur Abfallvermeidung und Abfallverwertung beitragen kannst.

3.2 Informiere dich, welche Recycling-Aktivitäten die Berliner Stadtreinigungs-Betriebe entwickelt haben.

3.3 Erläutere mit Hilfe von M1 Struktur und Maßnahmen der Abfallwirtschaft in Berlin.

Brandenburg kann nicht die Funktion der Umweltentlastung für Berlin zugewiesen werden. Die Berliner Wasser-Betriebe haben im Bereich des Trinkwassers großes Interesse an partnerschaftlicher Zusammenarbeit, weil Berlin zunehmend auf die Wasserversorgung aus dem Umland angewiesen sein wird. Andererseits erhalten Gemeinden im Umland Anschluß an das Berliner Abwassernetz. Ein Konzept sieht vor, neun Großklärwerke für die Reinigung von 1,4 Mio. m³ Abwasser täglich auszubauen und diese Gemeinden durch neu zu bauende Pumpwerke und Abwasserdruckrohrleitungen an die Klärwerke anzuschließen. Um die Schlämme aus der Abwasserreinigung schadlos zu beseitigen, sollen je eine gemeinsame Schlammverbrennungsanlage im Norden (für die Klärwerke Schönerlinde, Falkenberg und Münchehofe) und Süden (für die Klärwerke Waßmannsdorf, Stahnsdorf und Marienfelde) errichtet werden.

3 Abfallentsorgung

Wohin mit dem Müll? Diese Frage bekommt zunehmend Gewicht. Jeder Berliner wirft durchschnittlich 285 kg Abfälle jährlich in die Mülltonnen, das sind insgesamt 1 Mio. t. Das aber ist nur der Hausmüll. Alles in allem fallen in Berlin rund 3 Mio. t Abfälle an.

Die Abfallwirtschaft in Berlin obliegt den Berliner Stadtreinigungsbetrieben (BSR), die seit der Fusion mit

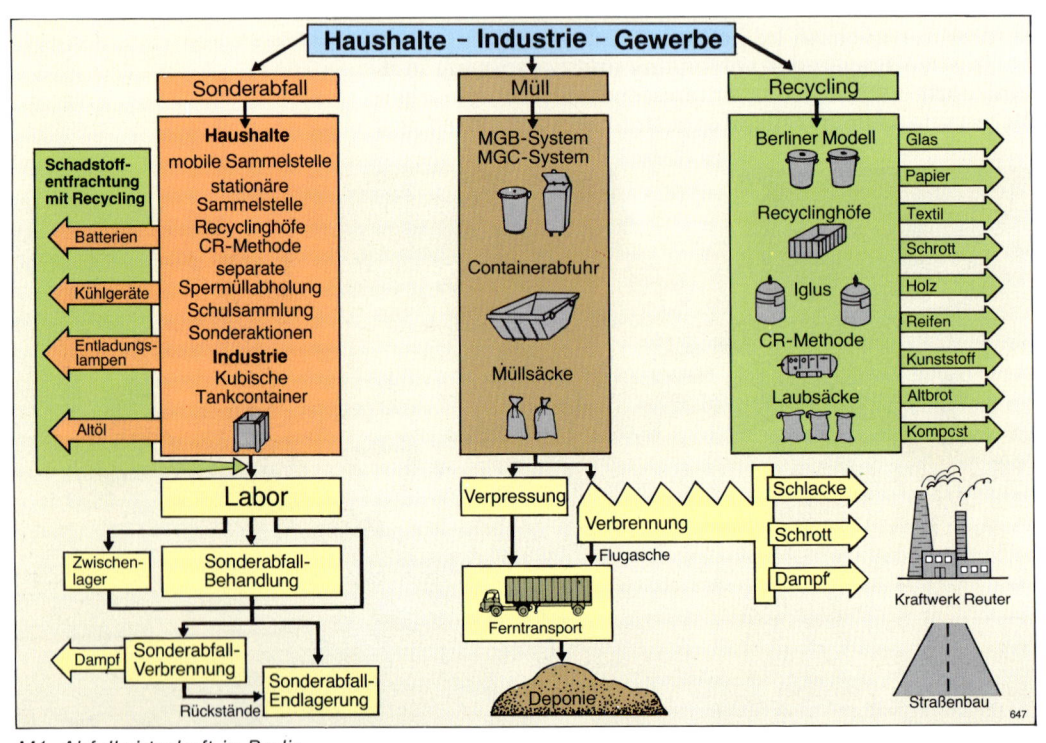

M1 Abfallwirtschaft in Berlin

der „Stadtreinigung Berlin" aus dem Ostteil (Januar 1992) für das gesamte Stadtgebiet zuständig sind. Bei der Abfallbeseitigung werden zwei Methoden unterschieden, Abfallverbringung und Abfallverbrennung.

Seit 1974 gibt ein Vertrag den BSR die Möglichkeit, Abfall in das Umland auf die Deponien Vorketzin und Schöneiche zu verbringen. Dafür wurden in den Abfallbeseitigungswerken Ruhleben und Britz Umladestationen errichtet. Deponien in Berlin (West) – in Lübars, Marienfelde und Wannsee – konnten geschlossen werden. Auch der Abfall aus dem Ostteil Berlins wird ins Umland verbracht – auf die Deponien Wernsdorf, Schwanebeck und Schöneiche-Plan. Die Müllverbrennungsanlage Lichtenberg wurde 1992 aus Umweltgründen geschlossen.

Abfallverbrennung findet im Müllkraftwerk Ruhleben statt, wo rund 400 000 t Müll im Jahr verbrannt werden. Bei der thermischen Verwertung von Abfällen wird deren Volumen um 85–90 % verringert, das Gewicht um ca. 60 %. Da auch die Schlacke verwertet wird (M2), bleiben von einer Tonne Müll schließlich noch 50–100 kg zur Deponierung übrig. Abfallverbrennung in dieser Form ist modernes Recycling, weil Eisenschrott, Hochdruckheißdampf für das benachbarte Kraftwerk Reuter und Schlacke für den Straßenbau erzeugt wird. Ein Müllverbrennungswerk mit einer modernen Rauchgasreinigungsanlage hat aus umweltpolitischer Sicht gegenüber der bloßen Deponierung viele Vorteile.

3.4 Erläutere und werte die Arbeitsweise einer Müllverbrennungsanlage.

3.5 Charakterisiere an konkreten Beispielen den Erholungswert in Berlin entstandener Deponien.

1. Müllbunker
2. Krananlage mit Polypgreifer
3. Aufgabetrichter
4. Mülldosierung
5. Walzenroste
6. Naßentschlacker
7. Dampferzeuger
8. Schlackenbunker
9. Überbandmagnet
10. Rauchgaskanal
11. Reaktionsstrecke
12. Rezirkulationskalksilo
13. Frischkalksilo
14. Wasserpumpenstation zur Rauchgaskonditionierung
15. Flugasche
16. Reaktionsprodukte
17. Gewebefilter
18. Saugzug
19. Kamin

M2 Müllkraftwerk Ruhleben

Versorgung und Entsorgung

Das Wichtigste kurzgefaßt

Elektroenergie
wird in 12 Kraftwerken erzeugt, die mit Ausnahme des Werkes Oberhavel auch Fernwärme liefern (Kraft-Wärme-Kopplung). Der Aufbau der zahlreichen Kraftwerke in Berlin (West) wurde wegen der Insellage notwendig. Im letzten Jahrzehnt wurden große Summen für den Umweltschutz ausgegeben, wodurch die Emissionen stark vermindert wurden und ihr Anteil an den Immissionen auf ein Minimum reduziert wurde.
Die Hauptaufgabe besteht gegenwärtig darin, das einheitliche Berliner Stromversorgungsnetz wieder herzustellen. Die Stromversorgung wird wieder allein der BEWAG unterstehen.

Wasserversorgung und Abwasserentsorgung
werden durch die Berliner Wasser-Betriebe geregelt. Für die Versorgung mit Trinkwasser hat Berlin günstige hydrogeologische Voraussetzungen. Dadurch sind die 15 Berliner Wasserwerke stets in der Lage, den Wasserbedarf der Stadt zu decken. In einigen Wasserwerken wird das Grundwasser künstlich angereichert, indem Oberflächenwasser zum Versickern gebracht wird.
Die meisten Abwasserklärwerke arbeiten im Berliner Umland, unterstehen aber den Berliner Wasser-Betrieben. Durch ihren Ausbau sind die Rieselfelder nahezu völlig verschwunden. Große ökologische Bedeutung haben die Phosphateliminationsanlagen.

Abfallentsorgung
obliegt den Berliner Stadtreinigungsbetrieben (BSR). Der Berliner Müll wird auf Deponien ins Umland verbracht bzw. im Müllkraftwerk Ruhleben verbrannt. Wichtigste abfallwirtschaftliche Maßnahme muß aber die Abfallvermeidung werden.

Partnerschaftliches Miteinander
zwischen Berlin und dem Lande Brandenburg sind auch auf dem Gebiete der Ver- und Entsorgung eine Aufgabe für die Zukunft. Die sich im Bereich der Abwasserentsorgung entwickelnde Zusammenarbeit könnte dafür Modellcharakter haben.

Grundbegriffe

Uferfiltration
Rieselfeld

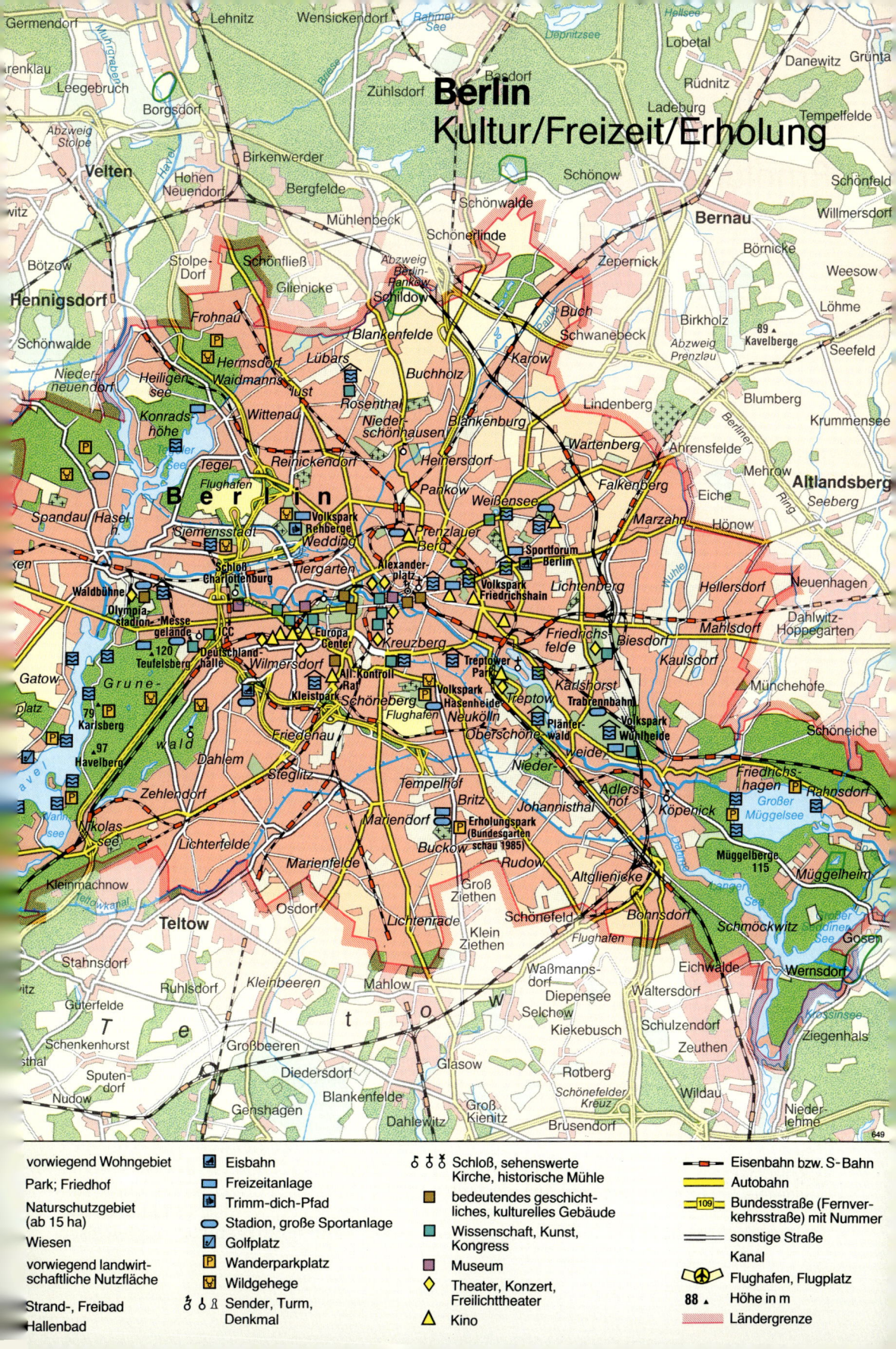

Berlin
Kultur/Freizeit/Erholung

Legend:

- vorwiegend Wohngebiet
- Park; Friedhof
- Naturschutzgebiet (ab 15 ha)
- Wiesen
- vorwiegend landwirtschaftliche Nutzfläche
- Strand-, Freibad
- Hallenbad
- Eisbahn
- Freizeitanlage
- Trimm-dich-Pfad
- Stadion, große Sportanlage
- Golfplatz
- Wanderparkplatz
- Wildgehege
- Sender, Turm, Denkmal
- Schloß, sehenswerte Kirche, historische Mühle
- bedeutendes geschichtliches, kulturelles Gebäude
- Wissenschaft, Kunst, Kongress
- Museum
- Theater, Konzert, Freilichttheater
- Kino
- Eisenbahn bzw. S-Bahn
- Autobahn
- Bundesstraße (Fernverkehrsstraße) mit Nummer
- sonstige Straße
- Kanal
- Flughafen, Flugplatz
- 88 Höhe in m
- Ländergrenze

Berlin
Kultur/Freizeit/Erholung

> *Freizeit gewinnt in einer Gesellschaft mit stetig reduzierter Arbeitszeit und Erweiterung des Erholungsurlaubs an Bedeutung. Der deutsche Industriearbeiter arbeitet nur noch 1647 Stunden jährlich (1991); er ist damit deutlich gegenüber den Beschäftigten in Frankreich (1763 Stunden), in den USA (1904 Stunden) und in Japan (2175 Stunden) bevorzugt. Der einzelne verfügt über mehr freie Zeit und sucht nach Möglichkeiten, diese zu gestalten. Mehr Zeit für Freizeit!*

1 Berlin – Stadt im Grünen

Das Angebot für Kultur, Freizeit und Erholung in Berlin ist nicht nur vielfältig, sondern auch über die Stadt hinaus bekannt. Zahlreiche Einrichtungen – ob der Zoologische Garten oder die Berliner Philharmoniker – tragen den Namen ‚Berlin' in die Welt hinaus.

Erholung bedeutet für verschiedene Bevölkerungsgruppen auch die Wahl unterschiedlicher Betätigungen und dementsprechender Ziele.

Den Berliner lockt es in der Freizeit meist ins Grüne, in die Natur. Sei es das bescheidene Refugium in Wohnnähe, der gepflegte grüne Platz mitten im Häusermeer, der nahe Park, die Gartenparzelle, die behagliche Dorfidylle, eines der ausgedehnten Waldgebiete oder eines der einladenden Ufer. Besonders im Sommer fahren viele Ausflügler zu den Ufern der Seen und Flüsse oder befahren die Gewässer mit eigenen Booten oder den Fahrgastschiffen. Diese Dampferfahrten sind sehr beliebt. Das Angebot ist groß, denn Berlin ist aufgrund seiner geologischen Verhältnisse reich an Gewässern. Die Wasserfläche umfaßt 6,4 % der Gesamtfläche Berlins. Neben Havel, Spree und Dahme sowie den Kanälen gibt es in Berlin über 475 Seen, Teiche und Pfuhle. Über 400 km Ufer laden zum Verweilen ein.

Die Waldflächen Berlins stellen mit 17,5 % einen ansehnlichen Flächenanteil. Sie sind die grünen Lungen der Stadt und laden zu Spaziergängen ein. Der verstreute oder weit ausgebreitete Flächenbestand der Kleingärten im Stadtgebiet ist immer wieder in der Diskussion, z. B. in Abwägung der Flächennutzung gegenüber Industriesiedlung und Wohnungsbau. Dennoch ist ihre Bedeutung für die Erholung, das Stadtbild und das Stadtklima sowie für Biotopen- und Artenschutz anerkannt.

Die zur Erholung nutzbaren Räume sind vielfältig. Die Grünflächen sind aber im Stadtgebiet ungleich verteilt (s. S. 159). In den innerstädtischen Bereichen gibt es wenige kleinere Anlagen. Die Außenbezirke sind begünstigt. Großen Anteil an Wald- und Wasserflächen haben die „grünen" Bezirke Frohnau, Zehlendorf und Köpenick. Die Grünflächen tragen zur Qualität des Stadtklimas bei, deshalb wird die Gestaltung privater Frei- und Grünflächen gefördert. Viele Gebiete werden als **Landschaftsschutzgebiete** und **Naturschutzgebiete** ausgewiesen,

1.1 Stelle die Flächenanteile in einem Säulen- oder Kreisdiagramm dar (M2).
1.2 Suche Erholungsräume in deinem Wohnbezirk, und beurteile die Versorgung im Vergleich mit der Bevölkerungsstruktur und ihrer zu erwartenden Ansprüche (S. 159).
1.3 Nenne die wichtigsten geschlossenen Grünflächen in der Stadt.
1.4 Begründe, warum Berlin ‚Stadt im Grünen' genannt wird.
1.5 Suche Naherholungsgebiete im Umland aus der Atlaskarte, die aufgrund ihrer Entfernung für einen Tagesausflug geeignet sind. Welche Verkehrsmittel bieten sich an? Beschreibe die Fahrt.

Großer Müggelsee	766,7 ha
Tegeler See	408,0 ha
Seddinsee	376,0 ha
Langer See	283,7 ha
Großer Wannsee	260,0 ha
Zeuthener See	231,0 ha
darunter in	
Berlin-Köpenick	155,0 ha
Dämeritzsee	112,2 ha
darunter in	
Berlin-Köpenick	47,0 ha
Griebnitzsee	55,0 ha
Niederneuendorfer See	50,0 ha
Schlachtensee	43,1 ha
Rummelsburger See	38,9 ha

M1 Größere Seen Berlins

damit Pflanzenwelt, Erholungsanlagen und Wälder gepflegt und erhalten werden. Erholungsgebiete müssen auch vor schädlichen Umwelteinflüssen bewahrt werden. Grünräume sind wichtig für den Lebensraum, für die Natur und den Menschen.

Neben der Erholung im Stadtgebiet bietet das Umland zahlreiche Möglichkeiten, z. B. eine Bahnfahrt nach Potsdam oder Bernau, Schiffahrten nach Werder oder Prieros sowie Kahnfahrten im Spreewald haben eine lange Tradition.

Berlin, Flächen in km^2	889,1
davon in %	
Gebäude- und Freiflächen	42,9
Verkehrsfläche	12,2
Waldfläche	17,5
Wasserfläche	6,4
Erholungsfläche	10,8
Landwirtschaftsfläche	6,8
Sonstige Flächen	3,4

M2 Flächennutzung Berlins

M3/4 Die Panke im Weddinger Wohn- und Industriegebiet kanalisiert und als offener Fluß

Erholungsraum und Grünzug in der Stadt – ein Beispiel

Für einen dichtbesiedelten Stadtraum sind Erholungsflächen unverzichtbar. Durch ein zu erwartendes Bevölkerungswachstum wird der Bedarf an Erholungsflächen ansteigen. Um die Lebensqualität der Stadt zu erhalten, muß dem Rechnung getragen werden.

Die Panke ist ein kleiner Wiesenfluß, der im Bezirk Wedding in den Berlin-Spandauer-Schiffahrtskanal mündet. Die Wasserkraft der Panke wurde in früheren Jahrhunderten als Antriebskraft genutzt. In der Zeit der Industrialisierung wurde die Panke bis an ihre Ufer bebaut und kanalisiert. Von dem kleinen Fluß war im Stadtbild nichts mehr zu sehen. Als landschaftsplanerisches Projekt begann man in den fünfziger Jahren, die Panke freizulegen und zu neuem Leben zu erwecken. Der Pankegrünzug sollte neu entstehen. Schrittweise erfolgte die Neugestaltung der Uferregion, so daß sich ein Grünzug entlang des Flusses – wenn auch nicht vollständig – durch den Bezirk Wedding mit einer Gesamtfläche von rund 25 Hektar erstreckt. Dadurch ist für die Menschen ein wohnungsnaher Freiraum entstanden, der Möglichkeiten des Aufenthalts, der Entspannung bietet und ebenso seine Bedeutung für Tier- und Pflanzenwelt hat.

M5 Schutzmaßnahme zum Erhalt der neu angelegten Grünzüge entlang der Panke.

161

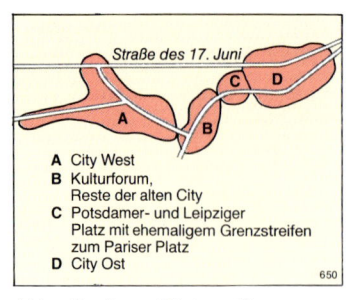

M1 „Berliner Cityband"

A City West
B Kulturforum, Reste der alten City
C Potsdamer- und Leipziger Platz mit ehemaligem Grenzstreifen zum Pariser Platz
D City Ost

2   Die Kulturmetropole

Zahlreiche Berlinbesucher und Berliner haben dem Zoologischen Garten und dem Aquarium einen festen Platz in ihrem Freizeitprogramm eingeräumt. Der Zoologische Garten, der nach einer Schenkung König Friedrich Wilhelm IV. im Jahre 1844 eröffnet wurde, war der erste in Deutschland. Zur Leitung des Tierparks gehörten der Afrikaforscher Lichtenstein, der Naturforscher Alexander von Humboldt und der Gartenarchitekt Lenné. Der Zoologische Garten gewann an Bedeutung und Umfang. Heute ist er der artenreichste Tierpark der Welt mit einem Bestand von über 15 000 Tieren bzw. 1670 Arten (1990). Auch die Besucherzahlen sind beachtlich; im Jahr 1991 waren es rund 3,4 Millionen Besucher. Der Tierpark Friedrichsfelde ist nach der Teilung Berlins geschaffen worden, um auch in der östlichen Stadthälfte einen Zoo zu haben.

Für das aktive Freizeitverhalten gibt es ein großes Angebot. Eine beachtliche Zahl von Sportstätten lädt die Interessierten ein: 80 städtische Hallen- und Freibäder, 260 Sportstadien und Sportplätze, 852 Sporthallen, 689 Tennisplätze und zahlreiche Freizeitparks. Die 1810 Sportvereine bieten vielfältige Möglichkeiten für Breiten-, Wettkampf- und Freizeitsport. Berliner Sportler nahmen erfolgreich an Meisterschaftskämpfen teil, wie die Spandauer Wasserballer. Der Berlin-Marathon lockt Teilnehmer aus aller Welt in die Stadt.

So vielfältig die Bevölkerung der Stadt zusammengesetzt ist, so unterschiedlich ist auch ihr Freizeitverhalten. Zahlreiche kulturelle Angebote gibt es für den an Thea-

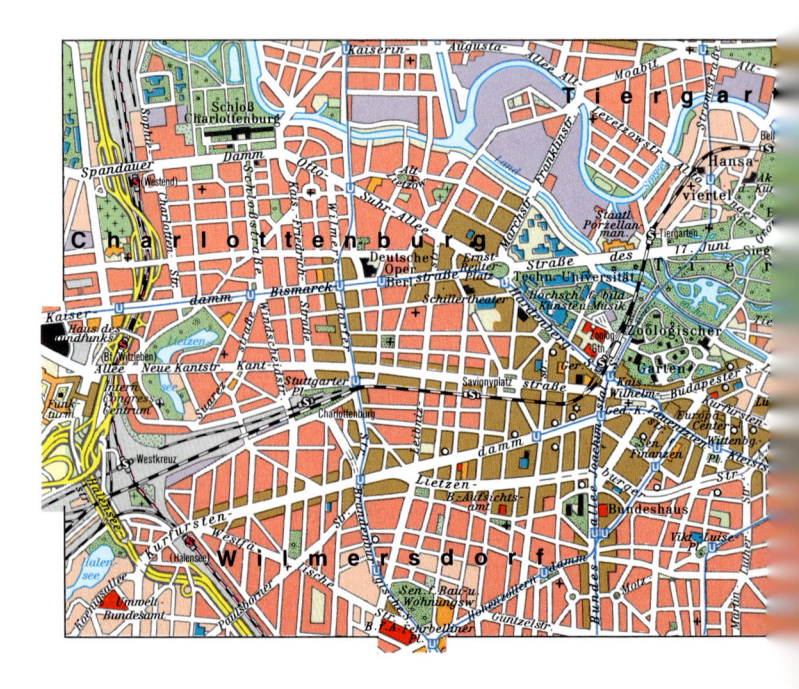

M2 Die City Berlins

ter, Konzert, Malerei, Forschung und Wissenschaft Interessierten. Berlin hat als Kulturzentrum eine große Tradition, die verpflichtet.

Es gibt in Berlin 54 staatliche und private Theater und Freilichtbühnen, 126 Filmtheater und 80 Museen. Die meisten Theater liegen zentral im Bereich um die Straßenzüge Unter den Linden und Friedrichstraße und im Einzugsbereich des Kurfürstendamms. Diese zentrale Zone Berlins, die aus den Citybereichen der beiden Stadthälften zusammenwächst, zeichnet sich nicht nur durch eine starke Verdichtung von Kulturstätten aus. Hier befinden sich zugleich auch das Hauptgeschäftszentrum Berlins und die wichtigsten Verwaltungseinrichtungen. Man spricht von der Entstehung eines Citybandes (M1).

Wichtige Entscheidungen, die der Entstehung des Citybandes vorausgingen, wurden bereits in den fünfziger und sechziger Jahren getroffen. Damals ging man von einer baldigen Wiedervereinigung Deutschlands und Berlins aus. In diesem Zusammenhang ist auch die Standplatzentscheidung für den Bau der neuen Philharmonie am südlichen Tiergarten zu sehen. Gegen die Stimmen, die sich für einen Standort in der unmittelbaren City-West aussprachen, setzten sich die Befürworter eines Standplatzes mit einer zentralen Lage für ganz Berlin durch. Damals bedeutete diese Entscheidung für die Philharmonie, sich mit einer unattraktiven Randlage abfinden zu müssen. Neben der Philharmonie wurden hier weitere kulturelle Einrichtungen (Nationalgalerie und andere Museen sowie die Staatsbibliothek) angesiedelt. So entstand das „Kulturband an der Spree", das nun zum Herz des entstehenden Citybandes geworden ist.

2.1 Ergründe, wie bestimmte Freizeiteinrichtungen (z. B. Theater, Hallenbäder etc.) im Stadtgebiet verteilt sind. Fertige dazu eine kartographische Übersichtsskizze an.
2.2 Informiere dich anhand von Prospekten über das Museumsangebot Berlins. Stelle eine Liste zusammen (Einrichtung, Lage, Angebot).
2.3 Grenze mit Hilfe der Karte die Bereiche der City (Ost) und der City (West) ab. Erläutere, nach welchen Kriterien du die Abgrenzung vorgenommen hast.
2.4 Erläutere den Begriff „Cityband" (s. S. 125, S. 133 ff.). Verdeutliche in einer Kartenskizze den Verlauf des Citybandes, und markiere die wichtigsten kulturellen Einrichtungen in diesem Bereich.

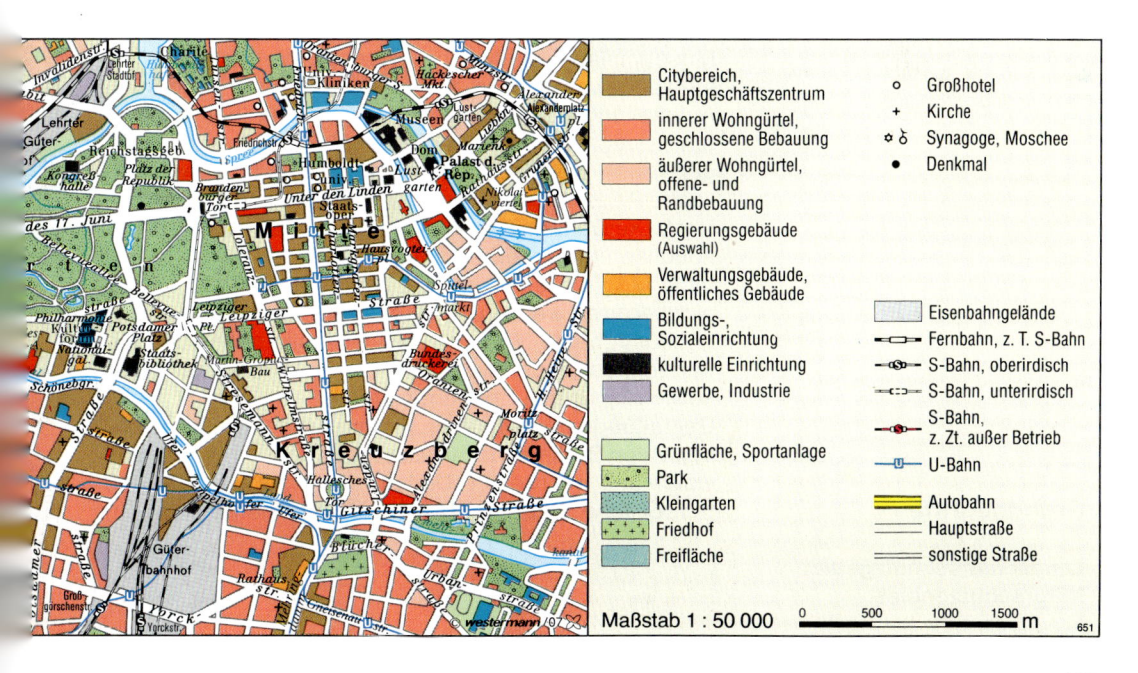

Berlin
Kultur/Freizeit/Erholung

Das Wichtigste kurzgefaßt

Räume für Kultur, Freizeit und Erholung

In der modernen Industriegesellschaft besitzt die Freizeit einen hohen Stellenwert und beansprucht besonders im städtischen Leben immer mehr Raum. Der einzelne sucht nach unterschiedlichen Möglichkeiten, seine Freizeit zu gestalten. Für viele Menschen bedeutet Erholung und Entspannung, aktiv oder passiv den Aufenthalt im Freien zu genießen. Die Erholung im Grünen hat in Berlin Tradition. Die Erholungsräume, die die Stadt bietet, sind nach Größe, Lage und Ausstattung verschieden, z. B. Parks, Wälder, Flußufer oder Kleingärten. Die Ausstattung des Berliner Raumes mit Wald, Grün- und Wasserflächen ist als landschaftliche Gunst zu werten. Der Zoologische Garten ist ein Ort, an dem die Besucher Erholung, Spaß und Spiel finden. Seit Generationen bestätigen hohe Besucherzahlen die ungebrochene Beliebtheit.

Für den sportlich Interessierten sind Sporthallen, Sportplätze und Sportanlagen, Frei- und Hallenbäder vorhanden. Dort werden für verschiedene Alters- und Interessengruppen Programme angeboten und Wettkämpfe durchgeführt.

Wachsam reagieren die Bürger, wenn mit zunehmender Bebauungsdichte Nutzungskonflikte zu Lasten von Erholungsräumen entschieden werden, weil es um die Lebensqualität in der Stadt geht.

Das Beispiel des Pankegrünzuges verdeutlicht, wie vielfältig die Chancen sind, Erholungsräume zu gewinnen und hier zur Verbesserung der Wohnumfeldgestaltung beizutragen.

Das Angebot der Museen in Berlin ist groß. Der Besucher merkt, daß Sachverstand und Tradition die Museumslandschaft geprägt haben. Wertvolle Sammlungsstücke gehören zu den Schätzen der ständigen Ausstellungen. Attraktiv wird das Angebot ergänzt durch wechselnde, thematisch gebundene Ausstellungen. Auch die darstellenden Künste und das musikalische Repertoire präsentieren sich in Vielfalt und Kontrast. Die Bühnen in Berlin bieten dem Besucher traditionelles und experimentelles Theater.

Viele Möglichkeiten, die die Stadt bietet, konnten gar nicht erörtert werden. Hier soll stellvertretend noch das gut ausgebaute Netz der Berliner Bibliotheken und die Bildungsangebote der Hoch- und Volkshochschulen sowie der Urania erwähnt werden.

Gestaltungsmöglichkeiten für den Bürger gibt es reichlich. Allen Berlinern ist es jetzt auch wieder möglich, das wald- und seenreiche Umland der Hauptstadt in das persönliche Freizeitprogramm einzubeziehen.

Grundbegriffe

Landschaftsschutzgebiet
Naturschutzgebiet

S. 165 Lindenallee in der Mark Brandenburg ▷

Berlin-Brandenburg

M1 Germanische und slawische Siedlungsgebiete (Anfang 10. Jahrhundert)

1 Steige hoch, du roter Adler ...

Die historischen Wurzeln des Bundeslandes Brandenburg gehen bis in das 12. Jahrhundert zurück. Damals wurde das Gebiet zwischen Elbe und Oder durch den Askanier Albrecht der Bär von den Slawen erobert. Der neue Herrscher ließ sich in der slawischen Feste Brennaburg (heute Brandenburg) nieder und ernannte sich zum „Markgrafen von Brandenburg".

1618 wurde die Mark Brandenburg mit dem Herzogtum Preußen vereint und blieb bis zur Auflösung Preußens (1947) als „Provinz Brandenburg" dessen Kernland. Die Mark Brandenburg war ein territorial stark zersplittertes Staatswesen. Im wesentlichen bestand es aus drei Teilen: dem Gebiet westlich der Elbe, der Altmark, dem Gebiet zwischen Oder und Elbe, bestehend aus Prignitz, Uckermark und Mittelmark, sowie der Neumark östlich der Oder. Während die Altmark bereits 1815 der preußischen Provinz Sachsen zugeschlagen und die Neumark 1945 an Polen abgetreten wurde, bestanden die zentralen brandenburgischen Bereiche als „Land Brandenburg" bis zur DDR-Verwaltungsreform 1952 fort. In den folgenden Jahrzehnten war das Gebiet Brandenburgs in mehrere Verwaltungsbezirke gegliedert, aus denen schließlich am 3.10.1990 das „Bundesland Brandenburg" neu gegründet

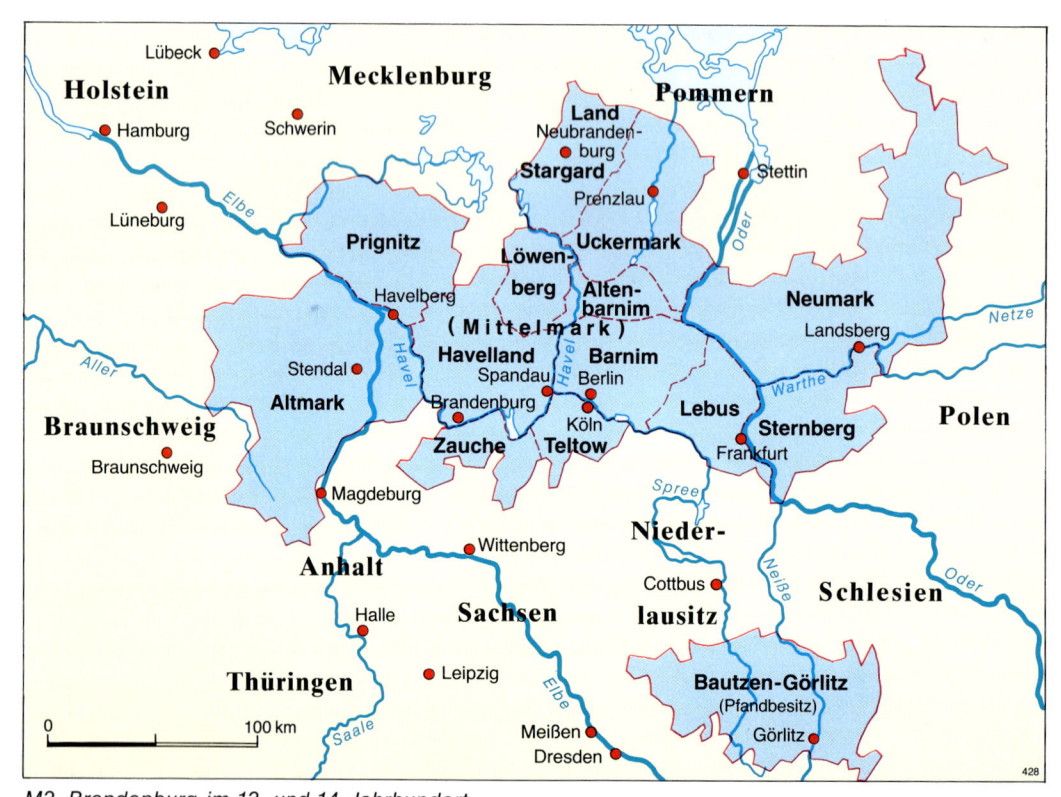

M2 Brandenburg im 13. und 14. Jahrhundert

166

wurde. Sein weithin bekanntes Wappen ist der rote Adler, den die Hymne des Landes besingt:
„Steige hoch, du roter Adler, hoch über Sumpf und Sand, hoch über dunkle Kiefernwälder, heil Dir, mein Brandenburger Land."

Brandenburg ist mit ca. 30 000 km² das größte und auch waldreichste neue Bundesland. Mit seinen rund 3000 Seen, zahlreichen Flüssen und Kanälen steht es an der Spitze aller Bundesländer Deutschlands.

Der Anteil Brandenburgs an der Fläche des gesamten Bundesgebiets beträgt 8,1%. Die größte Erstreckung von West nach Ost beträgt rund 200 km, von Nord nach Süd 235 km. Im Osten ist Brandenburg Grenzland zu Polen mit 252 km langer Grenze an Oder und Lausitzer Neiße. Frankfurt/Oder als östlichste deutsche Großstadt ist der bedeutendste Grenzübergang nach Polen.

In Brandenburg lebten am 31.12.1990 2,58 Millionen Einwohner, das entspricht einer Bevölkerungsdichte von 89 E./km². Das Land zählt damit zu den dünn besiedelten Bundesländern. Mehr als 100 E./km² weisen nur die größten Städte des Landes auf sowie die im Umkreis vom Ballungsraum Berlin liegenden Landkreise. Im Südosten leben Angehörige des Volkes der Sorben, eines slawischen Volksstammes. Amtliche Bezeichnungen findet man dort zweisprachig, z. B. Cottbus und Chosebuz.

M3 Wappen von Brandenburg

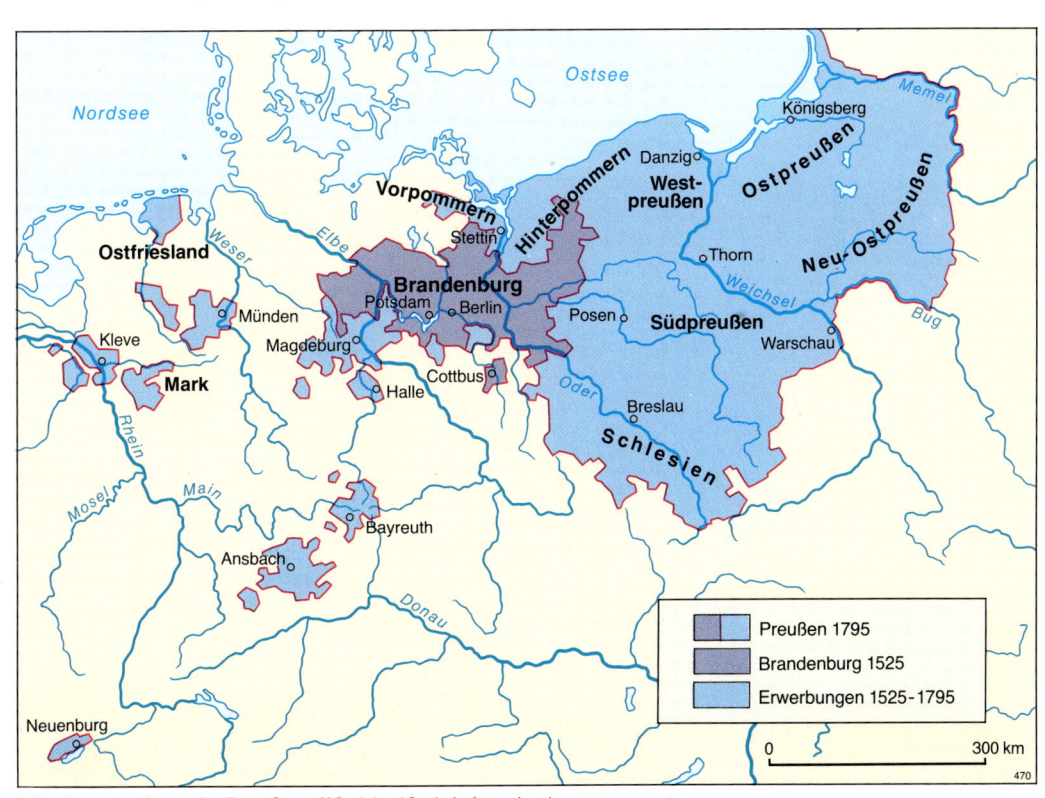

M4 Brandenburg in Preußen (16. bis 18. Jahrhundert)

2 Entwicklungsplanung für die Region Berlin-Brandenburg

Im Einigungsvertrag zwischen der Bundesrepublik Deutschland und der DDR vom 31.8.1990 wird an der historisch gewachsenen Trennung Berlins von Brandenburg festgehalten. Artikel 5 empfiehlt allerdings, über eine Neugliederung des Raumes Berlin-Brandenburg in Verhandlungen einzutreten. Der im Zentrum der Region Berlin-Brandenburg gelegene Großraum Berlin bildet bereits heute einen der größten europäischen Ballungsräume, dessen Einwohnerzahl über das Jahr 2000 hinaus auf rund 8 Millionen anwachsen wird. Politisch wird durch die Verlagerung des Regierungssitzes der Bundesrepublik Deutschland nach Berlin das Gewicht dieser Region gestärkt, mit beachtlichen wirtschaftlichen Folgen für die Dienstleistungsmetropole Berlin und Umgebung. Beide Länder werden eine gemeinsame Landesentwicklung durchführen müssen. Diese sieht als Leitbild eine ausgeglichene Entwicklung aller Teile des Raumes Berlin-Brandenburg vor, und zwar im Sinne einer **dezentralen Konzentration**. Es sind dabei folgende Abstufungen zu unterscheiden:
- die Gebiete des ländlichen Raumes,
- die Mittelzentren Eberswalde-Finow, Neuruppin, Jüterbog/Luckenwalde als regionale Entwicklungszentren,
- die Oberzentren Potsdam, Frankfurt/Oder, Brandenburg und Cottbus,
- der engere **Verflechtungsraum** Berlin-Brandenburg bzw. Großraum Berlin,
- die Kernstadt Berlin.

Zum Großraum Berlin zählen die Stadt sowie die angrenzenden Stadt- und Landkreise, es sind dies der Stadtkreis Potsdam sowie die Landkreise Potsdam, Nauen, Oranienburg, Bernau, Strausberg, Fürstenwalde, Königs Wusterhausen und Zossen. Dieser Raum liegt innerhalb eines 60 km-Radius um das Stadtzentrum von Berlin. Eine Variante ist die Begrenzung des Großraumes durch den Berliner Autobahnring.

Die Mittel- und Oberzentren werden als Entwicklungsschwerpunkte gefördert. Das bedeutet, daß sie attraktive Standorte für Wohnen und Arbeiten werden, die durch ein leistungsfähiges Verkehrsnetz untereinander und mit der Metropole verbunden sind (M1). Damit werden vergleichbare Lebensbedingungen zwischen Berlin und dem näheren und weiteren Umland geschaffen; es muß verhindert werden, daß die Kernstadt Berlin alles an sich zieht.

Die gemeinsame Landesentwicklungsplanung Berlin-Brandenburg muß dafür Sorge tragen, daß nach übereinstimmenden Grundsätzen Bauplanungen, Gewerbe- und Industrieansiedlungen sowie die Sicherung von Freiflächen, Wald- und Erholungsgebieten geschehen. Als Ergebnis dieser Zusammenarbeit wird angestrebt, zwischen

2.1 Über welche Einrichtungen muß
- ein Oberzentrum,
- ein Mittelzentrum

verfügen; nenne quantitative und qualitative Unterschiede.

2.2 Erkläre an Beispielen den Begriff „Speckgürtel".

M1 Regionale Entwicklungszentren in Brandenburg

Oberzentren sind Entwicklungsschwerpunkte des Bundeslandes. Sie weisen Einrichtungen des spezialisierten höheren Bedarfs auf, wie Hochschulen, große Freizeit- und Erholungsanlagen, Theater, Schwerpunktkrankenhäuser, Großkaufhäuser und spezialisierte Einkaufsmöglichkeiten, Großbanken sowie wichtige Verwaltungsdienststellen. Oberzentren sind Knotenpunkte des überregionalen Verkehrs.

Mittelzentren besitzen Einrichtungen zur Deckung des höheren Bedarfs, wie Gymnasium, Schule für Lernbehinderte, Krankenhaus, Fachärzte, Sportanlagen, Fachgeschäfte, Banken sowie öffentliche Dienstleistungen.

- ⊙ Oberzentrum (OZ)
- ⊙ Mittelzentrum (MZ)
- ● potentielles Zentrum
- → großräumige Verbindungsachsen
- ⇒ regionale Verbindungsachsen

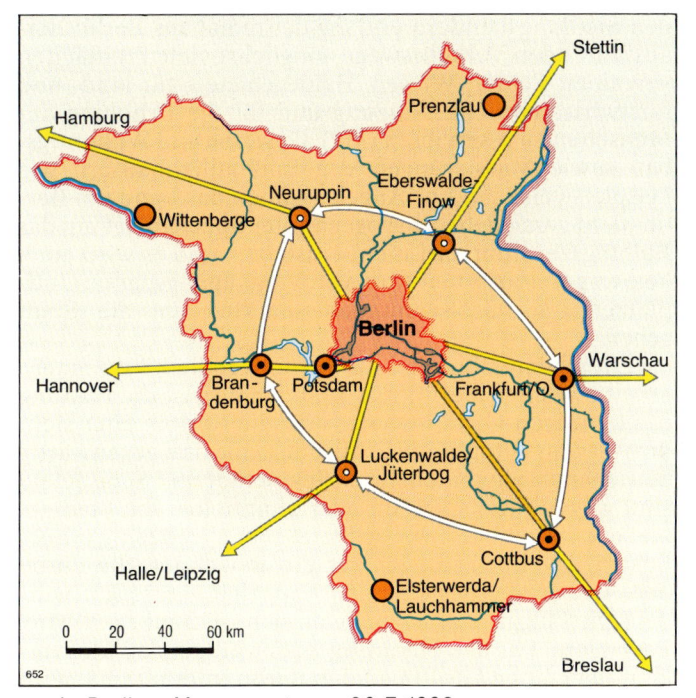

nach: Berliner Morgenpost vom 26.7.1992

M2 Fallbeispiel: Mittelzentrum Eberswalde

Stadtentwicklungsplan für Eberswalde vorgestellt:

„Mittelzentrum" im Norden von Berlin mit viel Grün

Eberswalde (dpa/MOZ) Die brandenburgische Kreisstadt Eberswalde soll sich in den kommenden Jahren zu einem „Mittelzentrum" im Norden von Berlin entwickeln. Die Verbesserung der wirtschaftlichen Infrastruktur stehe dabei im Mittelpunkt der Planungen, ferner solle Eberswalde eine „Wohnstadt im Grünen" werden, sagte Baudezernent Ingo Weihe (SPD) gestern bei der Vorstellung des Stadtentwicklungsplanes.

Es ist vorgesehen, den Industriestandort Eberswalde als wichtigstes Arbeitsstättenzentrum für das Kreisgebiet zu erneuern. Vorhandene Industrie- und Gewerbegebiete sollen verdichtet und intensiver genutzt werden. Stark emittierende Betriebe sollen innerhalb des Stadtgebietes umgesiedelt werden. Für mittelständische Betriebe sollen verstärkt Gewerberäume sowie geeignete Bauflächen zur Verfügung gestellt werden. Durch komplexe Sanierung will man die Wohnverhältnisse der Bürger verbessern. Die Förderung des innerstädtischen Bauens sowie eine Begrünung sollen dabei die Schwerpunkte bilden.

In der Verkehrspolitik will sich die Stadt an den Grundsätzen eines integrierten Stadtverkehrssystems orientieren. Zur Entlastung des Stadtkerns sind Umgehungsstraßen und die Schaffung von neuen Anbindungen an die Autobahn Berlin-Penkun geplant.

Im Bereich des Individualverkehrs ist der Aufbau eines Park-and-Ride-Systems vorgesehen. Das bestehende O-Bus-Netz soll als umweltfreundliches Nahverkehrsmittel ausgebaut werden. Vorgeschlagen wurde im Stadtentwicklungsplan auch der Anschluß an das überregionale Schnellverkehrssystem (Intercity/Interregio).

aus: Märkische Oderzeitung vom 22./23.6. 1991

M1 Lage der Berliner Flughäfen

den Siedlungsbändern entlang der radial aus Berlin herausführenden Verkehrswege, möglichst viele Freiflächen – Wälder, Felder, Wiesen, Heidegebiete – für land- und forstwirtschaftliche Nutzung und für die Erholung der Menschen zu reservieren (M2). Gewerbe und Wohnungsbau sowie Massierungen von Einfamilienhäusern wie beispielsweise um Los Angeles sollten das Land um Berlin nicht zersiedeln. Ein sogenannter **Speckgürtel** um das Ballungszentrum darf nicht entstehen, und es wird auch keinen geschlossenen Ring von Vergnügungsparks, Golfplätzen und Großverbrauchermärkten um die Stadt geben.

Ein weiteres Beispiel für die notwendige Zusammenarbeit zwischen Berlin und Brandenburg ist die Planung des künftigen Großflughafens für die Region. Hier sieht die Ausgangssituation wie folgt aus: alle drei gegenwärtig betriebenen Flughäfen Tegel, Tempelhof und Schönefeld sind wegen ihrer Lage im oder unmittelbar am Stadtgebiet gut erreichbar. Dies bedeutet aber gleichzeitig erhebliche Umweltbelastungen für die Bewohner, die durch den Ausbau der bestehenden Kapazität vergrößert würden. Die Fluggastzahlen beliefen sich 1992 auf ca. 10 Mio. Passagiere. Für den zukünftig zu bewältigenden Flugverkehr über einen Großflughafen Berlin International wird eine jährliche Fluggastzahl von 30–40 Mio. Passagiere angenommen. Als Standort haben sich Brandenburg und Berlin auf das südliche Umland der Stadt verständigt. Das Beispiel des neuen Münchener Großflughafens im Erdinger Moos zeigt, mit welchen Fristen für Planung, Bau und Inbetriebnahme zu rechnen ist. Nach heutigem Erkennt-

M2 Entwicklungsmodell Großraum Berlin Maßstab 1 : 750 000

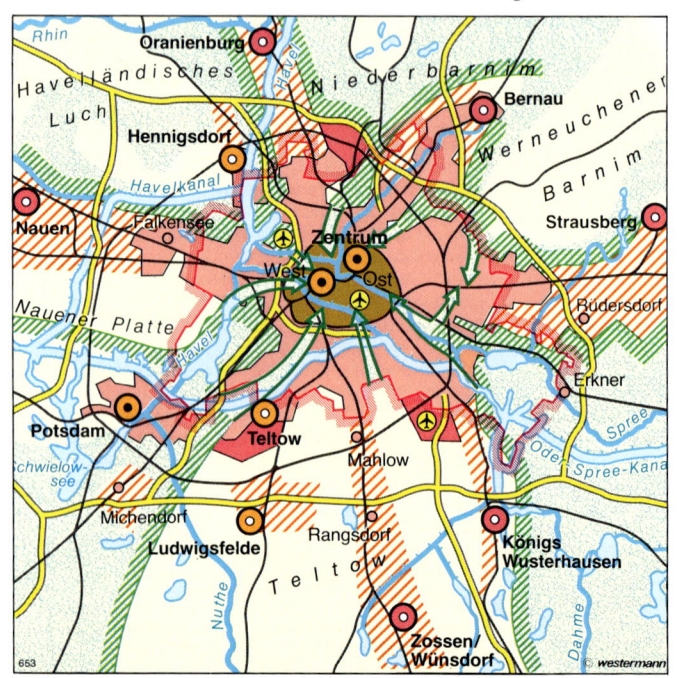

nisstand kann jedoch noch nicht gesagt werden, inwieweit dieser neue Großflughafen die bestehenden Airports ersetzen wird. Hier entscheidet der endgültige Standort im Land Brandenburg: je größer die Entfernung eines Großflughafens zum Stadtgebiet wird, um so stärker wird die Tendenz zur Aufrechterhaltung der Stadt-Flughäfen oder der stadtnahen Flughäfen. Die endgültige Entscheidung der Standortfrage soll bis Mitte des Jahrzehnts getroffen werden.

2.3 Nenne und begründe die wichtigsten Punkte für eine gemeinsame Raumplanung in der Region Berlin-Brandenburg.
2.4 Stelle Argumente für und gegen einen Zusammenschluß der Länder Brandenburg und Berlin zusammen; begründe deine eigene Meinung.

M3 Zollkontrolle an der Oderbrücke in Frankfurt

3 Perspektiven

Berlin und Brandenburg sind im Begriff, enge nachbarschaftliche Beziehungen zu Polen aufzubauen. Polnische Arbeitnehmer und Touristen strömen seit Jahren in die Bundeshauptstadt. Es ist geplant, eine „**Euregio** Oder-Neiße" zu entwickeln. Das ist deshalb von Bedeutung, weil die Oder-Neiße-Grenze gegenwärtig Außengrenze der EG ist und die Gefahr einer sich verfestigenden Wohlstandstrennlinie zwischen Deutschland und Polen besteht. Eine wichtige Funktion in der deutsch-polnischen Zusammenarbeit besitzt Frankfurt/Oder, Deutschlands Tor zum Osten. Sichtbares Zeichen ist die Wiedergründung der alten Universität „Viadrina". Sie wird zu einer Europa-Universität ausgebaut mit Blickpunkt nach Ost-Europa.

Neben Frankfurt/Oder sind u. a. Guben und Küstrin-Kietz weitere Orte, deren östliche Teile zu Polen gehören. Hier werden kommunale Verbindungen aufgebaut. Ein weiterer, Frankfurt entlastender Grenzübergang für Bahn und Straße soll Küstrin werden. Ein Beispiel für privatwirtschaftliche Beziehungen zwischen Berlin und Brandenburg bildet eine in Schwedt entstehende Recyclingpapierfabrik. Aus Berliner Altpapier entsteht hier neues Papier für den Berliner Markt.

3.1 Welche Bedeutung besitzt nach deiner Meinung die Nachbarschaft zwischen Berlin-Brandenburg und Polen?

Berlin-Brandenburg

Das Wichtigste kurzgefaßt

Eine Region im Umbruch

Berlin und Brandenburg sind eine historisch gewachsene Einheit, die rechtlich erst 1920 getrennt wurde. Das gesamte Gebiet wird heute bestimmt durch die Agglomeration des Großraums Berlin sowie durch zahlreiche Ober- und Mittelzentren mit einer ansonsten geringen Siedlungsdichte. Kiefernwälder und Seen sind bestimmende Landschaftselemente. Unabhängig von einer zukünftigen politischen Entscheidung für ein gemeinsames Bundesland besteht die Notwendigkeit einer engen Zusammenarbeit zwischen Berlin und Brandenburg. Dabei gilt es, die zu starke Dominanz Berlins zu verhindern. Die Sogwirkung Berlins birgt die Gefahr eines ungezügelten Wachstums der Stadt über ihre Grenzen hinaus. Eine gezielte Raumplanung für das Berliner Umland in Kooperation der dafür zuständigen Landesregierungen soll einer Zersiedlung dieses Raumes und der Bildung eines Speckgürtels vorbeugen.

Auch Fragen der Ver- und Entsorgung und des Umweltschutzes lassen sich nur gemeinsam lösen. Für das Land Brandenburg ist die Zusammenarbeit mit Berlin zudem notwendig, um den Anschluß an die wirtschaftliche Entwicklung der Hauptstadt herstellen zu können. Andererseits benötigt Berlin eine Entlastung durch das brandenburgische Umland, da sich abzeichnet, daß die Standortvorteile des Ballungskerns durch die ständig steigenden Bodenpreise, durch das kaum noch zu bewältigende Verkehrsaufkommen und durch die insgesamt höheren Arbeitskosten nicht mehr wirksam werden.

Die gemeinsame Planung des Ausbaus der Infrastruktur soll ein Aneinanderrücken der Länder Berlin und Brandenburg auch hinsichtlich der sozialen Bedingungen fördern. Auf diese Weise werden schrittweise die Voraussetzungen für die im Einigungsvertrag empfohlene Neugliederung des Raumes Berlin-Brandenburg geschaffen.

Die Nachbarschaft zu Polen bedeutet für Berlin-Brandenburg Grenzregion der EG zu sein; Oder und Neiße bilden heute eine Wohlstandsgrenze, die es zu überwinden gilt.

Grundbegriffe

dezentrale Konzentration
Verflechtungsraum
Speckgürtel
Euregio-Projekt

Minilexikon
Erklärung wichtiger Begriffe

alpidische Gebirgsbildung (Seite 18)
jüngste weltweite Faltengebirgsbildung in der Erdmittel- und Erdneuzeit (→ S. 24).

alternative Landwirtschaft (Seite 30)
biologischer Landbau, bei dem weitgehend auf den Einsatz von Chemikalien verzichtet wird.

Altlasten (Seite 76)
Abfälle oder Rückstände aus industrieller Produktion, die für Mensch und Umwelt gefährlich sind. Altlasten wurden vor Jahrzehnten ohne Schutzmaßnahmen abgelagert. Giftige Stoffe sind oftmals ins Erdreich eingesickert, gefährden das Grundwasser oder steigen als Gase in die Luft.

Altmoränengebiet (Seite 15)
Gebiet südwestlich der Linie Flensburg–Schwerin–Brandenburg–Guben, das bis an das Mittelgebirgsland heranreicht und das während der Saale- und Elsterkaltzeit glazial überformt wurde.

Ausgleichsküste (Seite 13)
Buchten, die durch Sandwälle vom offenen Meer abgeschnitten werden, als Folge des Sandtransports durch eine küstenparallele Meeresströmung. Eine ursprünglich stark gegliederte Küste bekommt einen gleichmäßigen, ausgeglichenen Küstenverlauf.

Aussiedlerhof (Seite 32)
Verlegung eines landwirtschaftlichen Betriebes aus der Dorflage in die Feldmark, meist im Rahmen einer → Flurbereinigung. Der „Aussiedlerhof" liegt nun in der Regel in unmittelbarer Nähe seiner Flurstücke.

Bauxit (Seite 69)
wichtiger Rohstoff für die Aluminiumerzeugung. Zumeist rotgefärbtes, toniges Lockergestein.

Boddenküste (Seite 12)
flache Küste mit Buchten mit unregelmäßigem Grundriß. Es handelt sich um vom Meer überflutete Senken der Grundmoräne.

Bodenart (Seite 28)
Einteilung der Böden nach Korngrößenzusammensetzung (z. B. Tonboden, Sandboden).

Bodenprofil (Seite 74)
vertikaler Anschnitt des Bodens von der Oberfläche bis zum unverwitterten Ausgangsmaterial der Bodenbildung. Das B. zeigt die übereinanderliegenden Bodenhorizonte.

Bodentyp (Seite 29)
grundlegende Einteilung der Böden, die die Gesamtheit der bodenbildenden Faktoren berücksichtigt. Die Benennung von B. orientiert sich zumeist an der im → Bodenprofil sichtbar werdenden Abfolge von Bodenhorizonten.

Bodenversiegelung (Seite 75)
Durch Beton, Ton, Teer oder Asphalt wird der Boden abgedichtet, „versiegelt". Wasser und Luft können nicht mehr eindringen; ein Pflanzenwachstum ist nicht mehr möglich. Die Bodenversiegelung ist eine der Maßnahmen, die bei der Sanierung einer Altlast vorgenommen werden.

Bruchschollengebirge (Seite 18)
Gebirgsentstehungstyp; alte, verhärtete Gesteinstafeln brechen entlang von Verwerfungslinien auf. Die entstandenen Schollen können gehoben (Hochschollen) oder abgesenkt (Tiefschollen) werden. So kann eine Mittelgebirgslandschaft entstehen.

Brüdergemeinde (Seite 122)
Zusammenschluß von Glaubensflüchtlingen aus Böhmen, die sich in drei Gruppen zersplittert in Berlin ansiedelten (1733–1737).

Buchtenküste (Seite 12)
Abschnitt der deutschen Ostseeküste zwischen Fehmarn–Lübeck–Wismar–Rerik, in dem die Ostsee das Festland in zwei Großbuchten zurückgedrängt hat.

Bürgerbeteiligung (Seite 129)
Verfahrensweise bei zur Neubebauung, → Sanierung oder → Rekonstruktion ausgeschriebenen Grundstücken.

Cityband (Seiten 125, 133, 136, 162 f.)
sich herausbildende Verbindung der beiden in Berlin historisch entstandenen Citybereiche in Mitte und Charlottenburg/Tiergarten.

dezentrale Konzentration (Seite 168)
Schaffung von Ober- und Mittelzentren mit den entsprechenden Verwaltungs- und Versorgungseinrichtungen als Kristallisationskerne in strukturschwachen Gebieten.

Durchbruchstal (Seite 19)
entsteht beim Einschneiden eines bereits vorhandenen Flusses in ein aufsteigendes Gebirge, wobei die Tiefenerosion mit der Hebung Schritt hält.

ECU (Seite 92)
Abkürzung von **E**uropean **C**urrency **U**nit; Währungseinheit der EG. 1 ECU entsprach Ende 1991 2,08 DM.

Edikt von Potsdam (Seiten 113, 121)
von Kurfürst Friedrich Wilhelm von Brandenburg 1685 veranlaßtes Dokument der Staatsräson und religiöser Toleranz, in dem den aus Frankreich flüchtenden Hugenotten in Brandenburg dauernde Bleibe und materielle Unterstützung zugesichert werden.

EG (Seite 89)
Europäische **G**emeinschaft. Staatenbündnis von zwölf europäischen Mitgliedsländern mit dem Ziel einer wirtschaftlichen und inzwischen auch politischen Integration.

EG-Binnenmarkt (Seite 92)
Gemeinsamer Markt der EG-Länder, in dem alle Handelshemmnisse untereinander (Zölle, unterschiedliche Vorschriften, unterschiedliche Steuern) beseitigt sind.

Einzugsbereich (Seite 56)
Gebiet, das durch die Einrichtungen eines → zentralen Ortes mit Gütern und Dienstleistungen versorgt wird.

173

Emissionen (Seiten 82, 153)
Abgabe von Stoffen, die die Luft verunreinigen, in die Atmosphäre. Verursacher sind z. B. Industriebetriebe, Kraftwerke oder Kraftfahrzeuge. Zu den Emissionen rechnet man auch Geräusche.

Europäischer Wirtschaftsraum (Seite 92)
Gemeinsamer Binnenmarkt der EG- und der EFTA-Länder (seit 1.1.1993).

Faltengebirge (Seite 18)
Gebirge aus ursprünglich waagerecht liegenden Gesteinsschichten, die durch Kräfte aus dem Erdinnern verbogen worden sind (z. B. Alpen, Himalaya).

Flächennutzungsplan (Seite 129)
Im F. wird für das gesamte Gemeindegebiet (in manchen Fällen auch in Koordination mit den Nachbargemeinden) die voraussichtliche Flächennutzung in den Grundzügen dargestellt.

Flurbereinigung (Seite 32)
Maßnahmenkatalog zur Neuordnung und Pflege des ländlichen Raumes, d. h. auch zur Verbesserung der Lebens- und Arbeitsbedingungen auf dem Land. Kernstück ist die Neugliederung der Flur, wobei zersplitterter Grundbesitz nach Lage, Form, Größe und Bodengüte betriebswirtschaftlich sinnvoll zusammengelegt wird.

Fördenküste (Seite 12)
Küste mit schmalen, hafenfreundlichen Meeresbuchten, die tief ins Land reichen. Eine Förde ist ein ehemaliges Gletscherbecken oder eine Schmelzwasserrinne, in die das Meer eindrang.

Gebäudestaffel (Seite 130)
für Berlin typische Gebäudeverknüpfung von Vorderhaus mit mehreren Hinterhäusern über verbindende Seitenflügel.

Geburtenrate (Seite 123)
Anzahl der Lebendgeborenen pro 1000 Einwohner.

Geest (Seite 15)
von niederdeutsch güst = trocken, unfruchtbar. Sanderflächen und flachwellige Altmoränen in Nordwestdeutschland mit oft sandigen Böden, weiten Niederungen und großen Mooren.

Gemeinlastprinzip (Seite 76)
bedeutet, daß die Entsorgung von Schadstoffen auf Kosten der Allgemeinheit und nicht auf Kosten des Verursachers erfolgt.

Gemeinsamer Markt (Seite 90)
Binnenmarkt der → EG mit freiem Waren-, Dienstleistungs- und Kapitalverkehr zwischen den Mitgliedstaaten, freie Wahl des Arbeitsplatzes für Arbeitnehmer und freie Standortwahl für Unternehmen.

Geosynklinale (Seite 21)
weit ausladende Großmulde in der Erdrinde, die sich allmählich mit Sedimentationsschutt füllt und durch den entstehenden Gesteinsdruck abgesenkt wird. (Ausgangsstadium im Faltengebirgszyklus.)

glaziale Serie (Seite 14)
Abfolge von typischen Landschaften, die in Kaltzeiten durch das Eis oder in Gletschernähe geschaffen wurden (Grundmoräne – Endmoräne – Sander – Urstromtal).

Grabenbruch (Seite 19)
eine gegenüber der Umgebung eingesunkene Scholle der Erdkruste.

Großwohnsiedlung (Seiten 115, 129, 131, 134)
Seit den 20er Jahren errichtete Siedlungsform mit zumeist mehreren Wohnungseinheiten. Eine W. berücksichtigt i. d. R. die Ansprüche zeitgemäßen Wohnens, wirkt äußerlich jedoch häufig monoton.

Grundstoffindustrie (Seite 44)
Industriegruppe in der Industriestatistik. Dazu zählen diejenigen Industriezweige, in denen Grundstoffe eine Weiterverarbeitung erfahren.

Gunstraum (Seite 28)
Naturraum mit guten Voraussetzungen für die landwirtschaftliche Nutzung (fruchtbare Böden, reiches Wasserdargebot, klimatische Vorzüge).

Humus (Seite 29)
Alle organischen Stoffe in und auf dem Boden. Humus kann z. B. durch Stallmist vermehrt werden. Der Anteil an Humus bestimmt weitgehend die Fruchtbarkeit des Bodens.

Immissionen (Seiten 82, 153)
Das Einwirken von Schadstoffen in gasförmiger, fester oder im Niederschlag gelöster Form auf Menschen, Tiere, Pflanzen oder Gesteine.

Insellage (Seite 146)
beschreibt insbesondere die verkehrsgeographische Situation Berlins in der Zeit zwischen 1948/49 und 1989/90.

Investitionsgüter (Seite 44)
Investitionsgüter sind Produkte mit einer langen Lebensdauer. Dazu gehören z. B. Autos, Maschinen oder elektronische Erzeugnisse. Oftmals dienen die Investitionsgüter der Herstellung anderer Produkte, u. a. Industrierobotern.

Jungmoränengebiet (Seite 15)
Gebiet nordöstlich der Linie Flensburg–Schwerin–Brandenburg–Guben; es wurde in der Weichselkaltzeit vom Gletschereis geprägt. Das J. ist erst seit rund 10 000 Jahren eisfrei.

Kiez (Seite 124)
auch Kietz – aus dem Niederdeutschen stammende (urspr. slawische) Bezeichnung für einen von Fischern bewohnten abgesonderten Ortsteil (Fischer-K.), heute auch allg. für Wohn-(Stadt-)Viertel.

Landschaftsschutzgebiet (Seite 160)
Landschaftsteil, der wegen natürlicher und kultureller Eigenheiten unter gesetzlichem Schutz steht.

landwirtschaftliche Genossenschaft (Seite 30)
Selsthilfeorganisation kleinerer Betriebe zur Verbesserung ihrer Wirtschaftslage, zumeist auf freiwilliger Basis und mit dem Ziel, Ein- und Verkauf gemeinsam zu organisieren.

Löß (Seiten 16, 28, 40)
eiszeitliche Windanwehungen von feinzerriebenem Gesteinsmehl. Der daraus entstandene Lößboden ist besonders fruchtbar (meist tiefgründig, locker, und er kann schwammartig Wasser speichern).

Marsch (Seite 16)
flaches Küstenland, das seine Entstehung dem Meer verdankt (Anschwemmung von Schlick). Voraussetzung dafür ist das Vorhandensein der Gezeiten.

Mesozoikum (Seite 18)
Erdmittelzeit; vgl. S. 24.

Mietskasernengürtel (Seite 128 ff.)
Ende des 19. Jhs. entstandene Bebauung im heutigen Innenstadtbereich vieler mitteleurop. Großstädte. Merkmale: extreme Baudichte, Komfortlosigkeit, Schmuckarmut, soziale Hierarchisierung: Vorderhaus – Hinterhaus sowie untere Stockwerke – obere Stockwerke.

multikulturelle Gesellschaft (Seite 120)
Erscheinungsform des modernen gesellschaftlichen Zusammenlebens. Die m. G. kennzeichnet die bewußte Aufnahme von Zuwanderern und Impulsen aus verschiedenen Kulturkreisen.

NATO (Seite 89)
North **A**tlantic **T**reaty **O**rganization. Nordatlantisches Verteidigungsbündnis.

naturräumliche Ausstattung (Seite 28)
Ausprägungsgrad der Naturkomponenten in einem konkreten Areal.

Naturschutzgebiet (Seite 160)
ein Gebiet, in dem die Natur wegen landschaftlicher Schönheit oder Eigenart geschützt wird.

Nebenerwerbsbetrieb (Seite 30) Eine bäuerliche Familie bezieht aus einem N. weniger als die Hälfte ihres Einkommens; der Betriebsinhaber geht meist einem Hauptberuf außerhalb der Landwirtschaft nach („Hobbybauer", „Feierabendbauer").

Öffentlicher Personennahverkehr (Seite 149)
Bezeichnung für kommunal verwaltete Verkehrsträger bzw. Verkehrseinrichtungen im Bereich einer Stadt und ihres → Umlandes.

ökologischer Landbau (Seite 36) Form der → alternativen Landwirtschaft.

Pendler (Seite 66)
berufstätige Person, die nicht in ihrem Wohnort beschäftigt ist und täglich mit einem Verkehrsmittel zur Arbeit und abends wieder nach Hause fährt.

Platte (Seiten 17, 100)
geomorphologischer Begriff für eine meist flache und oberflächlich ebene Vollform, die sich jedoch über das Niveau ihrer Umgebung erhebt.

primärer Sektor (Seite 26)
→ Wirtschaftssektor.

Randwanderung (Seite 141)
zentrifugale Standplatzveränderung bedeutender Berliner Industriebetriebe; die R. erfolgte in mehreren Schüben seit dem zweiten Drittel des 19. Jhs. entlang wichtiger Verkehrsstrassen.

Raumordnung (Seite 64)
die in einem Staatsgebiet angestrebte räumliche Ordnung von Wohnstätten, Wirtschaftseinrichtungen, der Infrastruktur usw.

Raumordnungskonzeption (Seite 64)
Zielvorstellung, welche die angestrebte räumliche Ordnung zum Ausdruck bringt. Die R. wird zumeist in kartographischer Form visualisiert.

Raumordnungsplan (Seite 58)
übergeordnete, förmlich zusammengefaßte und aufeinander abgestimmte Programme und Pläne des Bundes bzw. der Länder.

Raumordnungspolitik (Seite 71) Gesamtheit der staatlichen Maßnahmen zur Erlangung einer leitbildgerechten Ordnung im Sinne des Bundesraumordnungsgesetzes. Die R. hat die Aufgabe, raumplanerische Konzeptionen mit Hilfe der zur Verfügung stehenden staatlichen Mittel (Anreiz-, Anpassungs- und Abschreckungsmittel) in die Wirklichkeit umzusetzen.

Raumplanung (Seite 63)
zusammenfassende Bezeichnung für Landesplanung, Regionalplanung und Orts- bzw. Stadtplanung. Die R., die in der Kompetenz der Länder und Gemeinden liegt, füllt planerisch den Rahmen aus, den die → Raumordnung vorgibt.

Refugiés (Seite 121)
Flüchtlinge (franz.), insbesondere die aus Frankreich im 17. Jh. geflüchteten Protestanten (Hugenotten).

Regionalfonds (Seite 95)
Gelder, die von der → EG zum Abbau der Entwicklungsunterschiede innerhalb der Gemeinschaft bereitgestellt werden.

Rekonstruktion (Seite 133)
Wiederherstellung oder Nachbildung des ursprüngl. Zustands.

Rieselfeld (Seite 155)
Flächen, die der biologischen Reinigung und landwirtschaftlichen Nutzung der nährstoffreichen Abwässer aus der Schwemmkanalisation der Städte dienen.

Sanierung (Seiten 129, 133)
Wiederherstellung der Funktionstüchtigkeit alter Bausubstanz.

Satellitenstadt (Seiten 54, 58)
wirtschaftlich weitgehend eigenständige Stadt mit zahlreichen Industrie- und Gewerbebetrieben, Einkaufszentren und kulturellen Einrichtungen.

Schichtstufenlandschaft (Seite 19)
Landschaft mit mehreren Geländestufen, die aus einem steilen Anstieg und einer Stufenfläche besteht.

Schwarzerde (Seite 16)
durch hohen Gehalt an → Humus schwarz gefärbter Steppenboden, der sehr fruchtbar ist.

sekundärer Sektor (Seite 26)
→ Wirtschaftssektor.

Sickerwasser (Seite 76)
Niederschlagswasser, welches durch die oberen Bodenschichten sickert und z.T. das Grundwasser speist. Es kann aber auch an anderer Stelle als Quelle an die Erdoberfläche kommen. Sickerwässer können im Boden z. B. durch Lagern von → Altlasten verunreinigt werden und dann ihrerseits das Grundwasser oder andere Gewässer verunreinigen.

Siedlungsschwerpunkt (Seite 58)
aus der → Raumplanung stammender Begriff für städtische Siedlungen in Verdichtungsräumen, die über zentralörtliche Einrichtungen der unteren und mittleren Stufe verfügen, hiermit jedoch nur die eigene Bevölkerung versorgen.

Smog (Seite 84)
Smog (**Smo**ke + **fog**) entsteht aus Nebel bzw. Dunst und Abgasen vor allem bei windstillem Wetter im Winter (Hochdruck) über Industriegebieten und Großstädten. Sommersmog bildet sich bei starker Sonneneinstrahlung als erhöhte

Ozon-Konzentration. Auch hier sind Abgase Mitverursacher.

Speckgürtel (Seite 170)
Bezeichnung für eine Erscheinung, die erstmals in amerikanischen Großstädten auftrat. Dort wanderten die oberen sozialen Schichten von der City in die Randbereiche dieser Städte, in diesen wohlhabenden Gebieten konzentrieren sich heute die gehobenen Versorgungseinrichtungen.

Stadium (Seite 101)
ein durch eine Eisrandlage (Endmoränenzug) belegter Stand des Gletschers innerhalb einer Eiszeit, der entweder einen Rückzug oder einen erneuten Vorstoß des Gletschers anzeigt.

Stadtlandschaft (Seite 124)
im Gegensatz zur Agrarlandschaft ein städtischer Siedlungsraum mit dichter Wohnbebauung, Geschäftsvierteln, Verkehrs- und Industrieflächen sowie Park- und Sportanlagen.

Standortfaktor (Seiten 42, 67)
Merkmal, das bei der Wahl eines Standortes für einen Industriebetrieb ausschlaggebend ist, z. B. die Nähe zu Rohstoffen oder Absatzmärkten, preiswerte Transportkosten, ein großes Angebot an Arbeitskräften, ein niedriges Lohnniveau sowie staatliche oder kommunale Zuschüsse. Oft treffen bei der Ansiedlung eines Betriebes mehrere Standortfaktoren zusammen.

Sterberate (Seite 123)
Anzahl der Gestorbenen pro 1000 Einwohner.

Technologiepark (Seite 46)
Spezialform eines Industrieparks. Die im T. angesiedelten Betriebe haben überwiegend die Zielsetzung der Erweiterung technischen Wissens bzw. technischer Produktionsverfahren, z. B. im Bereich der Mikroelektronik.

tertiärer Sektor (Seiten 26, 53)
→ Wirtschaftssektor.

Toteis (Seiten 15, 102)
nicht mehr in Verbindung zu einem sich bewegenden Gletscher (oder dem Inlandeises) stehender Eisblock, der von Gesteinsschutt überdeckt sein kann.

Treuhandanstalt (Seite 142)
Anstalt des öffentlichen Rechts, deren Aufgabe in der Privatisierung und Verwertung volkseigenem Vermögens aus der DDR nach den Prinzipien der sozialen Marktwirtschaft besteht.

Uferfiltration (Seite 154)
versickertes Flußwasser; wesentliche Quelle der Trinkwassergewinnung. Beim Versickern durch die Flußsedimente wird das Oberflächenwasser natürlich gereinigt, das Uferfiltrat weist daher eine gute Qualität auf.

Umland (Seite 56)
Einzugsbereich eines → zentralen Ortes.

variskische Gebirgsbildung (Seite 18)
Gebirgsbildungsvorgang in der Erdaltzeit (→ S. 24). Das damals entstandene Variskische Gebirge erstreckt sich vom Französischen Zentralplateau über die mitteleuropäischen Mittelgebirge bis zum Heiligkreuzgebirge (Polen), es wurde bis auf seinen Rumpf abgetragen.

Veredelungsindustrie (Seite 44)
Teil der Verarbeitenden Industrie; Grundstoffe und Rohmaterialien bzw. Halbfertigwaren werden zu höherwertigen Verkaufsprodukten umgewandelt.

Verflechtungsraum (Seite 168)
Raum mit relativ engen und dauerhaft funktionalen Beziehungen zwischen seinen Teilräumen und zwischen in ihm angesiedelten Objekten oder Funktionsbereichen. Klare funktionale Trennung zu angrenzenden Räumen.

Verursacherprinzip (Seite 76)
für alle Umweltbereiche geltendes Prinzip, daß derjenige die Kosten für die Folgen seines umweltbelastenden Verhaltens zu tragen hat, der diese Kosten verursacht.

Verwerfung (Seite 18)
Spalte, an der Gesteinsschollen gegeneinander verschoben worden sind.

Vollerwerbsbetrieb (Seite 30)
Hauptberuflich bewirtschafteter landwirtschaftlicher Betrieb, bei dem eine bäuerliche Familie ihr Einkommen voll aus dieser Tätigkeit bezieht.

Wattenküste (Seite 12)
flacher Küstenstreifen der Nordsee zwischen Festland und den friesischen Inseln; durch Ebbe und Flut wechselweise trockenliegend oder überflutet.

Wilhelminischer Ring
(Seiten 114, 130)
durch die systematische Stadterweiterung in der zweiten Hälfte des 19. Jhs. geschaffenes, dicht bebautes Areal, das sich an das innerstädtische Alt-Berlin anschließt (außer im Tiergartenbereich). Enge Verzahnung von Wohnungen und Arbeitsstätten. Entstanden nach dem Plan des Baurates Hobrecht.

Wirtschaftssektor (Seite 26)
Wirtschaftsbereich, in dem ähnliche Wirtschaftszweige zusammengefaßt sind. Unterschieden werden der primäre, sekundäre und tertiäre Sektor.

Zentraler Ort
(Seite 58)
Gemeinde, meist Stadt, deren infrastrukturelle Einrichtungen nicht nur der eigenen Bevölkerung, sondern auch der eines näheren oder weiteren → Umlandes („Einzugsbereich") dienen. Je nach Größe des Bedeutungsüberschusses (zentralörtliches Angebot und Einzugsbereich) unterscheidet man vor allem Oberzentren, Mittelzentren und Unterzentren.

Zuerwerbsbetrieb
(Seite 30)
Landwirtschaftlicher Betrieb, der die wirtschaftliche Existenz einer bäuerlichen Familie nicht voll gewährleisten kann. Bis zu 50 Prozent des Einkommens müssen außerhalb des Betriebes dazuverdient werden.